AF410802

SERGE MASLOV

LA RUSSIE
APRÈS QUATRE ANS
DE RÉVOLUTION

Traduit par Anna-Véra Eisenstadt

ÉDITION DE L'UNION
POUR LA RÉGÉNÉRATION DE LA RUSSIE
PARIS

1922

Imp. «Presse Franco-Russe», 216, Bd Raspail. Paris.

Monsieur Albert Thomas, très intéressé par le sujet du livre et la manière dont il avait été traité, nous avait promis une préface pour introduire le lecteur français en matière. Très occupé par les travaux de la Conférence de Gênes il nous télégraphie de bien vouloir l'excuser, en nous promettant une préface pour la seconde édition du présent volume. Nous adressons nos excuses au lecteur en le renvoyant à la seconde édition.

La Rédaction.

PRÉFACE.

———

Le livre que nous présentons au public, se propose de donner une généralisation serrée et un résumé objectif de l'aboutissant des processus sociaux, qui se sont déroulés en Russie durant ces quatre dernières années. Nous voulons tâcher de faire l'inventaire d'un héritage, que le passé récent lègue à un futur inconnu.

Il y a eu, pendant les années de ce second bouleversement de la vie historique russe (1) qui viennent de s'écouler, des processus de deux espèces : processus objectifs, qui rentrent dans le domaine de la sociologie et processus de psychologie sociale. Les uns ont déformé la structure et la vie de la société, les autres ont changé la mentalité collective de la population.

Les résultats des processus de la première espèce sont évidents et faciles à discerner. Généralement, ils sont susceptibles d'une expression quantitative. Ils peuvent d'habitude être exactement formulés en chiffres.

Les résultats des processus de la seconde espèce sont moins déterminés. Ils ne sont guère susceptibles d'être exprimés en chiffres. Des chiffres serviront quelquefois à les illustrer, mais dans des cas bien rares. Nous allons caractériser les processus de psychologie sociale en y appliquant la méthode de la *description verbale*. Pour donner plus de *relief* à notre exposé, nous allons confronter les états d'âme collectifs d'aujourd'hui

———

(1) Le premier bouleversement de la vie historique russe, dont nous parlons, s'est produit il y a 300 ans. Il a duré de 1605 à 1613 environ. (Note de l'Auteur.)

avec les états d'âme vécus avant la Révolution. Pour donner plus de *force persuasive* à notre argumentation, nous tâcherons d'établir partout les causes et les forces, qui ont présidé à ces changements.

Les changements d'orientation de la psychologie sociale en Russie sont immenses, vastes et variés à l'infini. Ils sont immenses par leur nombre, ainsi que par leurs conséquences présumables. Ils sont vastes, puisqu'ils ont englobé dans leur mouvement toutes les couches sociales et toutes les générations adultes. Le puissant cyclone historique a soulevé l'océan humain jusque dans son fond. Ils sont variés à l'infini, car on ne peut imaginer un côté quelconque de l'âme humaine, qui n'ait pas été touché par les ailes du cyclone, dont le mouvement a bouleversé l'océan humain en Russie.

Le trait le plus saillant de la psychologie collective du peuple russe pendant ces quatre dernières années est constitué par l'état d'agitation constante, dans lequel se trouve l'âme humaine. Le rythme fiévreux et intermittent de la vie ne cessait d'apporter aux hommes des sensations, des idées et des inspirations nouvelles, ne cessait de déterminer des dispositions de volonté changeant sans cesse.

L'âme du peuple se transfigurait. Les vagues des événements révolutionnaires désagrégeaient et emportaient les anciens sédiments psychologiques, qui venaient de se former durant la période précédente d'une vie sociale relativement tranquille et stable.

C'est ainsi qu'agissent nos fleuves russes, déchaînés par les crues de printemps : ils rongent leurs rives, emportent les alluvions et se creusent un nouveau lit. Quand le fleuve rentre dans ses rives, il faut de nouveau étudier la direction de son courant. Mais le fleuve ne fait pas que désagréger et emporter ; il apporte encore des matières nouvelles. Le courant qui emporte, dépose des alluvions nouvelles. Des myriades de grains de sable et de particules d'argile, qui troublent les eaux puissantes et débordantes, forment, en se déposant, des îles et des alluvions.

Il y a des alluvions dans l'âme russe. Elle a acquis des traits nouveaux. Des tendances qui se sont affaiblies, d'autres au contraire, qui se sont renforcées ; des tendances qui ont complètement disparu et d'autres qui sont nées.

Pendant que la crue des eaux est à son comble, les alluvions ne peuvent être de durée. Le fleuve impétueux les emporte avec la même facilité qu'il les apporte. Durant la crue, le fleuve change sans cesse de direction.

La vie de la Russie de notre temps est loin d'être rentrée dans ses rives. Il y a des processus de désagrégation et d'intégration, qui s'y passent parallèlement. Ceci ne nous permet point d'envisager la « personnalité » spirituelle de la Russie, comme quelque chose, qui se soit formé définitivement.

La crue de la Révolution, cependant, est en train de décroître ; l'eau baisse rapidement et l'on voit apparaître de plus en plus proche la rive sûre et reposante. La surface de l'eau laisse émerger une partie des alluvions récentes. Ce sont celles qui dureront. Ce sont celles dont on peut parler avec assurance. Une autre partie des alluvions est encore recouverte par l'eau. La sonde découvre facilement leur existence, mais il est difficile de mesurer leur étendue et il est parfaitement impossible de se rendre compte du degré de leur stabilité. Il est probable qu'il se forme des alluvions nouvelles à côté de celles qui existent déjà. On ne peut les prévoir, ni rien dire à ce propos. La vision d'une nouvelle « personnalité » spirituelle de la Russie sera donc forcément incomplète pour l'observateur.

Les alluvions, que la baisse de l'eau met à nu, sont nombreuses. Ce sont elles qui, par leur importance et leur stabilité, justifient notre tentative de donner une caractéristique de la nouvelle personnalité spirituelle de la Russie. La Russie entre, après quatre ans de révolution, dans sa cinquième année et elle emportera cette nouvelle personnalité spirituelle acquise par elle dans la régularité établie d'une vie normale.

Je ne parlerai dans ce livre, que des alluvions psychiques, qu'on voit déjà émerger de l'eau, qui ont des contours précis et fermes. Dans un ou deux cas, pourtant, je ne résisterai point à la tentation de m'arrêter à des traits nouveaux qui apparaissent vaguement — sous l'eau. Je ne saurai y résister, puisqu'ils sont troublants dans leur gravité.

En étudiant dans ce livre des processus sociologiques objectifs, nous les grouperons autour des points de repère suivants : 1. *La population*, son nombre, ses déplacements géographiques, sa distribution entre la campagne et la ville, sa structure sociale ; 2. *L'économie nationale* dans son ensemble et dans ses composantes fondamentales — industrie, transports et économie agricole ; 3. *L'Etat* dans ses fonctions et dans son économie ; 4. *La culture* ; 5. *La vie politique intérieure*.

Les processus de psychologie sociale peuvent se distinguer en processus *communs à toutes les couches* de la population, et en tendances *spécifiques* de chaque *groupement social*. Parmi ces derniers, j'étudie : le parti communiste, les paysans, les intellectuels, les ouvriers, la jeunesse des écoles, et l'armée.

La ligne de démarcation qu'on peut tracer entre les processus des deux types est déterminée tant au point de vue logique qu'à celui du principe ; pourtant, dans la vie réelle et dans les phénomènes concrets, dont est composée cette vie, elle est tout aussi imperceptible que la trace laissée par un navire aérien. Quelquefois il est difficile de trouver une ligne de démarcation même logique ; quelquefois, celle qu'on trouve est fausse. La vie politique intérieure nous présente un cas de ce genre ; elle dépend dans une si forte mesure des processus de psychologie sociale, de l'état d'esprit et des opinions de la population, elle s'y trouve aussi intimement liée, que j'ai préféré, tout en rompant la régularité architecturale de mon exposition, de donner sa caractéristique en traitant des processus de psychologie sociale.

Ceux qui s'intéressent à la Russie d'aujourd'hui ne connaissent que son aspect *extérieur*. En tout cas, c'est une chose qu'il est parfaitement possible de connaître. Il y a beaucoup d'articles de journaux et de livres qui traitent de l'économie nationale de la Russie, de ses finances, du mouvement de sa population, de ses formes politiques, de l'instruction scolaire et extrascolaire. Personne pourtant, jusqu'à présent, n'a essayé de caractériser la nouvelle âme collective du peuple russe. Personne, jusqu'à présent, n'a pensé à dresser à côté du bilan de la Révolution dans le domaine de la culture matérielle, le bilan de psychologie sociale des années agitées qui viennent de s'écouler. Pourtant, si nous voulons approfondir notre connaissance de la Russie et émettre une prognose sur son avenir plus ou moins proche, le second bilan serait bien plus important à établir que le premier. Il suffirait peut-être d'une dizaine d'années pour que la Russie puisse reconstituer ce qui a été détruit et perdu dans le domaine de la culture intellectuelle, si toutefois l'âme du peuple a conservé sa vitalité et son intégrité sous les rafales de la tempête, qui viennent de la secouer. L'unité de l'Etat russe ainsi que son ancienne puissance seront régénérées, quoique non sans peine, à condition que les prémisses nécessaires continuent à exister dans l'âme du peuple russe. Et au contraire : la Russie est vouée à une décadence infaillible, à sa désagrégation comme Etat et à une disparition complète, si les secousses terribles des années passées ont brisé la résistance spirituelle du peuple, si son regard s'est terni et si ses mains pendent, lâches et veules. Les valeurs de l'esprit ont plus de poids et d'importance dans la vie des peuples et des Etats que les valeurs d'ordre matériel.

Nous allons consacrer la seconde partie de ce livre à la caractéristique de ce que le peuple russe a perdu et acquis en fait de valeurs de l'esprit.

La première partie de notre livre traitera du bilan de la révolution dans le domaine des facteurs matériaux de la vie sociale. J'espère pouvoir donner au lecteur beaucoup de faits nouveaux qui, jusqu'à présent, n'ont pas été connus, mais ce qui me paraît être plus significatif encore, c'est que l'observation et l'étude de la Russie de nos jours me conduisent à une conclusion de la plus haute importance, qui résume en elle toute l'entité des changements sociologiques de caractère objectif vécus par la Russie. Cette conclusion nous impose, elle *doit* nous imposer une conception tout à fait nouvelle de l'avenir de la Russie. Cette conclusion porte sur les paysans et le nouveau rôle qu'ils sont appelés à jouer dans la vie du pays. Elle n'a encore jamais été formulée de façon plus ou moins fondée.

Tels le but et le contenu du livre et telle encore la justification de son apparition.

SERGE MASLOV.

CHAPITRE PREMIER.

LA POPULATION.

L'état de la population de n'importe quel pays, pris au point de vue dynamique, nous donne à la fois les bases d'une caractéristique de son passé, que nous étudions et d'une prognose sur les éléments les plus importants de son proche avenir. Les changements numériques d'une population, ses déplacements géographiques, sa distribution entre la campagne et la ville et son groupement fondamental au point de vue social nous présentent le résultat final et intégrant d'une évolution, accomplie par le pays dans les domaines de l'économie nationale et de l'économie de l'Etat, dans ses formes politiques et juridiques, dans sa culture spirituelle et matérielle ; considérés sous ces mêmes aspects, les changements, survenus dans l'état de la population, nous permettent de fixer avec une certaine dose d'assurance les contours généraux de la future vie sociale d'un pays. Les raisons, que je viens d'exposer, me déterminent à commencer la caractéristique de la Russie de nos jours par un exposé des changements survenus au sein de sa population.

La quantité de la population. — Le mouvement numérique de la population nous démontre en premier lieu, si nous avons à faire à un accroissement de la puissance ou à une décadence de l'Etat, en second lieu il est un indice infaillible de la direction, dans laquelle s'accomplit l'évolution économique du pays. Une évolution progressive de l'économie générale accompagnée d'un accroissement de la production de valeurs matérielles, et par conséquent de moyens de subsistance, — si elle n'entraîne pas toujours et nécessairement une augmentation du nombre de naissances, comporte cependant infailliblement une diminution de la mortalité. Une évolution régressive au contraire, se rattachant à une diminution des moyens de subsistance, a pour conséquence inéluctable une décroissance de natalité et un accroissement de mortalité.

Le meilleur des recensements généraux de la population russe fait jusqu'ici — celui de l'an 1897 — évaluait la population russe de l'époque à 125.670.012 habitants (sans compter la Finlande). Dans les limites de la Russie contemporaine (celle des Soviets), il se trouvait alors de 100-102 millions d'habitants. Vers la fin de 1920, la population s'était accrue jusqu'à 130,007 millions. Ainsi, malgré les pertes énormes subies pendant la guerre mondiale et la guerre civile, malgré la décimation de la population par la famine, malgré, enfin, la perte de territoires considérables passées à la Roumanie, à l'Esthonie, à la Lithuanie, à la Lettonie et à la Pologne, l'état a non seulement conservé sa richesse fondamentale, sa population, mais encore, l'a-t-il vu augmenter. Durant les vingt dernières années, la population de la Russie s'est accrue de 28 à 30 0/0.

Le tableau change, si nous prenons le mouvement de la population pendant les quatre dernières années : pendant cette période, la population diminue rapidement. Selon les données du « Commissariat de l'hygiène publique », il mourait, en 1919, 74,9 personnes sur 1.000 au lieu de 25,4 en 1917), et il n'en naissait que 13 (au lieu de 39,4 en 1917). Selon les calculs de la « Section économique » de l' « Alliance Russe Financière Industrielle et Commerciale » (à Paris), basés sur des données soviétistes officielles, pendant trois ans de gouvernement soviétiste, 90 villes et campagnes situées dans 22 gouvernements de la Russie d'Europe et qui, en 1917, avaient une population de 30 millions, avaient perdu, vers la fin de 1920, 2.250.000 personnes, c'est-à-dire 7,5 0/0.

Le processus de la décimation de la population se poursuit, quoique avec un rythme inégal à la campagne aussi bien que dans les villes. Une enquête faite dans 13 volosts (1) du district de Kadnikoff du gouvernement de Vologda démontre que, dans le courant de trois mois (décembre 1919-février 1920), le nom-

---

(1) Unité administrative rurale. (Note du Tr.)

bre de naissances avait été de 528 et le nombre des décès de 728. La mortalité était en moyenne de 138 0/0, la natalité oscillait dans les diverses volosts entre 113-180 0/0. Il n'y avait qu'une volost, où le nombre des naissances dépassait celui des décès. La région, dont nous parlons, appartient, il est vrai, aux régions qui n'ont pas de blé en suffisance et qui, par conséquent, l'importent, mais elle possède par contre une production laitière bien développée et une industrie du beurre. Et le beurre est de nos jours, en Russie, un produit d'échange commercial très courant, qui donne la possibilité d'obtenir en échange tout ce que l'on veut, comme produits alimentaires.

Dans les villes, la mortalité est plus élevée. Selon les calculs du bureau de statistique du gouvernement d'Orel, il est né à Orel en 1919 2.061 personnes et il en est mort 4.042 ; en 1920 le nombre des naissances est de 1.375, des décès 3.912. La décimation de la popualtion s'accomplit avec un rythme d'accélération très accentué, en 1919 la mortalité s'élève à 196 0/0 de la natalité, en 1920 à 285 0/0.

Le tableau est plus sinistre encore à Pétrograd. La natalité et la mortalité, calculées pro mille, s'exprimaient par les chiffres suivants :

Années	Naissances	Décès	% de la mortalité par rapport à la natalité	Accroissement (+) et decroissance (—) naturels de la populat.
1912	27,6	22,6	82 %	+ 5
1913	26,4	21,4	81 %	+ 3
1914	25,0	21,5	86 +	+ 3
1915	22,5	22,8	101 %	— 0,3
1916	19,1	23,2	121 %	— 4,1
1917	16,0	25,2	157 %	— 9,2
1918	15,5	43,7	282 %	—28,2
1919	15,5	81,7	527 %	—66,2

Avant la guerre, la mortalité à Pétrograd était inférieure à la natalité. Pendant la guerre elle commença à augmenter. Dans l'an de la Révolution, la mortalité dépasse la natalité, mais de peu (de 21 0/0 ou de 9 personnes pro mille de la population totale). Après le déclenchement de la Révolution, la courbe de la mortalité va en s'accentuant et atteint dans la troisième année de la Révolution, des proportions monstrueuses, inconnues jusqu'alors à la statistique démographique : en 1919, la mortalité a rejoint 527 0/0 de la natalité, c'est-à-dire sur 1.000 personnes il en meurt 66,2 de plus qu'il n'en naît. Durant la seule année de 1919, la ville avait perdu 1/15 de sa population. Pendant le premier tiers de 1920, la mortalité s'était encore élevée : il mourait 90 personnes pro mille.

J'ai eu l'occasion d'établir le mouvement de la population pendant les quatre dernières années dans les anciens gouvernements (1) : Vologda, Kalouga, Koursk, Moscou, Novgorod, Orel, Penza, Pétrograd, Riazan, Smolensk, Toula, Iaroslav. Le tableau suivant donne le chiffre de leur population.

Années	Population totale	Population rurale	Population urbaine
1916	25.195.978	18.416.496	6.779.482
1920	22.226.518	18.375.031	3.854.487
Décroissance	2.969.460	41.465	2.927.995

Dans l'espace de quatre ans la population avait donc subi une diminution de 3 millions, c'est-à-dire de 11,8 0/0.

Si nous prenons la Russie toute entière, le rythme de la décroissance de la population est moins accéléré, puisque la région que nous venons de caractériser est une région de développement industriel intense, laquelle par conséquent possède beaucoup d'agglomérations urbaines (2) ; en outre, huit gouvernements, parmi ceux que nous venons de nommer, appartiennent au nombre des gouvernements consommateurs (3). Pour ces deux raisons, la décroissance de la population s'y

---

(1) A l'heure qu'il est, il s'est formé au sein de ces gouvernements, par voie de bourgeonnement, 3 gouvernements nouveaux : celui de la Dvina du Nord de Tchérepovetz et de Briansk. (Note de l'Auteur).

(2) En 1897, la population urbaine constituait 12,9 0/0 de la quantité totale de la population et dans la région indiquée 19,2 0/0. (N. de l'Auteur.)

(3) Le gouvernement soviétiste divise les gouvernements (départements) de la Russie en gouvernements *consommateurs,* dont la production de céréales ne suffit pas à leurs besoins, et en gouvernements *producteurs,* qui donnent un excédent de production de céréales. (Note du Tr.)

accomplit plus rapidement, que dans les autres contrées de la Russie, puisque dans les villes la mortalité est plus accentuée que dans les campagnes et puisqu'il y a un exode de la population des gouvernements consommateurs vers les gouvernements producteurs.

Pris en lui-même, le fait de la décimation de la population reste pourtant incontestable. La population rurale des gouvernements cités s'est vue augmenter de quelques millions par l'affluence de soldats démobilisés, de prisonniers de guerre et d'habitants des villes que la paix chassait vers les campagnes. L'exode de la population vers d'autres gouvernements mieux approvisionnés ne parvenait pas à équilibrer l'afflux de la population vers la campagne; l'afflux donnait un mouvement plus fort que l'exode et pourtant, comme nous pouvons déduire du tableau, il y avait décroissance de la population dans les campagnes... Selon les calculs de la « Section économique de l'Alliance Russe, Financière-Industrielle et Commerciale » déjà mentionnée, la *décroissance* naturelle de la population par le fait d'un excédent de la mortalité sur la natalité peut atteindre de 2 à 2,5 0/0 en moyenne par an. Avant la guerre le mouvement de la population s'accomplissait en sens inverse : la population s'accroissait par voie naturelle de 17 0/0 par an.

On explique d'habitude la forte mortalité dans les campagnes russes par la diffusion immense de maladies d'infection, à laquelle se joint un manque de personnel sanitaire et de médicaments. Cette cause existe en effet. Selon les données du « Commissariat de l'hygiène publique » les cas de fièvre typhoïde enregistrés dans 43 gouvernements de la Russie d'Europe (sans l'Ukraine, la région du Don, la Coubane, et le Caucase) s'expriment par les chiffres suivants :

Du 1 juillet 1918 au 1 juillet 1919	1.365.000 cas	48.000 cas
Du 1 » 1919 » 1 » 1920	2.516.000 »	585.000 »
Total en deux ans............	3.881.000	633.000

Ainsi le nombre total des cas de fièvre typhoïde survenus en deux ans atteignait le chiffre de 4.514.000; de plus la courbe de la maladie allait en s'élevant : tandis que pendant la première année on n'eut à enregistrer que 1.413.000 cas, la seconde en apporta deux fois autant : 3.100.000. La mortalité générée par le typhus, prit des dimensions terrifiantes : pendant l'horrible hiver de 1919-1920, qui marque le point culminant de l'épidémie, on expédiait des trains entiers de cadavres au cimetière Rogojskoié de Moscou et on entassait des faisceaux de cadavres dans les voitures de chemin de fer, comme on entasse du bois. Si nous ajoutons au typhus les formes graves de dyssentérie qui faisaient rage pendant l'été et l'automne de 1919, la petite vérole, la grippe et le choléra, nous aurons dans les maladies infectieuses un facteur, dont l'importance dans la décroissance de la population rurale a été réellement très grande.

Le rôle des maladies infectieuses gagne encore en importance, si nous tenons compte de l'état lamentable de l'assistance médicale. Le réseau relativement serré et bien organisé des districts médicaux des Zemstvos avec leurs ambulances et hôpitaux, qui couvrait la Russie dans le temps a été détruit. Il n'y a pas de médecins, ni d'aide-médecins, ni de médicaments. Dans les hôpitaux, qui existent encore, on manque de savon pour laver le linge. Dans les hôpitaux de Moscou on manque absolument de thermomètres. En 1919, je dus me faire soigner dans un hôpital de Moscou; or, dans la grande salle, où j'étais couché, il n'y avait pas un seul thermomètre. Citons encore le témoignage officiel du « Commissaire de l'hygiène publique » sur l'état de la médecine dans les campagnes russes : « Dans les campagnes ce sont surtout les sorciers qui traitent les maladies. Là, où il reste encore des médecins des Zemstvos, la région qu'ils ont à desservir est infiniment grande. Quelquefois elle englobe, deux, même trois districts, Dans le district de Tcémborsk du gouvernement de Penza il y a sur 210.000 habitants, deux médecins, dont l'un est malade lui-même. Sur 300.000 personnes du district de Balachov, dans le gouvernement de Saratov il y a trois médecins et sur deux districts du gouvernement Tchernigov — les districts Borznensky et Sossnitzky — il n'y en a qu'un. Les maladies infectieuses, surtout le typhus, la petite vérole et la grippe, fauchent les gens, tandis que les moyens pour combattre ces fléaux manquent complètement... la gale et le scorbut n'attirent plus l'attention, ils sont devenus un phénomène normal. « Dans les pêcheries, dispersées autour d'Astrakhan et qui comptent une population de 211.000 habitants, il n'y avait au printemps de 1921 avant l'épidémie de choléra qui menaçait, que deux médecins.

Pourtant, malgré le rôle funeste joué par les maladies infectieuses dans la décimation de la population rurale, ce n'est pas à elles que revient la sinistre primauté en matière : c'est le « Roi de la Faim » (1) qui la détient. La voie, à son avènement, a été frayée par le régime des soviets dans leur politique de ravitaillement aussi inhumainement cruelle et aussi insensée dans ses applications. Les détachements de réquisition armés dépouillaient très souvent les greniers des paysans au point de ne plus y laisser un grain de blé. Des mesures de ce genre se trouvaient, dans la conception soviétiste, justifiées par la supposition que les paysans avaient du blé caché dans leurs champs ou dans leurs terres. La réquisition alimentaire avait été exécutée entre 1920-21 dans toute une série de gouvernements : les gouvernements de Toula, de Riazan, de Koursk, de Tsaritsyn, dans les districts du gouvernement de Tambov où il n'y avait pas eu d'insurrections paysannes, dans les gouvernements d'Orenbourg et de Saratov. Dans quelques districts de ce dernier gouvernement, les détachements de réquisition passèrent bien trois ou quatre fois, ce qui eut pour conséquence une ruine complète dè l'agriculture dans ces lieux. Les paysans des dits gouvernements mangèrent pendant l'hiver de 1920-21 des glands, de la sciure de bois, de l'écorce de bouleau et de tilleul, de l'argile, de l'arroche, des tourteaux, du son et des feuilles; au printemps, ils se nourrissaient de jeunes rameaux, d'oseille sauvage, etc. Voilà les données de la statistique officielle de l'alimentation,

---

(1) Titre d'un drame symbolique de Léonide Andréiev, écrit après la Révolution de 1905, et dont le sujet a été fourni par les famines si fréquentes en Russie. (Note du Tr.)

rapportées à la « Conférence Panrusse de statistique », qui s'était réunie en 1921 à Moscou.

La ration alimentaire journalière de la population rurale contenait :

	Gouverne- ment de Toula	Gouvernem. de Saratov
November 1920	2300 calories	2540 calories
Fevrier 1921	1500 calories	1700 calories

L'homme, qui fait du travail physique et qui se nourrit normalement, doit fournir à son organisme de 4-4,300 calories ; la population rurale des deux régions mentionnées en recevait 2 1/2-3 fois moins. La disette était atroce. Même le pouvoir soviétiste ne put l'ignorer et ouvrit au printemps 1921 des réfectoires gratuits pour la population rurale. Les secours apportés ne furent qu'une goutte dans l'océan de la misère qui débordait. Pourtant, en ce qui concernait la réquisition alimentaire, les gouvernements mentionnés étaient classés au premier rang. Les gouvernements de Toula et de Saratov étaient même, selon la caractéristique officielle, des gouvernements « modèles » ,le premier ayant fourni le blé contingenté dans la mesure de 108 0/0 et le second dans la mesure de 105 0/0.

La population dut payer cher cette réquisition « modèle » de produits alimentaires. « Quand on passe par les campagnes », me disait un ami, qui avait dû traverser le gouvernement de Toula pour des raisons de service, « le cœur se serre. Les rues d'un grand village, jadis animées et jaillissantes de bien-être, sont vides et silencieuses. Le village est comme mort : pas un seul être vivant, ni des sons, ni de la fumée au-dessus des maisons. La mort a marqué de son empreinte les dépendances qui entourent les maisons, les toits de paille sont enlevés, la charpente et le haut de l'édifice sont mis à nu ; tels des squelettes suspendus dans l'air. Tu entres dans une maison. Le silence partout. Tu cries pour qu'on te réponde. Silence. Quelqu'un se retourne sur la soupente ou sur la banquette du poêle (1) et, de nouveau, silence. Tu cries une seconde fois. Et c'est encore le silence qui te répond. Et quand c'est une voix humaine, ton cœur se serre davantage, car les voix sont à peine perceptibles et toutes tremblantes. Dans une maison, on répondit à mon second appel par un seul mot, qui semblait sortir de dessous la terre : « Nous mourons ». C'était un vieux, qui le prononça. Le fils et la belle-fille du vieux étaient déjà morts et étendus à côté de lui... La population n'a pas assez de force pour marcher et pour s'asseoir. Et elle reste couchée, en se couvrant dé tous ses vêtements et de tous ses haillons. Les gens sont tellement affaiblis, qu'ils ne peuvent plus se lever. Ils meurent. Et les morts restent avec les vivants, jusqu'à l'arrivée d'un voisin quelconque, qui n'ait pas encore perdu la faculté de se mouvoir. Quelquefois, meurent l'un après l'autre tous les membres d'une famille et leurs corps restent des journées entières dans la soupente, sur les banquettes des poêles, des fois même par terre. »

Si nous ajoutons à la famine, aux maladies infectieuses, à l'absence de soins médicaux, le manque aigu de chaussures et de vêtements, l'absence de combustibles et, par conséquent, le froid dans les appartements pendant le rigoureux hiver russe, et les refroidissements qui en résultent ; si nous pensons à la guerre civile, aux insurrections paysannes et, finalement, aux fusillades en masse, nous obtenons un ensemble de forces plus que suffisant pour avoir nécessairement déterminé une diminution de la population rurale en Russie.

L'avenir fera sûrement encore décroître la population rurale, tant que la Russie se trouvera opprimée et subjuguée par le cauchemar, qu'on appelle pouvoir communiste. La rapidité de ce mouvement de décroissance ira en s'accélérant, car l'industrie du pays précipite dans un gouffre, l'équilibre des exploitations agricoles se trouve troublé, ces dernières consomment leur capital fondamental sous forme d'édifices, d'outillage agricole, de bétail de labeur et de reproduction ; les

---

(1) Endroits où dorment les paysans russes. (Note du Tr.)

réserves de matières premières — héritage du passé — s'épuisent et finissent par disparaître ; partout éclatent et continueront à éclater, avec une déperdition énorme de sang et de vies
humaines, des émeutes de paysans contre le pouvoir des soviets... Et voilà que survient encore la période de sécheresse
de Bruckner, qui menace la Russie d'une série de mauvaises
récoltes.

Déplacements géographiques de la population

Les migrations de la population sont caractéristiques de
toute l'histoire russe. « L'histoire de la Russie est l'histoire
d'un pays qui se colonise. » Un de nos plus grands historiens,
V. O. Klioutchevsky, voit dans les processus de colonisation
les processus fondamentaux du passé historique de la Russie. A l'heure qu'il est, les migrations de la population ont
pris plus d'extension. Il faut en rechercher les causes dans
la famine. L'état de famine chronique dure depuis presque
trois ans ; en 1921, il a atteint des dimensions tout à fait terrifiantes. La famine a subjugué à son pouvoir, qui ne pardon-
ne pas, près de 30 millions d'être humains. Au moins cinq
millions d'hommes sont fatalement voués à la mort par la
faim.

Chassée par la faim, la population quitte la terre de ses
ancêtres, quitte ses maisons, son travail, et s'achemine vers des
régions, où elle espère trouver du blé et échapper à la mort
par la faim. De grands villages ont perdu toute leur population et des régions, jadis florissantes, se sont transformées en
désert. Des millions de gens ont quitté leur pays. Je connais
le chiffre des émigrés, qui ont quitté leurs villages avec le
consentement du gouvernement, dans le district de Novossilsk, du gouvernement de Toula, dont la vie économique avait
été détruite par une « attaque de ravitaillement » en 1920. Selon les chiffres du « Sovdep » de district, il avait été accordé
en 1920 35.000 autorisations d'émigration dans les « régions
d'abondance ». Et combien de gens partis « sans autorisation ». Sur 156.000 personnes, dont se compose la population
du district, il y a au moins 50.000 émigrés, c'est-à-dire le

tiers de la quantité totale. L'organe économique du pouvoir soviétiste (*La Vie Economique*), écrivait au mois de novembre 1920 : « Nous avons salué l'avènement de cet été dans les frontières de l'ancienne Russie prérévolutionnaire. L'Ukraine, le Don, la Sibérie sont libérés. Comme dans les temps d'antan, il y a un fort courant qui va de la Russie Centrale... à la périphérie, aux terres libres, qui font naître le blé ». Ce phénomène se déclara pour la première fois, comme une conséquence de la mauvaise récolte. Depuis le mois d'avril de l'année courante, nous constatons un mouvement élémentaire de migration, qui va des gouvernements producteurs du Centre à l'Ukraine. Les émigrés partent avec leurs familles et non seulement par voie ferrée, mais encore en caravanes. Des villages entiers partent des gouvernements d'Orel, Toula et Koursk. Pendant 4 jours, il est passé par la gare de Charkov 6.000 personnes... La migration, qui se développe avec une force élémentaire, menace de devenir une calamité sociale. Le représentant du Commissariat Ukrainien de l'agriculture, qui, au mois de mai, vint à Moscou, ne sut donner des chiffres même approximatifs sur les dimensions du mouvement : selon lui, le nombre des émigrés s'exprime en centaines de milliers. »

La mauvaise récolte de 1921 accéléra le mouvement de migration. La presse des Soviets disait, qu'il était parti du gouvernement de Saratov jusqu'à « 15 0/0 des habitants des districts », c'est-à-dire près de 350.000 hommes. Dans le gouvernement de Kazan, selon les mêmes informations, 400.000 hommes avaient quitté la terre de leurs aïeux... La région florissante des colonies allemandes de la Volga (gouvernement de Saratov) est presque déserte. Des agronomes de mes amis, qui travaillaient dans les gouvernements de Saratov et de Samara disaient que des régions entières dont les dimensions dépassent celles de la Belgique, sont fatalement destinées à être transformées en lieux de culture par oasis. Des steppes sauvages succèdent aux champs cultivés, qui se recouvrent d'herbe ; les habitations humaines y émergent comme des petites oasis dans l'enceinte desquelles il y aura un peu de culture agricole.

« La Russie qui roule », dont le contingent principal était fourni auparavant par les habitants des gouvernements « consommateurs », commence à sortir ,depuis 1921, des gouvernements « producteurs ». Des régions entières de la Russie, colonisées depuis longtemps, se transforment en désert et devront être colonisées de nouveau.

Le résultat de ces perturbations est une augmentation de la mortalité parmi les émigrés, dont le déplacement s'accomplit dans des conditions extrêmement difficiles ; la terre est abandonnée et meurt; le transport se disloque de plus en plus : le patrimoine des émigrés, abandonné dans leur terre natale, périt ; des rencontres sanglantes ont lieu entre les émigrés et les habitants des lieux, où ils pénètrent.

Pour que le lecteur puisse se faire une idée de la puissance du courant humain qui se déverse en Russie dans toutes les directions, il faudrait le comparer aux migrations des temps passés ; or, pendant 16 ans (1885-1901), 50 gouvernements de la Russie d'Europe n'ont donné, comme chiffre d'émigrés que 1.208.000 personnes, tandis que l'an dernier, deux seuls gouvernements (Kazan et Saratov), ont eu à enregistrer un mouvement migratoire de 750.000 personnes.

Quand la Russie aura quitté son lit de malade, auquel elle est clouée présentement, sa population se trouvera distribuée de façon nouvelle dans les grandes plaines de l'est européen et de l'ouest asiatique. Ceci devra forcément conduire à des conséquences d'une très grande importance sociale. Le caractère de nos régions agricoles changera nécessairement en proportion de la nouvelle densité de la population. Il y aura de nouveaux problèmes à résoudre dans le domaine de la politique agraire et de la politique d'émigration. Il y aura de nouvelles relations numériques entre les divers groupes nationaux des diverses régions de la Russie. La géographie économique changera aussi sensiblement : il y aura des régions nouvelles, qui se développeront économiquement et il y en aura d'autres, où s'éteindra une vie économique arrivée jadis à un haut degré de développement. La Russie de demain sera reconstruite sur des bases nouvelles qui, avant tout, seront déterminées par la distribution nouvelle de sa population.

Les changements dans la distribution de la population seront d'autant plus considérables qu'ils seront générés non seulement par la migration géographique de la population, mais encore par le degré différent de mortalité caractéristique des diverses régions. Il y a donc deux facteurs, qui agissent, en se superposant l'un à l'autre. La Russie de demain ne pourra être la réédition stéréotypé de la Russie d'hier. Elle sera une Russie nouvelle, car il y aura un facteur fondamental de la vie sociale de changé : la quantité de sa population et sa distribution.

Disribution de la population entre la ville et la campagne

Les centres urbains en Russie ont subi une période de croissance entre 1897-1916. Il y avait non seulement une augmentation de la quantité absolue de la population urbaine, mais encore un accroissement de sa quantité relative. La population urbaine de la Russie d'Europe constituait en 1897 12 0/0 de la populaion totale, en 1916 elle s'était élevée à 17,5 0/0 du nombre total d'habitants. Dans les 12 gouvernements que nous avons déjà cités, la population urbaine atteignait en 1897, 3.993.918 habitants, en 1916, elle s'était élevée à 6.779.482 habitants, pour descendre, en 1920, à 3.851.497. Durant les quatre dernières années, la population urbaine avait donc diminué de 2.927.925 personnes ou bien de 43,2 0/0. Elle était descendue au-dessous du niveau de 1897. La Russie avait donc fait un recul de plus d'un quart de siècle.

Parmi les villes russes, c'est surtout Pétrograd qui a perdu une partie considérable de sa population. Selon le recensement de 1917, il comptait une population de 2.420.000 personnes ; le recensement de 1920 n'y enregistre plus que 705.000 personnes. Il y a donc un déficit de 1.715.000 personnes, c'est-à-dire de —70,9 0/0. La population, que Pétrograd comptait en 1869 (668.000 personnes), équivaut presque à la population de 1920. La Révolution avait, dans l'espace de quatre ans, réduit presque au néant les résultats d'une évolution de 47 ans.

Les données, que la presse soviétiste publie à propos du

mouvement de la population dans 40 chefs-lieux de gouvernement ,et 50 autres agglomérations urbaines, dont la population dépasse 15.000 par ville, nous montrent une décroissance moins rapide de la population, laquelle pourtant atteint des proportions assez considérables. Selon les données officielles la population de 40 chefs-lieux de gouvernement est descendue de 6.312.000 en 1917 à 4.295.000 en 1920, c'est-à-dire, elle a baissé de 32,7 0/0. Dans 50 autres agglomérations de type urbain, la population est descendue de 1.517.000 en 1917 à 1.271.000 en 1920, c'est-à-dire la baisse a été de 16,2 0/0. Ce sont les centres des industris métallurgique et textile qui ont subi les pertes les plus considérables : Oréchovo-Zouiévo a perdu 52,4 0/0 de sa population, Kolomna 51,5 0/0, Bogorodsk 50,8 0/0, Chouia 45,1 0/0, Bégitza 42,7 0/0, Igensk 37,4 0/0, etc.

La population urbaine se meurt, ou bien s'enfuit à la campagne. En même temps on peut constater un abaissement de son niveau qualitatif. Comme toujours, ceux qui s'en vont, parce que les conditions de la vie ont empiré, constituent la partie la plus énergique, la plus hardie et la plus entreprenante de la population. Ceux qui restent sont des gens passifs, qui ont de la patience et qui craignent de déranger leur train de vie établi et organisé, qu'il soit bon ou mauvais. On peut trouver un indice de cette baisse du niveau qualitatif de la population dans l'augmentation relative du nombre de femmes et dans la décroissance respective du nombre d'hommes. Si en 1897 il y avait dans les villes 134,5 hommes sur 100 femmes, il n'en restait, d'après le recensement de 1920 (dans 12 gouvernements), que 83,5 sur le même nombre de femmes (1).

Le fait de la mobilisation d'une grande quantité d'hommes ne suffit pas pour expliquer la différence ; il faut chercher l'explication ailleurs : c'est ainsi que Moscou, dont le ravitaillement était plus satisfaisant que celui des autres villes russes, avait gardé, en 1920, 100 hommes sur 104,7 femmes, tan-

---

(1) En chiffres absolus, il y avait, dans 12 gouvernements, 1.748.444 hommes sur 2.090.458 femmes. (Note de l'Auteur.)

dis que Pétrograd, où la famine sévissait avec plus de force qu'à Moscou, opposait à 100 hommes une quantité de femmes bien plus considérable, c'est-à-dire 138,5 (1).

La décroissance de la population urbaine sera un fait de longue durée. Il y a un obstacle qui empêche une reconstitution rapide de la population sur les bases numériques d'autrefois : c'est la détérioration, la destruction même des maisons qui se pratique sur une large échelle dans les villes. On détruit les maisons pour utiliser le matériel de construction comme combustible ; c'est encore « l'hydropisie » des villes contemporaines, livrées sans défense à l'humidité qui les tue ; elles s'écroulent, puisqu'on ne fait jamais de travaux de manutention ; enfin, les locataires (il faudrait plutôt dire les habitants, puisque les maisons ne se louent plus), se rendent coupables de la plus grande négligence envers les maisons habitées par eux. Dans ce sens, il faudrait décerner la primauté aux ouvriers, qui viennent habiter des maisons, d'où les bourgeois ont été expulsés, pour leur faire place : de telles maisons sont vouées à une décadence fatale : dans un an ou deux, on ne pourra plus les reconnaître et elles ne seront plus du tout habitables.

On peut juger par l'exemple de Moscou combien est terrifiant le nombre des maisons, détruites pour en retirer du combustible, Moscou comptait en 1918, 231,485 appartements habitables ; en 1920, leur nombre n'était plus que de 189.907. Dans l'espace de deux ans, on avait donc détruit 41.548 apparements, c'est-à-dire presque 18 0/0 de la quantité totale. Parmi les appartements qui n'avaient pas encore été parfaitement démolis pour en retirer du combustible ou du matériel de construction pour des fourneaux domestiques primitifs, il y en avait, en 1918, 6,975 de vides, c'est-à-dire devenus complètement inhabitables; en 1920, leur nombre était déjà de 15.703. En général, il y eut à Moscou, pendant deux ans de régime soviétiste, un déficit de 50.303 appartements, c'est-à-

---

(1) D'après le recensement de 1920, il y avait à Moscou 526.078 femmes et 502.140 hommes ; à Pétrograd, le nombre des femmes était de 409.970, le nombre des hommes de 295.938. (Note de l'Auteur.)

dire 22 0/0 d'appartements disponibles, qui avaient disparu. Si les bolcheviks restent encore pour 9 ans au pouvoir, il y aura, à la place de Moscou, un immense tas de débris et plus un seul appartement. Déjà, dès à présent, il y a à Moscou tant de maisons, de haies et de palissades démolies, que les habitants de Moscou prétendent, non sans une pointe d'ironie, qu'il faut une boussole pour s'y orienter, exactement comme dans la forêt ou sur la mer.

Les maisons et appartements, qui ne se sont pas encore écroulés, qui n'ont pas été démolis et qui continuent à servir d'habitation, se trouvent dans un état lamentable. Les « Izvestia » de novembre 1920 citent à ce propos les données suivantes : « Sur 3.462 édifices avec chauffage central et chauffage à vapeur, il y en a 2.370 dont les installations sont détériorées. Dans 2.142 maisons, les chaudières ne servent plus du tout... Pendant la semaine de la « condensation » (1), on constata que, sur 2.000 chambres il n'y en avait que 75 0/0 d'habitables. Sur 800 appartements, il y en avait 80 0/0, qui exigeaient des réparations fondamentales. » L'autre organe officieux, la « Pravda », représente la situation sous un jour plus lugubre encore : « La partie de l'appartement, qui s'est encore conservée, est dans un état de délabrement presque complet : la conduite d'eau et la canalisation ne fonctionnent plus, le toit laisse filtrer l'eau, le plancher est détérioré, le plafond troué, les murs sont humides. On peut dire sans exagération qu'il n'y a pas un seul appartement à Moscou qui n'ait pas besoin de réparations fondamentales et qui ne soit menacé par une ruine complète... » L'organe officieux indique ensuite que l'état dans lequel se trouvent actuellement les maisons n'est autre chose qu'une conséquence inévitable de la politique des habitations du gouvernement. « La base psychologique d'une détérioration aussi sans gêne des appartements... est constituée par le manque absolu de sûreté, en ce qui concerne le droit d'un usage prolongé et assuré de l'ap-

---

(1) La semaine de la « condensation » avait pour but une « condensation » de la population dans les appartements déjà existants. Elle fut accompagnée d'une révision des maisons et appartements. (Note de l'Auteur.)

partement. Les motifs qui nous déterminent à conserver nos habitations et à les traiter avec soin ont été détruits. La psychologie du commun des hommes n'a pas changé. Pour prendre soin de quelque chose, il faut que l'homme soit certain d'en pouvoir retirer quelque utilité. En même temps, la pratique des habitations lui enseigne juste le contraire : plus il prend soin de son appartement et plus il y met de l'ordre, — plus il y aura de probabilités, que l'on le lui réquisitionne et qu'on le force à déménager. » — Et alors, il traite l'appartement... en conséquence.

A Pétrograd, les choses ne vont pas mieux. Sur 600 maisons, au sujet desquelles une enquête avait été entreprise au printemps 1921, 133, c'est-à-dire 22 0/0 se trouvaient dans un état qui menaçait la vie de leurs habitants. Les souterrains sont inondés d'eau, dans laquelle flottent des matières fécales — les conduites d'eau et la canalisation se trouvent dans un état de délabrement complet. On fournit à Pétrograd 18.000.000 de seaux d'eau par jour à une population de 700.000 habitants, c'est-à-dire en moyenne 26 seaux par personne. La quantité d'eau fournie dépasse celle qu'on avait en 1916, quand la population était trois fois plus nombreuse. L'eau, passant par une conduite, qui a de nombreuses fuites, s'infiltre dans le sol, et la terre, qui absorbe 12 à 14 millions de seaux d'eau par jour se liquéfie et n'est plus capable de soutenir le poids des édifices. Il y a eu à Pétrograd plusieurs cas d'éboulement de maisons, qui ont entraîné dans leur chute tout l'ameublement et tous les habitants.

Moscou souffre également d' « hydropisie ». La ville reçoit 12.800.000 seaux d'eau par jour, c'est-à-dire la même quantité qu'elle recevait en 1916 et au commencement de 1917. A cette époque, Moscou comptait 2.000.000 d'habitants, son industrie travaillait de façon intense et il y avait de l'eau en suffisance. Actuellement, Moscou ne compte que 1.020.000 habitants, son industrie s'est presque arrêtée et pourtant l'eau y manque. C'est dans les parties élevées de la ville surtout, qu'elle fait défaut. Comme à Pétrograd, une partie très considérable de l'eau s'en va dans la terre.

La population des villes se meurt et se disperse. Il ne reste dans les villes que les éléments les plus passifs; les gens, qui ont un peu d'initiative, s'en vont dans les campagnes. On démolit les édifices pour en brûler le bois ou pour construire des fourneaux avec d'autres matières qu'on en retire ; les maisons tombent en ruines, puisqu'on ne prend pas soin d'elles et qu'on ne fait point de réparations. La décadence des villes sera nécessairement un phénomène de longue durée en Russie. Mais si la ville perd en importance, cela veut dire que la campagne en gagne. Son rôle dans la vie sociale du pays va en s'accentuant.

La quantité de la population est bien plus stable à la campagne qu'en ville : dans les 12 gouvernements, que nous venons de citer, la population rurale n'a diminué que de 41,485 hommes ou de 2 0/0. La mortalité est très élevée à la campagne, pourtant elle l'est moins qu'en ville. La diminution de la population rurale a été compensée par le courant d'immigration qui se reversait sur elle en venant des villes et qu'elle a absorbé comme une éponge gigantesque aurait absorbé de l'eau. Dans les 12 gouvernements, la population rurale constituait 82,7 0/0 de la population totale. Pour toute la Russie, le pourcentage a été plus élevé encore, c'est-à-dire 83,7 0/0

En contraste avec la ville, il y a à la campagne une augmentation relative de la population masculine. Sur 100 femmes, il y avait dans les 12 gouvernements cités 78,6 hommes en 1916 et 77 hommes en 1920. Des calculs officiels faits pour 22 gouvernements donnent des chiffres plus considérables encore pour la partie masculine de la population rurale : sur 100 femmes, il y avait 72,8 hommes en 1917 et 78,4 hommes en 1920. Il y a donc un relèvement du niveau qualitatif de la population. Ce relèvement ne s'explique pas uniquement par le fait que les hommes représentent en général un élément plus actif et plus progressif de la population que les femmes. Il rentre plus de déterminantes dans ce relèvement qualitatif de la campagne ; les hommes qui arrivent à la campagne, viennent des villes, du front ; ils ont fait les campagnes de Pologne, de Galicie, de la Prusse Orientale ; ils ont été prisonniers. Ce sont tous des gens dont l'horizon intellectuel est infiniment plus vaste que celui d'un campagnard, qui a passé toute sa vie au village. Des observations nouvelles faites durant les campagnes, pendant son séjour dans les villes, en terre étrangère, pendant qu'il était prisonnier en Autriche et en Allemagne, des impressions nouvelles qui sont venues le frapper dans ces lieux, tout cela a secoué la torpeur habituelle et tranquille de sa pensée de paysan, tout cela a ébranlé le conservatisme traditionnel de ses positions acquises. Les anciennes conceptions et idées ont changé. Les hommes sont retournés dans leurs villages natals, ayant bien plus réfléchi et bien plus compris qu'avant leur départ. Enfin, ceux qui sont rentrés, représentent communément la partie la plus précieuse de la population — au point de vue de l'âge ; ce sont pour la plupart des géns qui ont près de 30 ans, âge qui marque la maturité de la personnalité chez le paysan...

La nouvelle distribution de la population entre la ville et la campagne, déplace l'hégémonie de la vie sociale du premier centre au second. La fatalité d'un déplacement de ce genre deviendra plus claire et évidente encore, si nous tenons compte des changements, qui se sont produits au cours des dernières années dans la structure sociale de la population.

La structure sociale de la population

Les couches sociales fondamentales, dont se composait la population de la Russie avant la Révolution, étaient constituées par la classe des propriétaires terriens (poméstchiks), la classe bourgeoise, les intellectuels (dans le sens d'une catégorie distincte de travailleurs intellectuels), le prolétariat et les paysans. Tous ces éléments sociaux avec leurs intérêts et lurs propriétés spécifiques, avec l'antagonisme qui les divisait, avec leurs luttes et leur collaboration, déterminaient dans leurs lignes essentielles la forme et le contenu de la vie sociale en Russie. Les événements des quatre dernières années ont apporté de brusques changements dans la corrélation de ces couches sociales. Leur poids spécifique a de beaucoup changé.

Tout d'abord, vient de disparaître à jamais la classe des poméstchiks, des propriétaires terriens. Elle ne peut plus ressusciter, puisque la sombre réaction qui a tracé sur son étendard la devise : « Retour des terres aux seigneurs », ne pourra jamais triompher en Russie. Le paysan ne pourra non plus être dépouillé des terres acquises par voie purement mécanique, c'est-à-dire par la contrainte de l'Etat. Ceci est clair pour tous, qui savent un peu déchiffrer le langage des faits sociaux... Les poméstchiks (propriétaires terriens), une fois privés de leurs terres, ne sauront reconquérir l'influence perdue. Dans la vie russe, il faudra par conséquent marquer la disparition de la classe la plus influente dans un passé très récent — la classe qui se trouvait au gouvernail du navire de l'Etat russe.

La classe bourgeoise s'est de beaucoup affaiblie, une grande partie de ses valeurs matérielles ayant été détruite par les incendies, la guerre civile, par la détérioration dûe au temps et à la politique économique du pouvoir soviétiste ; sa cohésion sociale est ébranlée, ses rangs sont moins serrés. Mais la bourgeoisie — et en ceci elle constitue le contrepoids de la classe des poméstchiks — a un avenir devant elle en Russie. Le rôle positif créateur, qui lui est assigné, n'a pas encore été joué, elle ne fait que son entrée en scène. Mais si elle a l'avenir pour elle, le présent ne lui appartient pas. A l'heure qu'il est, c'est une déracinée. La bourgeoisie nouvelle qui vient de naître, avec ses instincts de proie, habile et hardie, a pourtant peu d'éducation sociale — elle est trop dispersée, atomisée, elle poursuit sa besogne en cachette, son poids est minime, si on le compare à l'influence dont jouissait la bourgeoisie avant la Révolution. Actuellement, le rôle de la bourgeoisie en Russie est plutôt effacé. Naturellement, ce rôle gagnera en importance à mesure que la vie normale du pays se rétablira. La bourgeoisie européenne ne pourra qu'accélérer fatalement cette évolution. La reconstruction économique de la Russie est impossible sans le concours de capitaux étrangers. La politique économique de l'Etat devra donc avoir pour but de provoquer un afflux intense de capital industriel et financier de l'étranger. Et ce capital ne tardera pas à faire son apparition. Mais dès qu'il sera apparu, il grèvera d'un poids considérable la balance qui pèse le poids spécifique des différentes couches sociales en Russie. L'ancienne influence de la bourgeoisie russe sera vite rétablie. Peut-être se trouvera-t-elle même accrue par le fait de la disparition de la noblesse terrienne. Plus que cela : même pendant la période d'affaiblissement social de la bourgeoisie, tout gouvernement sain, qui détienne le pouvoir, quelles que soient ses origines, sera obligé de tenir scrupuleusemnt compte de ses intérêts. Il est facile d'en concevoir les raisons : sans qu'on ouvre un large champ d'activité à toutes les formes de l'énergie organisatrice, notamment et avant tout aux initiatives du capitalisme privé, il sera impossible de faire sortir la Russie de l'impasse économique, où elle se trouve... Sans le vouloir, je suis arrivé à parler de l'avenir. Tandis que je ne vise qu'à donner une caractéristique du présent. Et il faut le dire, qu'à l'heure qu'il est, la bourgeoisie en Ruissie ne représente qu'une quantité négligeable.

La classe intellectuelle a aussi perdu une partie de son influence sociale. Ses rangs se sont éclaircis, l'assassinat et la mort ont fait leur œuvre. Le groupe de ceux, qui ont pu se sauver est complètement écrasé par les conditions extrêmement graves dans lesquelles se déroule leur vie matérielle, par la terreur qui règne. Ceux qui restent sont abattus par les pertes qu'ils ont subies, par leurs espérances déçues, par les crises intérieures. Naturellement, le rôle de la classe intellectuelle n'est pas encore joué, ce n'est pas l'avenir seul qui lui appartient, c'est encore le présent. Parmi les intellectuels, il n'y a pas seulement que des « âmes mortes » (1) en politique. Pourtant il est incontestable que la classe intellectuelle décimée dans ses rangs, moralement abattue, privée d'une presse, du droit de se constituer en parti, du droit de réunion, ait perdu beaucoup de son poids social d'autrefois.

Le prolétariat a profondément changé à son tour. La classe prolétarienne a été décimée, pour la gloire de Marx et de sa doctrine. Au lieu de 9,2 millions de prolétaires qu'on comptait en 1897, il n'en reste plus que 4,775 millions. La diminution a donc été de la moitié. En même temps, le niveau qualitatif

---

(1) Allusion au célèbre roman de Gagal « Les Ames mortes », où des serfs-paysans morts depuis longtemps, sont enregistrés comme s'ils étaient vivants. (Note du Tr.)

de la classe a baissé. L'ancien ouvrier qualifié, le représentant
de la fierté et de l'honneur, des caractères distinctifs et des
intérêts de sa classe tend à disparaître comme l'eau de la
crue qui baisse. Il a été sans cessé tué sur les divers fronts
civils, il est mort de faim et d'épidémie, il a émigré vers la
campagne et en s'y adonnant à l'agriculture, il est devenu
paysan (2). La plainte, que l'on entend répéter le plus souvent en Russie dans les milieux industriels, c'est de ne pas
pouvoir trouver une main-d'œuvre qualifiée : une partie des
ouvriers tués à l'ennemi, morts ou établis à la campagne, a été
remplacée par des nouveaux venus. Mais cette nouvelle génération d'ouvriers diffère beaucoup de l'ancienne génération,
elle est moins développée, moins active, moins capable d'organisation.

Ci-dessous, un tableau qui peut illustrer les changements
survenus dans la composition qualitative de la masse ouvrière.
Le tableau se rapporte aux ouvriers de l'industrie métallurgique de la Russie Centrale. La quantité et les catégories d'ouvriers ont changé, de la façon suivante, entre 1913 et 1920.

	1913	1916	1920
Nombre total des ouvriers	100 %	148%	70%
Hommes adultes	93 %	83%	70%
Femmes »	1,5%	8%	17%
Adolescents jusqu'à l'âge 18 ans	5,5%	9%	13%

Le tableau démontre que la quantité de la masse ouvrière,
aussi bien que sa composition, ont changé. La quantité a diminué de 30 0/0. Quant au changement qualitatif, il s'exprime
par la diminution du nombre des hommes adultes de 93 0/0
en 1913 à 70 0/0 en 1920. Il ne pouvait donc rester, en 1920,
de l'ancienne masse d'ouvriers adultes de 1913, que 95,5 0/0.
En réalité, il en resta bien moins, le dernier chiffre, ayant été
calculé dans la supposition que tous les ouvriers adultes de
1920 étaient déjà ouvriers en 1913. Ceci n'a certainement pas été
le cas : il y a eu changement de personnel depuis. On peut dire
sans risquer une erreur, que le nombre des ouvriers métal-

---

(1) Parmi toutes les classes sociales, c'est la classe ouvrière qui a fourni
le plus fort contingent d'exode vers la campagne. (Note de l'Auteur.)

lurgistes de l'époque « bourgeoise » occupés actuellement dans les usines, ne dépasse pas 25 0/0 des anciens cadres. Peut-être leur nombre même est-il inférieur. L'association des ouvriers métallurgistes de toute la Russie soviétiste communique les données suivantes : le nombre total des ouvriers, qui ont quitté l'association, atteint 97,2 0/0. De nouveaux venus y sont entrés, tandis que les anciens ouvriers qualifiés quittent l'Association. Parmi ceux qui sont partis, on note : comptables, techniciens, ingénieurs, 14,6 0/0 ; ouvriers qualifiés, 47,2 0/0 ; apprentis, 4,2 0/0 ; ouvriers non qualifiés, 33,9 0/0. 82,6 0/0 savent lire, tandis que 17,4 0/0 sont analphabètes. La même relation disait que sur 18 usines métallurgiques de Pétrograd gérées par l'administration locale, il y en avait 6 d'arrêtées à cause du manque de main-d'œuvre.

Le chiffre des ouvriers qui ont quitté l'Association ne m'inspire pas, à vrai dire, une confiance absolue ; il me paraît trop élevé. Peut-être du reste, mon manque de confiance envers la statistique soviétiste, laquelle, en grande partie, est dirigée par des gens de culture assez élémentaire, est-il mal fondé. Il reste pourtant un fait indiscutable : le prolétariat, comme classe, subit une profonde dégénérescence. Son importance sociale a baissé de beaucoup.

La classe des paysans s'est conservée dans une mesure infiniment plus grande, que toutes les autres couches sociales. Tout d'abord, comme nous l'avons déjà vu, elle a conservé l'entité de ses membres, elle a conservé son économie agricole, dévastée il est vrai, mais pas autant comme les autres branches de l'activité économique ; elle a conservé son organisation d'autrefois sous forme d'assemblées du village et de la volost et sous forme de la « obstcina » (communauté de village) ; son niveau qualitatif enfin s'est élevé, grâce à l'afflux des habitants des villes, des prisonniers et des soldats retournés du front; elle est moins terrorisée, que les autres couches de la population, car même l'appareil monstrueux de la terreur soviétiste ne suffit pas pour saisir de ses tentacules et pour frapper de ses coups la population rurale dispersée — dans la même mesure que cela a été le cas pour la ville. Enfin, la paysannerie, considérée dans son ensemble, a, pendant la guerre et la révolution, élargi son horizon et développé ses qualités d'initiative.

Les événements révolutionnaires des quatre dernières années qui écrasaient de leur poids l'âme facilement impressionnable et prête à réagir fortement de la classe intellectuelle, qui la brisaient même parfois, ont été pour la psychologie du paysan, pleine de fraîcheur ingénue et barbare, une source de vie plutôt que de mort ; ils ont servi plutôt à aiguillonner son esprit qu'à l'opprimer.

La paysannerie est l'unique couche sociale, qui, tout en ayant perdu beaucoup durant ces dernières années, ait néanmoins acquis beaucoup de choses. Et si le bilan final de ses pertes *directes* et *absolues* et de ses acquisitions reste entièrement à tirer, il peut être considéré comme établi, que la quantité de ses acquisitions *relatives* due à la disparition, à la dissolution et à l'affaiblissement d'autres classes sociales, est fort considérable. La figure du paysan demeure pour le moment à l'avant-scène de la vie sociale russe. Elle est unique par son poids spécifique. Il n'y a personne qui puisse la contrebalancer.

L'avenir prochain si incertain de la Russie git dans l'âme énigmatique du paysan.

Grand talent d'artiste et courtisane politique, orgueil de notre littérature et notre déshonneur moral — Maxime Gorki — avait tout à fait raison, quand, dans son interview hystérique, accordé à un correspondant anglais, il parlait d'une mer paysanne qui inondait et allait bientôt engloutir toute la Russie avec son pouvoir communiste.

CHAPITRE II

L'ÉCONOMIE NATIONALE

L'économie nationale dans son ensemble. — Toute la période, à partir du commencement du XXe siècle jusqu'à la guerre mondiale 1914-1918, est caractérisée par une ascension rapide de l'économie nationale russe. Le revenu national de 50 gouvernements de la Russie d'Europe, lequel, en 1900, équivalait à 6.579.633 mille roubles, s'était élevé en 1913, à 11.805.545 mille roubles. L'augmentation s'exprimait en 5.225.912 roubles, c'est-à-dire elle était de 79,4 0/0 (1).

Le revenu se composait des facteurs suivants, en milliers de roubles :

	1900	1913	Augmantation en %
Agriculture	2.985.067	5.660.227	88,5
Exploit. forest. et pêche	626.167	729.978	16,6
Industrie	1.402.191	2.566.594	83,0
Transport	531.222	1.055.103	98,9
Bâtiment	473.100	842.668	78,1
Commerce	561.886	980.975	74,6
Total	6.479.633	11.805.545	79,4

Cet accroissement aussi rapide du revenu national peut être expliqué par l'accroissement de la productivité du travail national d'une part et d'autre part par la hausse générale des prix des marchandises, qui caractérise le XXe siècle, lequel,

---

(1) Les chiffres précédents et ceux qui vont suivre, et qui caractérisent le revenu national de la Russie, sont empruntés au livre : « Essai d'un calcul du revenu national de 50 gouvernements de la Russie, entre 1900-1913, qui a été publié en 1918 sous la rédaction de S. N. Prokopovitch. (Note de l'Auteur.)

dès son début, peut être appelé un siècle de cherté. Si nous éliminons l'influence de la hausse des prix, et que nous essayons de nous faire une idée de l'accroissement des forces productives, pris en dehors de cette hausse des prix, c'est-à-dire si nous calculons le revenu de 1913, en prenant pour base les prix de 1900, nous arrivons au chiffre de 9.170.298.000 roubles. Le dévèloppement des seules forces productives s'exprime de cette façon en 2.590.665 mille roubles, c'est-à-dire, il atteint 39,4 0/0 de la production antérieure. L'accroissement de production doit être enregisré dans toutes les branches de l'activité économique : dans l'agriculture, l'industrie, les transports, le bâtiment, le commerce. Il n'y a qu'une seule exception : c'est l'exploitation des forêts et la pêche ; nous voyons, il est vrai, une hausse dans le coût de production, de 16,6 0/0, à laquelle correspond pourtant une baisse de rendement de ces deux industries de 4,3 0/0.

Le tableau suivant nous donne la différence de rythme dans le mouvement ascensionnel de diverses branches de la production, ainsi que leur poids spécifique dans l'échelle des autres branches de production (les chiffres absolus du revenu national calculés sur la base des prix de 1900, s'expriment en millions de roubles).

| Branches de la production | 1900 | | 1913 | | Accroissement (+) ou diminution (—) de la product. |
	Revenu en chiffres absolus	Quote-part du revenu national	Revenu absolu	Quote-part du revenu national	
Agriculture	2.985	45,4%	3.995	43,5%	+33,8%
Exploitation forestiere et pêche..	626	9,5% 3%	598	9,2%	— 4,3%
Industrie	1.402	21,3%	2.282	24,9%	+62,2%
Transports	531	8,1%	804	8,8%	+51,4%
Bâtement	473	7,2%	704	7,7%	+48,8%
Commerce	562	8,5%	787	8,6%	+40,7%

Nous voyons que la première place dans l'économie nationale est détenue par l'agriculture, ainsi que par l'exploitation forestière et la pêche, lesquelles se trouvaient généralement liées à l'économie agricole ; l'agriculture donnait 54,9 0/0 du revenu national en 1900 et 49,7 0/0 en 1913. La Russie était un pays agricole dans ses bases. On peut pourtant noter une tendance dans son processus d'évolution : l'industrie russe, les transports, le bâtiment, le commerce se développaient plus rapidement que l'agriculture. Dans l'espace de 13 ans, l'importance de l'agriculture, ainsi que de l'exploitation forestière et de la pêche, dans le travail et le revenu national, avait baissé de plus de 5 0/0. Le terrain perdu par l'agriculture avait été envahi par le développement de l'industrie : la production industrielle avait augmenté de presque deux tiers, tandis que pour l'agriculture, l'augmentation n'était que d'un tiers. La part détenue par l'industrie dans la production, si nous la mesurons à la quantité de marchandises produites, et non pas au coût de la production, s'était élevée de 21,3 0/0 en 1900 à 23,9 0/0 en 1913. La Russie s'acheminait lentement, mais sûrement dans la voie d'une saine industrialisation.

La guerre coupa court à ce mouvement ascensionnel de l'économie nationale russe. La plupart des branches de son activité économique subit une dégradation. Il n'en fut pourtant pas ainsi de toutes. Quelques-unes des principales branches de production atteignirent des chiffres de record en 1916. Quelques données vont illustrer cette situation. La production moyenne de charbon par mois dans la région carbonifère la plus importante de la Russie — le bassin du Donetz, s'était élevée de 128 millions de pouds en 1913, jusqu'à 146 millions de pouds en 1916 (1) ; dans l'industrie du lin, la production de 3.133 mille pouds de filés en 1913 s'était élevée à 4.260 mille pouds en 1916 ; pendant la guerre, la production du zinc et du plomb s'était développée, l'industrie chimique s'était épanouie ; il y eut aussi une augmentation de production par rapport à l'année 1913 dans l'industrie de la laine ; la production du naphte donna en 1916 les chiffres les plus élevés de produit annuel, qui aient été enregistrés depuis dix ans ; le rendement de l'industrie électrique avait augmenté de plus de deux fois.

L'économie agricole avait commencé à s'ébrécher depuis le commencement de la guerre — la quantité de bétail avait di-

---

(1) Dans le second semestre 1916, la production moyenne par mois s'éleva même jusqu'à 151 millions de pouds. (Note de l'Auteur.)

minué, les emblavures étaient réduites, on se ressentait du manque d'outillage agricole, de matériel de réparation pour les constructions, etc. La force de croissance pourtant n'avait pas subi d'arrêt dans l'économie agricole : — le recensement agricole de 1916 avait eu à noter un très haut pourcentage de génisses et de bouvillons parmi le bétail de 17 gouvernements. Sur 19,051 millions de vaches, bœufs et taureaux adultes, il y avait 17.535 millions de jeunes animaux d'âge différent. Le contingent de ces derniers s'élevait donc à presque 92,4 0/0 de la quantité de bétail adulte. L'économie agricole, durement éprouvée par la guerre, s'occupait à créer énergiquement des réserves, qui étaient plus que suffisantes pour combler les lacunes produites par la guerre dans la branche la plus importante de l'économie agricole, l'élevage du bétail.

La dégradation de l'économie nationale, dont la guerre avait été le point de départ, n'était pas généralisée ni difficile à liquider. L'ouragan de la révolution et surtout la politique hideuse et absurde du pouvoir soviétiste en matière économique, apportèrent des changements profonds : la courbe de l'évolution de l'économie nationale dans toutes ses branches subit une baisse vertigineuse et incessante. Le mouvement de baisse ne s'est pas arrêté jusqu'à présent.

Au commencement de 1921, les communistes voulaient faire croire que le rendement de l'industrie russe équivalait à 30-35 0/0 de la production d'avant-guerre. Le mal-fondé de ces assertions fut bientôt révélé : selon les calculs très optimistes de l' « Office Central de Statistique » de la Russie soviétiste le rendement de la production industrielle avait baissé de huit fois par rapport à la production d'avant guerre, le rendement de l'agriculture de deux fois. Si nous attachons foi à ces chiffres officiels, si nous tenons ensuite compte du fait, que le fonctionnement des transports a baissé de cinq fois par rapport à l'an 1913 (1), qu'il n'y a pour ainsi dire plus d'indus-

---

(1) En 1913, les chemins de fer transportaient en moyenne 164.000 pouds-verstes (le poud — 16,08 kilos, la verste — kilom.) de marchandises par jour ; en 1916, plus que 35.000, c'est-à-dire 21 0/0. Nous retrouvons les mêmes proportions pour le transport par voie fluviale. En 1912, on avait transporté, par la voie de l'eau, 2.882 millions de pouds ; en 1920, 583 millions de pouds, c'est-à-dire 20 0/0.

trie du bâtiment, que le commerce ne donne plus qu'un quart
de son ancien chiffre d'affaires, que l'exploitation des forêts et
l'industrie de la pêche ont baissé de deux fois (1), nous ob-
tiendrons un chiffre du revenu national de 50 gouvernements
de la Russie d'Europe, qui présente l'aspect suivant par rapport au revenu national de la même région en 1913.

(En millions de roubles. Prix de base : les prix de 1900)

Catégories	Production de 1913	Deminution en 1921	Production de 1921
Agriculture	3.995	de 2 fois	1.997,5
Exploitation forestière et pêche	598	de 2 fois	299
Industrie	2.282	de 8 fois	235,25
Bâtiment	704	à 0	0
Transports	804	de 2 fois	160,8
Commerce	787	de 4 fois	196,25
Total	9.170		2.888,8

Si nous prenons comme point de départ les données citées
qui, en cas d'erreur ne peuvent pécher que par excès d'optimisme, nous trouverons que le revenu actuel de la nation
ne s'élève plus qu'à 31,5 0/0 du revenu de 1913.

Mais l'optimisme de ces calculs est par trop évident : la
baisse de rendement dans la bránche principale de l'économie
nationale de la Russie, l'agriculture, est bien plus considérable : le rendement a baissé d'au moins 2,5 fois, sa pro-

---

1) Dans la région la plus importante pour la pêche en Russie, le bassin
de la Volga et de la Mer Caspienne, il y avait 40.000 pêcheurs de la
mer enregistrés et près de 60.000 pêcheurs fluviaux. En dehors de cela,
il y avait près de 50.000 pêcheurs « libres », non enregistrés. En tout,
près de 150.000 pêcheurs. Durant le régime soviétiste, on constate un
exode en masse des pêcheurs et leur transformation en agriculteurs, dus
à des causes multiples : tout d'abord, l'usure des filets et l'impossibilité
de les réparer, à cause du manque de fil ; l'abolition des entreprises
privées de pêcheries et la politique gouvernementale du « Centre de la
pêche », avec son barême et l'asservissement des pêcheurs, qui demeu-
raient attachés aux entreprises de l'Etat, sans avoir le droit de se dé-
placer. Il y eut enfin le ravitaillement insuffisant de la région, qui ne
recevait pas assez de blé. Pers le commencement de 1921, il ne restait
plus que 24.000 pêcheurs. La pêche de la mer n'existait plus, tandis
qu'avant la guerre, elle avait fourni la moitié du produit total. (Note
de l'Auteur.)

duction ne donne plus que 40 0/0 de la production d'avant-guerre ; le rendement de la production industrielle a baissé d'au moins dix fois, le chiffre qui exprime la baisse de mouvement commercial est en tout cas supérieur à quatre. Le revenu national atteint, dans ces conditions, à peine 26 0/0 du revenu national d'avant-guerre. Le pays, déjà pauvre dans le passé, est devenu quatre fois plus pauvre.

Si nous ajoutons à cela les bâtiments détériorés (usines, entreprises de commerce, dépôts, stations, habitations), l'outillage usé et démoli, les pertes énormes de bétail, un sol ravagé (par un labourage défectueux, la diminution d'engrais, l'abondance de mauvaises herbes), des semences de qualité inférieure, le mauvais état des chemins de fer et des artères d'eau, le déboisement complet des gouvernements qui, sans cela, avaient peu de forêts (gouvernement du midi et du centre), des vergers abattus pour en retirer du combustible, la baisse sensible dans l'intensité de travail humain, la perte immense du nombre d'ouvriers qualifiés, et ainsi de suite, sans fin — il se dressera devant nos yeux un tableau effrayant, qui reflète non seulement la ruine et l'arrêt de fonctionnement de la vie économique présente, mais qui signifie encore impossibilité d'un fonctionnement normal pendant les années qui vont suivre.

Notre énumération sommaire et incomplète des pertes et ravages subis permettra au lecteur de se former un jugement sur le caractère économiquement vicieux de l'exigu revenu national, dont nous venons de parler. Le revenu obtenu n'est autre chose qu'un revenu factice ; il provient de ce que l'on « consomme » des valeurs matérielles accumulées par le pays dans son passé économique et qui constituent son capital *fondamental*. On tue la vie de *demain* au nom de la vie *d'aujourd'hui*. Les bolcheviks sont arrivés à l'extrême limite dans l'art de la destruction : d'après l'expression incisive de Zinaida Hippius (1), appliquée par elle aux enfants de

---

(1) Poète et romancière de talent. Voir « Mon Journal sous la Terreur », paru chez Bossard. (Note du Tr.)

la Russie soviétiste, ils détruisent non seulement la vie de leur temps, mais encore la vie des temps *à venir*.

Une autre observation encore : la part fondamentale du revenu que donnait l'industrie n'était pas due à un labeur dépensé durant le régime soviétiste : elle provenait de résidus de la période « bourgeoise » précédente dans la vie de la Russie. Selon l'avis compétent de M. Rykov, ancien président du « Conseil Supérieur d'Economie Nationale », nous avons vécu en 1918 et 1919, de produits légués par la bourgeoisie ; en 1919 et 1920, la production a été alimentée par des produits mi-œuvrés et des matières premières de la même provenance; vers la fin de 1920, nous dûmes passer à la production de matières premières par nos propres forces, et c'est à ce moment, ajouterai-je pour ma part, dans la troisième année du régime soviétiste, que se manifesta la débâcle économique avec une évidence qui ne laissait rien à désirer. C'est vers le commencement de 1921 que la débâcle s'accentua de façon impressionnante. Et c'est juste à ce moment que naquit avec force réclame et bruit la « nouvelle politique économique » des bolcheviks. L'enfant vint au monde, « aidé » par des émeutes de paysans, qui survinrent au commencement de 1921 et par le tir des canons de Cronstadt, dont le roulement se fit entendre au mois de mars de la même année.

Après ces brèves remarques sur l'économie nationale dans son ensemble, passons à un examen plus détaillé de ses trois branches principales, l'Industrie, les Transports, l'Agriculture.

*
* *

L'Industrie. J'ai à ma disposition des chiffres se rapportant au rendement dans 22 branches de production qui peuvent être classées sous la rubrique de la grande industrie. Ces chiffres se rapportent aux dernières 4-8 années. Parmi toutes les catégories de production étudiées, il n'y en a pas une seule qui présente un aspect de croissance ou du moins d'une désagrégation arrivée à un certain équilibre. Toutes, à l'exception d'une seule industrie s'engouffrent dans un abîme qui n'a pas de fond. L'industrie de la Russie git sur un lit de mort ; elle agonise. La production du produit le plus essentiel de l'industrie contemporaine — de la fonte, après avoir été en 1913 de 257.398.000 pouds n'atteint que 6.133.000 pouds en 1920, c'est-à-dire 2,4 0/0 de la production d'autrefois. En 1913, la production de la fonte était de 60 livres par habitant, en 1920 plus que de 2 livres... La Russie communiste avait battu de cette façon un record mondial « sui generis ». Hélas, cela ne devait pas être son seul record ! L'actualité russe abonde en records de ce genre.

Nous donnons un tableau qui a été fait sur des données de sources soviétistes officielles et qui tire le bilan de quatre ans d'activité des « capitaines d'industrie » pour employer une expression de Carlyle, issus du parti communiste russe (1).

Produits	Extrait au produit (en milliers d'unités, pouds pour la plupart)				La production de 1920 par rapport à celle de	
	1913	1916	1919	1920	1913	1916
1) Minerai de fer..	581.357	?	?	9.420	2,25%	?
2) Miner. de cuivre	68.199	?	?	229	0,6%	?
3) Minerai de manganèse[1]	17.377	?	?[*]	395	2,6%	?
4) Houille[2]	1.640.300	1.894.000	?	381.800	23,3%	20,4%
5) Naphte[3]	554.900	602.100	?	230.100	41,4%	38,2%
6) Or	3,71	3,76	?	0,097	2,6%	2,6%
7) Platine	0,30	0,29	0,075	0,023	7,6%	7,9%
8) Sel[4]..............	118.843	?	?	20.962	17,6%	?
9) Fonte	257.398	231.866	?	6.133	2,4%	2,6%
10) Filés de lin......	3.133	4.260	942	806	25,7%	19%
11) Filés de coton et tissus grèges[5]	37.000	?	2.210	1.555	4,2%	?

(*) Presque tous les chiffres du tableau qui traitait des variations de productivité à travers les années, se rapportent, en tant qu'il s'agit du même produit, à la même région.

(1) Les chiffres de la production ne comprennent pas les mines de Tchévtoursk, les plus riches du Caucase.

(2) Les chiffres de la production ne comprennent pas les gisements de Tchéremchovsk et de Kousnetzk.

(3) La région de Bakou a été occupée par les bolcheviks au mois d'avril 1920. Nous donnons le chiffre de la production pour toute l'année.

(4) Production moyenne de dix ans (1904-1913).

(5) Le chiffre de la production se rapporte à l'année 1910.

2) Acides: sulfur. azotique et chlorhydr.⁶) ..	17.451	?	1.729	1.893	10,8%	?
3) Couleurs d'aniline	500	?	?	24	4,8%	?
4) Allumettes (en boîtes)	3.650	3.060	1.008	632	17,3%	20,7%
Tabac:						
5) a) Cigarettes et cigares (pièces)	21.000	?	7.900	9.500	45,2%	?
b) Cartouches (en caisses) ...	1.000	?	224	74	7,4%	?
c) tabac de qualité inférieure (en pouds)...	3.600	?	1.033	731	20,3%	?
6) Savon	20.183	?	?	790	3,9%	?
7) Papier	9.975	?	?	2.650	22%	?
8) Industrie polygraphique (unités de tirage)...	?	16.240	3.827	2.488	?	15,3%
9) Sucre	83,531	?	4.737	5.038	6%	?
0) Amidon et mélasse (quantités de pommes de terre utilisées) .	60.000	?	5.000	3.500	5,8%	?
1) Indust. électr..	100%	213%	?	15%	15%	7%
2) Cautchouc	100%	?	?	5%	5%	?

Il n'y a dans ce tableau que trois industries, dont le produit dépasse 25 0/0 de la production d'avant-guerre .: l'industrie du naphte, l'industrie du lin et l'industrie du tabac. Le rendement des autres industries est de beaucoup inférieur. Dix industries donnent un produit, qui est inférieur à 5 0/0 de la production d'avant-guerre ; quatre industries n'ont produit que de 5 à 10 0/0; quatre de 20 à 25 0/0. Parmi les grandes industries c'est celle du naphte qui donne le produit le plus élevé. Cela s'explique par le fait, qu'elle a pu se soustraire pendant un certain temps à la main-mise bolchévique; la région du naphte n'a été occupée par l'armée des soviets que pendant le premier trimestre de 1920, et les puits les plus importants, ceux de Bakou en dernier lieu, au mois d'août. La baisse de rendement commença aussitôt après l'occupation bolchévique : jusqu'à leur apparition la production mensuelle de la région de Bakou

---

(6) Chiffre de production sans l'Ukraine, la Koubane, le Caucase et la Sibérie.

atteignait 19 millions de pouds; pendant la première année de
l'administration bolchévique (1920), le rendement baisse déjà
jusqu'à 13 millions de pouds. La même chose arriva dans la
région qui suit par ordre d'importance, la région de Grosnyi; la
production mensuelle tomba de 5,7 millions de pouds à 2 millions par mois. La situation ne s'améliora pas en 1921 : pendant
les mois de juillet, août, septembre, la production moyenne
par mois était dans les régions de Bakou de 11,7 à 11,8 millions
de pouds. En ce qui concerne la rectification du naphte, les
dernières informations qui nous parviennent de source officielle
(septembre-octobre 1921) prédisent avec beaucoup d'optimisme
« que les usines de rectification seront hors d'état de travailler
en 1922 »...

Un fait important, qui ressort du tableau est la forte décadence des industries extractives. Sur les six premières catégories de produits mentionnées dans le tableau, il y en a cinq
dont la production ne surpasse pas 0,6 à 7,6 0/0 de la production d'avant-guerre. Parmi ces produits, se trouve le minerai de
fer, qui alimente en grande partie les industries métallurgique et mécanique. Il a été extrait 44 fois moins de minerai de
fer qu'en temps normal. Tandis qu'avant la guerre l'industrie
minière était la branche la plus active de l'économie nationale
en Russie : de 1906 à 1913, elle avait donné le plus haut pourcentage de croissance de production, 84 0/0.

La production de la houille présente des chiffres relativement
supérieurs, 23,3 0/0 de la production d'avant-guerre. Pourtant,
ce chiffre ne donne pas toute la mesure de la baisse des forces
productives dans cette industrie : pendant la guerre, la production avait augmenté et la production de 1920 ne donnait
plus de 20,4 0/0 de la production « bourgeoise ». L'organe du
Conseil Supérieur de l'Economie Nationale, « La Vie Economique », écrivait dans son compte rendu de 1920, que cette
année avait été, pour le bassin de Donetz « une année de baisse
de production inouie, écrasante, une année de désagrégation
complète de la production minière et de sa réorganisation sur
de nouvelles bases. » Le compte rendu se terminait par le
vœu, que cette réorganisation pût aboutir à une « victoire sur

le front économique ». Au lieu de la victoire attendue, on eut à enregistrer une défaite. La production de la houille baissa encore. Pendant les trois derniers mois de 1920, la production mensuelle avait été de 28,8 millions de pouds. Si elle était restée à ce niveau en 1921, la production des 8 premiers mois se serait élevée à 230,4 millions de pouds ; en réalité, elle ne fut que de 170 millions de pouds.

Trois des industries de notre tableau manifestent, à ce qu'il paraît, une tendance à l'arrêt dans leur dissolution ; leur production donne apparemment un mouvement ascensionnel. L'an 1920 montre, par rapport à 1919, une hausse de production dans l'industrie du tabac, l'industrie chimique et l'industrie du sucre. Pourtant, l'apparence est trompeuse. Le travail des usines de tabac paraît plus productif, puisque en 1920 la production du tabac a augmenté par rapport à la production des cigarettes ; ces dernières donnaient, en 1919, 62,2 0/0 de tous les articles de fumeur; en 1920 46,8 0/0 pendant le premier semestre, et 21,9 0/0 pendant le second. L'erreur devient plus évidente encore, si nous passons à l'industrie du sucre : cette dernière avait utilisé en 1919, 7,721 mille berkovetz (le berkovetz de 10 pouds, donc 160,8 kilos) de betterave à sucre ; en 1920, la quantité de betterave travaillée n'était plus que de 4.579 mille bekovetz. La quantité plus élevée de sucre fournie en 1920 trouve son explication dans le fait qu'on avait ajouté à la production des réserves de sucre jaune, résidu d'une production précédente. Il n'y a que l'industrie chimique, qui puisse enregistrer une véritable augmentation de production : En 1920, il avait été produit 164.000 pouds d'acides de plus qu'en 1919. Voilà l'unique « victoire » de 1920. Victoire glorieuse, en effet, si nous tenons compte de la dégradation de toutes les autres industries !

Il manque dans notre tableau des données sur la production métallurgique : elles sont trop compliquées pour les y avoir fait rentrer. Voilà comment l'organe officieux du pouvoir soviétiste (La « Pravda »), caractérise la situation : « Ce qui a le plus diminué, c'est l'industrie de produit premier, de la fonte (2,5 0/0 de la production de 1913) ; viennent, par ordre décroissant, la production des hauts-fourneaux Martin, des laminoirs de l'industrie des produits les plus simples : les barres, les clous, le fil de fer (1) qui détient la seconde place; la troisième appartient aux machines agricoles (9 0/0 de la production de 1913) ; la quatrième à la construction de wagons de chemins de fer ; la cinquième à la construction de locomotives (30 à 35 0/0 de la production de 1913) (2) ; la sixième à la production de faux et de faucilles (160 0/0 de la production de 1913). Ce phénomène plutôt étrange d'une augmentation de production de produits finis par rapport à une quantité décroissante de matière première, s'explique, selon la « Pravda », de façon fort simple : « à mesure que nous passons de la matière première aux produits finis, nous trouvons une quantité de produits mi-œuvrés — héritage du passé — qui servent à la production. »

Tel le bilan du « règlement » de l'industrie russe par les bolcheviks.

Il faut reculer loin, même très loin, dans le passé économique de la Russie pour trouver une production qui soit équivalente à la production actuelle. Prenons, par exemple, l'industrie du lin, une des branches de l'industrie textile, dont la Russie pouvait, jadis, s'enorgueillir, à juste titre : ses produits pouvaient, par leur qualité et leur bon marché, affronter la comparaison avec les produits de n'importe quel autre pays. La production de filés de lin était (en milliers de pouds) : en 1914, de 3.133 ; en 1915, de 3.420 ; en 1916, de 4.280 ; en 1917, de 3.120 ; en 1918, de 1.570 ; en 1919, de 942 ; en 1920, de 806. En 1865, quand l'évolution industrielle russe en était encore à ses dé-

---

(1) Les usines qui produisent des clous et du fil de fer, donnaient en 1920, 450-500 mille pouds de produits. Entre 1910-12, leur production était de près de 18 millions de pouds. La production actuelle équivaut par conséquent à 2,8 0/0 de la production d'avant-guerre. (Note de l'Auteur.)

(2) La productivité de l'industrie des locomotives est évidemment exagérée : en 1916, il avait été construit 599 locomotives (en 1915 — 915), tandis que, durant 11 mois de 1920, il n'en fut construit que 85. La production « communiste » ne donne par conséquent que 15,5 0/0 de la production bourgeoise. Les 8 usines de locomotives, que la Russie possédait avant la guerre, pouvaient construire 1.500 locomotives par an. (N. de l'Auteur.)

buts, la production de filés de lin était de 840.000 pouds. Nous avons vu qu'au point de vue de la répartition de la population (distribution de la population entre la ville et la campagne), la Russie avait, dans l'espace de quatre ans, reculé de 25 ans, à peu près, cette fois-ci, le bond en arrière est bien plus considérable, il se mesure par presque 60 ans.

Il y avait des branches de l'industrie, qui, dans les diverses régions de la Russie, devenaient de temps en temps l'objet de la plus tendre sollicitude et des plus grands efforts de la part des organes économiques centraux du pouvoir soviétiste. On faisait tout, pour obtenir un relèvement de la production et il paraissait au commencement, qu'on allait réussir. Lentement, avec des pauses, faisant par moments machine en arrière, la production se relevait pourtant. Dans le camp des « créateurs d'une vie nouvelle », il y avait naturellement jubilation. Laquelle, hélas, ne devait pas durer. Il perçait quelque part un « petit défaut du mécanisme », que les « capitaines de l'industrie » n'avaient pas pris en considération et tout s'écroulait et précipitait avec la rapidité d'une avalanche. La région du bassin du Donetz nous en donne un exemple des plus éclatants. La production mensuelle de la houille y était descendue de 148 millions de pouds en 1916, à 23 millions de pouds en 1920. Au mois de mars 1921, grâce à un labeur inoui, qui avait duré de 7 à 9 mois, qui avait été accompli par au moins une dizaine de Commissions et qui avait tenu en haleine d'innombrables Conférences, grâce à un ravitaillement intensifié de là région, la production s'était élevée jusqu'à 33,1 millions de pouds. Et ensuite, ce fut une baisse vertigineuse — au mois d'avril, 30,3 millions de pouds ; au mois de mai, 24,3 ; en juin, 18,2 ; en juillet, 9,6 ; au mois d'août, 11,3 millions.

« Nous avons mal calculé », dit Lénine. « Nous avons mal calculé », répète après lui la « Vie Economique ». Et c'est ainsi partout et toujours : les calculs ne réussissent jamais... et nulle part...

La région du Donetz donne une autre illustration encore de l'orientation prise par la politique économique des bolcheviks. « La révolution bolchevique s'était propagée jusqu'au bassin du Donetz; au mois de novembre et au mois de décembre... l'on constate une baisse rapide de la production qui tombe jusqu'à 78 millions de pouds (par mois, S. M.); pendant tout le temps de la domination bolchevique, la production ne cesse de baisser, pour arriver au mois de mai 1918, au chiffre de 27 millions de pouds par mois.

A partir du mois de juin, ce sont les Allemands qui occupent la région et... les industriels relèvent de nouveau la production, en la portant jusqu'à 48 millions de pouds en octobre. Après la seconde occupation de la région par les bolcheviks, la production baisse de nouveau pour tomber, en avril et mai 1919, jusqu'à 16-17 millions de pouds. L'occupation du bassin par l'armée du général Dénikine permet aux industriels de reprendre possession de leurs entreprises et la production commence de nouveau à augmenter... Au mois de novembre, elle s'élève à 42 millions de pouds. Les bolcheviks retournent au mois de décembre 1919, la production baisse, et ainsi de suite, à l'infini (1) »

L'amour de la gloire de ces « organisateurs de victoires économiques » n'est pourtant pas satisfait. Au mois de février 1921, se réunit à Moscou une Conférence de 15 représentants des « Unions des Coopératives de Travail pour l'Exploitation des Forêts » — unique forme de coopération, qui, jusque-là, n'avait pas encore été nationalisée. Dans leurs relations, les rapporteurs traçaient inlassablement le même tableau. A peine une coopérative avait-elle fondé et mis en mouvement une usine pour l'utilisation mécanique ou chimique du bois, que les autorités locales se l'appropriaient pour la « nationaliser ». Venait ensuite un décret du gouvernement et l'usine allait agrandir le « patrimoine de la nation ». Le résultat était toujours le même : c'était comme si on avait répandu sur l'usine « l'eau morte » des contes populaires russes — c'était le manque de matière première, l'exode des

---

(1) « Travaux de la Conférence Générale des Représentants de l'Industrie et du Commerce Russes à Paris. 1921. »

ouvriers, le gaspillage, la baisse de rendement du travail, etc. Pendant quelques mois, l'usine naviguait dans les eaux du « règlement économique par l'Etat » — ensuite elle s'arrêtait. Le cycle était clos. Venaient après les pétitions des coopératives pour qu'on leur rendît leurs usines. Si l'usine retournait entre les mains des coopérateurs, elle se remettait à travailler.

*
* *

Les transports. — Les chemins de fer. — Avant la guerre, la Russie avait plus de 20.000 locomotives (pour trains de marchandises et de voyageurs) et plus de 400.000 voitures pour marchandises. Sur cette quantité, il y avait de 12 à 15 0/0 de locomotives en réparation, 4 0/0 de voitures pour marchandises, et 6 0/0 de voitures pour voyageurs. Au premier janvier 1917, la quantité de locomotives « malades » était de 16,5 0/0. Pendant la période de domination soviétiste, le pourcentage des locomotives malades augmente avec une rapidité catastrophique. Le 1ᵉʳ janvier 1918, il y avait 30,1 0/0 de locomotives malades, au 1ᵉʳ janvier 1919, 47,7 0/0, au 1ᵉʳ janvier 1920, 58 0/0. En même temps, s'accroît le nombre de voitures de chemin de fer immobilisées. Ce nombre constituait, au 1ᵉʳ janvier 1919, 16,6 0/0, au 1ᵉʳ janvier 1920, 19 0/0, au 1ᵉʳ avril de la même année, 23 0/0. Et comme la paralysie continuait à gagner les chemins de fer et le transport, ce dernier fut déclaré par le gouvernement soviétiste un « front économique de combat ». Au commencement de 1920, le commandement de ce front fut confié au « Carnot » russe — à Trotsky. Ce fut lui qu'on nomma commissaire des voies de communication.

L'activité du nouveau commissaire se manifesta par les deux célèbres ordonnances n° 1042 et n° 1157, qui furent déclarées ordonnances de « combat ». Ces deux ordonnances contenaient un programme établi d'avance pour quelques années, qui visait la réparation complète du matériel roulant, des locomotives (première ordonnance), et des voitures (seconde ordonnance). Après 3-5 ans, les chemins de fer en Russie devaient reprendre leur fonctionnement normal.

Le travail commença avec beaucoup d'éclat. Dans les journaux officieux des soviets, il y eut toute une série de correspondances et de relevés statistiques, qui prouvaient que le programme des réparations avait été pleinement exécuté et même dépassé. Les plumes vénales des publicistes du gouvernement couraient avec une agilité parfaite; on brûlait de l'encens devant les ordonnances « géniales » et leur « génial » inspirateur. Les relevés mensuels signalèrent réellement une décroissance de pourcentage de locomotives et de voitures, malades. Tout cela attira l'attention de la classe intellectuelle en Russie. « Est-ce vrai, ont-ils arrangé, vont-ils arranger tout cela »? se demandait on et personne ne voulait y croire : un savoir faire du gouvernement soviétiste en matière économique — il y avait si longtemps qu'on s'était habitué à le juger autrement.

On chercha à pénétrer derrière les coulisses de cette réalité si savamment et « officiellement » arrangée. Et alors il devint clair qu'il ne s'agissait que d'un immense bluff. Il n'y avait pas de parties de rechange en suffisance pour les réparations ; leur production par les « usines de combat » qui alimentaient les besoins des chemins de fer n'arrivait pas à combler les lacunes existantes. Et alors on se mit à dévaster les « cimetières » de locomotives et de wagons. Pour réparer une locomotive en fonctionnement, on en démolissait impitoyablement 2 à 8 déclassées. On raconte le cas de 4 locomotives réparées au prix de la démolition de 40 locomotives déclassées qu'on avait amenées du cimetière des locomotives. La façade d'ordre apparent et de réussite apparente fut obtenue au prix de pertes irréparables. « Quand nous aurons dépouillé les cimetières des chemins de fer, il y aura de nouveau la débâcle », disaient les sceptiques.

C'est ce qui arriva en réalité. Au mois de février 1921, se déclara, à l'improviste, une crise de combustible. L'industrie de Pétrograd cessa de fonctionner. Le mouvement des chemins de fer s'arrêta sur un parcours de 10 à 12 mille verstes. On

« découvrit » une nouvelle crise, celle des traverses de chemin de fer : on constata qu'il aurait fallu changer 24 millions de traverses, qui étaient arrivées à un dégré d'usure telle que les trains ne pouvaient plus marcher ; sur la ligne de l'Altai, en Sibérie, par exemple, les paysans retirèrent tout simplement avec leurs doigts les chevilles qui relient les rails aux traverses (pour en faire des dents de herse). Bientôt, la dévastation des cimetières, des chemins de fer fut un fait accompli et la « Vie Economique » eut à constater encore une fois, que l'on s'était trompé dans ses « calculs » ; la production des pièces de rechange n'était pas à la hauteur des besoins. Les brillants programmes avaient fait faillite et les belles espérances s'étaient évanouies. Le pourcentage des wagons et des locomotives malades s'était subitement et rapidement élevé.

Voilà des chiffres sur la situation du parc de locomotives (1)

	Quantité totale	Locomotives malades	locomotives malades
Juin 1920	15.333	8.969	58,5%
Decembre 1920	18.888	10.714	56,7%
Juin 1921	18.933	11.046	58,4%

Pendant le mois d'août de l'année passée, le pourcentage des locomotives malades atteignit une hauteur inouie, 60 0/0. « La production de nos usines de combat » constate automatiquement l'organe économique soviétiste, « a baissé de beaucoup ».

Les chiffres qui se rapportent au parc de wagons sont plus expressifs encore. Il y avait de wagons :

	Quantité totale	Wagons malades	Pourcentage de wagons malades
Juin 1920	442.985	90.093	20,3%
Decembre 1920	447.394	87.565	19,5%
Juin 1921	444.043	122.083	27,5%

---

(1) Les chiffres publiés par le pouvoir soviétiste sur l'état des transports diffèrent entre eux. Je prends les chiffres les mieux fondés : ils sont puisés dans un rapport fait par la Commission Centrale des Transports à l'Organe économique supérieur de la République Soviétiste — Le « Conseil du Travail et de la Défense ». (Note de l'Auteur.)

Pour commenter notre tableau, nous devons ajouter qu'on appelle « wagons malades » dans la Russie soviétiste, des wagons qui ne sont plus du tout aptes au mouvement, qui ont les roues ou bien le dessus de la voiture complètement détériorés. Les battants des fenêtres arrachés, des planches des parois enlevées, des tôles du toit qui manquent — tout cela ne compte pas. Cela ne suffit pas pour rendre le wagon malade. Le contingent du parc se compose en très grande partie, de ces wagons, qui n'ont pas été officiellement déclarés malades. Quand il s'agit du transport de produits alimentaires et autres qui craignent la pluie et la neige, on entreprend toujours de longues recherches pour trouver des wagons « appropriés ». D'après des données officielles qui datent du mois de septembre 1921, il n'y avait que 20.000 wagons de « première catégorie », capables de transporter des produits alimentaires, tandis qu'il en fallait 60.000 pour le transport d'automne des pommes de terre. Les pommes de terre auront donc gelé et pourri pendant l'hiver 1921-22, comme elles ont gelé et pourri toute les années précédentes.

Les conditions dans lesquelles se trouve le réseau de rails en Russie, sont aussi extrêmement graves. Nous avons déjà dit que les traverses étaient pourries et demandaient à être remplacées. Pourtant, il n'y a pas de traverses de rechange, malgré les grandes richesses de la Russie en bois. Les rails sont également usés. On les remplace, en démolissant des voies de réserve, des lignes doubles, etc. Mais ces réserves ne suffisent pas et les trains passent sur des rails usés, ce qui entraîne naturellement des déraillements sans fin. La « croisade » civile déclarée par les bolcheviks à la « bourgeoisie », a eu pour conséquence la destruction de 3.011 constructions de chemins de fer (ponts, viaducs, tunnels), d'une longueur de 16.000 sagènes, ainsi que de 1.300 verstes de rails.

En ce qui concerne le service de communication de chemins de fer, il y avait, sur 38.000 appareils téléphoniques et 10.250 appareils télégraphiques, 32.000 des premiers et 8.500 des seconds, qui exigeaient des réparations capitales.

On manque d'aiguilles, de lanternes, le service central de

signalement est disloqué et ne fonctionne plus. On manque même de bêches de bois pour enlever la neige qui obstrue les voies. Il n'y a pas de boucliers contre la neige. Les voies se trouvent par conséquent très souvent barrées par des accumulations de neige qu'on n'enlève pas. A cause de cela, le mouvement des trains pendant l'hiver est interrompu par des intervalles fréquents, qui durent quelquefois de 7 à 10 et 15 jours.

Il faut chercher une autre cause des arrêts aussi fréquents du mouvement des trains dans le manque de combustible : Pendant l'hiver 1920-1921, les trains procédaient avec des arrêts infinis sur la meilleure des lignes de chemins de fer russes, la Nicolaievskaia (qui relie Moscou à Pétrograd) ; ils attendaient les chariots des paysans qui leur apportaient le bois des forêts voisines. Le bois était directement chargé sur la locomotive. Nulle part ailleurs au monde, il n'y a probablement eu de corrélation aussi étroite entre le mouvement d'une locomotive et le trot d'un cheval paysan.

Le déficit de combustible en 1920 peut se déduire des chiffers suivants :

	Besoins	Reçu	Déficit (—) Excédent (+)
Bois	3.032.815 sagènes[1]c	3.094.135 s.cub	+62.700 s.cub.
Houille	184.215 mil.p.	90.710 mil.p.	— 93.495 mil.p.
Naphte	34.058 »	16.255 »	—17.103 mil.p.

Si nous exprimons le rendement calorique des autres combustibles par celui du bois (en posant 1 sagène cubique de bois = 110 pouds de houille = 70 pouds de naphte), les besoins des chemins de fer en combustible pourraient se calculer en 5.194.040 sag. cubiques. Ces besoins avaient été satisfaits dans la mesure de 80 0/0, c'est-à-dire on avait fourni aux chemins de fer 4.161.176 sag. cubiques. En réalité, le déficit de combustible était plus considérable, le calcul des besoins ayant été fait pour du combustible de qualité moyenne, tandis que le combustible fourni était de qualité très inférieure.

---

(1) La sagène cubique mesure 9 mètres cubes 705. (Note du Tr.)

C'était en grande partie du bois fraîchement coupé (c'est-à-dire humide), dont les dimensions de longueur ne cadraient pas avec les dimensions du four de la locomotive; au lieu de charbon de qualité ordinaire on fournissait du spath, qui s'allumait avec peine et donnait beaucoup de déchets (les machinistes disaient en plaisantant qu'il était réfractaire au feu), le naphte contenait de l'eau en grande quantité, etc.

Encore le combustible qu'on fournissait aux chemins de fer ne leur parvenait-il pas dans sa totalité : il en disparaissait de très grandes quantités puisque les employés manquaient absolument de combustible pour leurs habitations et leurs bureaux.

La dépense de combustible dépassait pour toutes ces raisons les quantités prévues de 52.524 sagènes cubiques (12 0/0) au mois d'octobre 1920, de 154.059 sag. cub. (35 0/0) au mois de novembre, de 162.682 sagènes cubiques (37 0/0) au mois de décembre.

La qualité inférieure du combustible eut sa répercussion sur la rapidité du mouvement des trains, qui diminua généralement de 1 1/2-2 fois par rapport à la rapidité du mouvement de 1917.

Les épreuves, vécues par le transport des chemins de fer, et qu'il continue à traverser actuellement, ont eu pour conséquence une diminution considérable du nombre de locomotives, lequel de 20,047, au commencement de 1919, était descendu à 7.450 (en septembre 1921) ; sur 400.000 wagons en parfait bon état il n'est resté que 20.000 wagons de première catégorie et à peu près 240.000 wagons capables de mouvement, mais bien loin de l'état de perfection. « Les usines des chemins de fer sont », selon le compte rendu de l'Emchanov, commissaire des voies et communication, « en très grande partie détruites, les vitres sont brisées, des parties importantes des tours ont été perdues. »

La quantité de marchandises transportées comme nous venons de l'indiquer, arrivait en moyenne à 35.000 pouds-verstes par jour, c'est-à-dire à 21 0/0 de la quantité d'avant-guerre. Malgré cette diminution de travail, la quantité de personnes, occupée dans les transports, s'était accrue de 905.289 personnes (en 1915), jusqu'à 1.338.000 personnes (1er mai 1921). L'appareil de travail s'était amplifié de presque 50 0/0, tandis que le travail avait diminué de presque 80 0/0. Si nous mesurons le rendement du travail des cheminots dans la Russie de nos jours par la quantité de marchandises transportées (et je ne saurais par quelle autre quantité on pourrait le mesurer), ce rendement ne constituera plus que 14 0/0 du rendement d'autrefois. Donc, il a diminué de plus de sept fois.

Pour compléter par un dernier trait le tableau du mouvement des chemins de fer, après quelques ans de « règlement » par le gouvernement soviétiste, que nous venons de donner, nous voulons citer un dernier fait encore. Pendant l'hiver 1920-21, des gens, qui pouvaient disposer de chevaux pour leurs voyages, préféraient venir à Moscou, non seulement de Toula et de Riazan (90-150 kilomètres de distance), mais encore d'Oufa (1.300 kilomètres de distance). Le voyage en voiture était plus rapide et moins dangereux ; l'on pouvait, en outre, mieux calculer le temps qu'on passerait en route.

Le transport fluvial. — Selon les calculs du ministère des Finances, en 1906, il y avait en Russie 4.317 bateaux à vapeur et 23.975 unités d'autres bâtiments qui employaient une autre force motrice. Nous n'avons pas de données précises sur l'augmentation du nombre de navires pendant la décade qui suivit, mais cette augmentation a dû être fort considérable ; tous les ans, on construisait des centaines de bateaux à vapeur et des milliers d'autres unités navales. Il restait, au mois de septembre 1921, sur ce contingent, selon les données de la statistique soviétiste :

	Bateaux Total	Hors fonction
Bateaux à vapeur	4.083	2.650
Autres	11.898	4.050

Si nous prenons comme point de départ les données sur la quantité de bateaux en 1906 (certainement inférieures à la réalité), nous trouvons que, pendant le régime soviétiste, ont été déclassés 1.667 bateaux à vapeur (39 0/0) et 19.925 d'autres bâtiments (83 0/0). Cette flotte diminuée ne fut utilisée que très insuffisamment : sur 2.129 bateaux à vapeur des régions de la Volga et du système de navigation Mariinskaia, il ne fonctionnait, en 1920, que 1.412, et dans la navigation de 1921, il n'y eut que 1.288 bateaux à vapeur actifs pour toute la Russie.

Les sources officielles expliquent cette utilisation incomplète des bateaux par trois ordres de causes : 1. Afflux insuffisant de cargaisons enregistrées ; 2. manque de personnel; 3. baisse générale de la productivité du travail.

Il faut noter des périodes d'attente extrêmement prolongées pour charger le navire de marchandises, dont l'arrivée était annoncée par diverses administrations ; cette attente durait quelquefois des quinzaines de jours, quelquefois des mois entiers. Les choses n'allèrent pas mieux, en ce qui concerne le déchargement des navires. Selon les donnés de la région Mariinskaia, les navires stationnaient à Pétrozavodsk de 28,5 jours en moyenne, avant d'être déchargés. La navigation de 1920 eut à enregistrer à Pétrograd 1883 navires chargés, dont le temps de stationnement total fut de 53.913 jours. Il y eut au mois d'août, le long de la Volga entre Nijny-Novgorod et Astrachan, 407 navires d'un tonnage de 90.300 pouds, qui attendaient pour être déchargés : sur cette quantité totale, il y avait à Astrachan, 195 chalands, dont 88 n'avaient pas été déchargés depuis 1919. La productivité minime du travail actuel ressort des chiffre suivants : pour décharger un chaland de 80.000 pouds, on avait fixé dans le port de Nijny-Novgorod, la quantité de main-d'œuvre et de temps nécessaire à une équipe de 40 hommes, qui devait travailler pendant 10 jours, c'est à dire à 200 pouds par homme par jour (auparavant, un chaland de ces dimensions était déchargé au bout de 2 ou 3 jours). Mais cette règle fut loin d'être observée; le déchargement était de 92 pouds par homme par jour aux mois d'avril et de mai ; au mois de juin, il descendit jusqu'à 83 pouds. Pour hâter le déchargement, le pouvoir soviétiste eut recours à la « mobilisation du travail » ; il fit travailler les employés des administrations soviétistes, les soldats de l'armée rouge, des moines, des prisonniers des camps de concentration. J'ai eu l'occasion de voir sur la Volga (à Jaroslavl), le travail des déchargeurs des deux dernières catégories. Des hommes épuisés, déguenillés, misérables, vêtus de pauvres lambeaux de soutanes, d'uniformes d'officier et d'étudiants (1) quelquefois aux cheveux gris, très souvent avec des figures caractéristiques d'intellectuels, chargeaient sous les cris menaçants de leurs surveillants habillés de vestons de cuir, des sacs de blé de 5 pouds sur leurs épaules, faisaient, en chancelant, quelques pas, pour tomber sous le poids qui les écrasait. Ensuite, un flot d'injures, que vomissait l' « homme de cuir » (2). Scènes de caucheman, qu'on ne saurait jamais oublier....

Le travail de la flotte à vapeur était paralysé par l'absence de combustible ; tantôt, il n'y en avait pas assez, tantôt c'était la qualité qui était défectueuse. On manquait constamment de combustible liquide. A cause de cela, il fallait adapter une quantité de navires au chauffage à bois. De nouvelles difficultés surgirent. Au commencement de 1920, le bois fourni à la navigation de la Volga était parfaitement humide. Ceci fit baisser la puissance des machines de 40 0/0. Dans le bras inférieur de la Volga (Samara-Astrachan), on dut complètement arrêter le mouvement.

Le travail est encore arrêté par le niveau bas de l'eau. Ce dernier fait s'explique non seulement par les conditions du climat, mais encore par la cessation de travaux pour le relèvement du niveau. Les navires chargés de remonter le limon, qui envahit les fleuves, ne travaillent plus pour plusieurs raisons : tout d'abord parcequ'ils ne sont plus réparés, ensuite à cause du manque de combustible liquide (il serait difficile de les adapter au chauffage à bois), en dernier lieu parcequ'ils sont dépourvus d'équipages. La cessation de ces travaux a eu pour conséquence, qu'en Sibérie 15.000 verstes de fleuves, navigables dans le temps, ont été rendues inaccessibles à la navigation. Et ce n'est pas seulement en Sibérie, que les choses

---

(1) En Russie les étudiants portaient une espèce d'uniforme. (N. du Tr.)

(2) C'est ainsi que les paysans appellent, dans beaucoup de régions, les communistes, à cause de leurs vestons de cuir. (Note de l'Auteur.)

vont de ce train. « Quand on passe par le système de navigation Mariinskaia, écrit le correspondant de l'organe officieux de Pétrograd, la « Pétrogradskaia Pravda », on est frappé par l'aspect de délabrement, que présentent les rives; par les quantités de terre éboulée, par le bas-niveau des canaux. Un petit navire, qui jauge 8-9 tchetvèrtes (1), a de la peine à passer. La route, qui longe la rive et qui servait, dans le temps, au transport à cheval, se trouve dans un état tel, qu'il n'est même pas possible de passer à pied... Les écluses sont dans un état de délabrement complet ; les parois sont pourries, par endroits les poutres se sont écroulées, les portes des écluses ont des fissures telles que l'eau y passe continuellement. L'impression générale, qui se dégage du système de navigation Mariinskaia, entre Pétrograd et Tchérepovetz, c'est que l'œil du maître y manque ; on laisse les choses aller comme elle vont et on les abandonne aux forces de la nature. »

La Russie future aura un lourd héritage à recueillir en matière de transports fluviaux.

L'Agriculture. — L'élevage. — Les économistes russes, qui suivent de près l'évolution de l'agriculture, constatent que la crise actuelle de l'agriculture russe sévit « moins dans le champ que dans l'étable ». C'est l'élevage qui a dû subir les coups les plus rudes. Le recensement du bétail fait en 1920 donne pour 13 gouvernements, par rapport au recensement de 1917, une diminution du nombre des vaches de 5,6 0/0 et une diminution de 19 0/0 pour les chevaux. Les pertes dans l'élevage des moutons et des porcs sont plus élevées : les moutons ont diminué de 42 0/0, les porcs de 45 0/0. Dans les régions, où l'élevage des moutons est très développé, où il est une source de revenu commercial pour la population, en fournissant au marché une quantité de viande, de peaux, de laine, la diminution des moutons est plus considérable. Voilà des chiffres pour illustrer la situation dans la région Tourai-Oren-

----

(1) 16,8 — 18,9 hectolitres. La tchetvèrte correspond à 2,1 hectolitres. (Note du Tr.)

bourg : il y avait, en 1917, 2.661.942 têtes de moutons adultes, en 1920, il n'en restait plus que 1.057.435. La perte était de 1.604.507 têtes, ou de 60 0/0.

Nous retrouvons la même situation dans l'élevage des porcs : les régions qui font de l'élevage pour le marché ont plus perdu de leur contingent que les régions, où l'on n'élève des porcs que pour la consommation. Dans plusieurs régions à type d'élevage industriel, la quantité de porcs, selon la caractéristique officielle, est « réduite à zéro ».

Une loi générale, qui régit les manifestations de la vie économique dans la Russie soviétiste veut, que la dégénération soit d'autant plus rapide, qu'elle frappé les acquisitions les plus précieuses et les plus hautement organisées dans le domaine économique. L'élevage des moutons n'a pas échappé à cette loi. L'élevage des moutons a poil fin a souffert bien plus que celui des moutons à gros poil. L'élevage des mérinos, introduit en Russie par Pierre-le-Grand, et qui avait donné en 1913 un total de 4.447.000 têtes, était réduit, en 1920, à des proportions tout à fait minimes. Il ne restait plus que 200.000 têtes. La perte avait été juste de 95,5 0/0. De la même façon périt la variété russe de chevaux de course « Orlov » ; les établissements d'élevage furent détruits, les chevaux distribués dans les économies agricoles soviétistes et adaptés à de gros travaux ; on les attelait à des charrues, à des chars lourdement chargés. Le fameux cheval de course « Krépych », dont la renommée était mondiale, eut la jambe fracturée dans une économie soviétiste.

La réalité en 1921 fut encore bien pire qu'on ne saurait imaginer, d'après les chiffres que nous venons de citer. L'hiver 1920-21 avait été très dur pour le bétail : la mauvaise récolte d'herbe, la production diminuée de céréales et la dévastation de l'agriculture paysanne par la dernière campagne de réquisition alimentaire, qui avait été particulièrement cruelle, tout cela contribua à créer un manque aigu de fourrages pour le bétail. Il s'en suivit une décimation en masse du cheptel, que l'on préférait encore abattre avant de le laisser périr.

Ci-dessous, des données se rapportant aux chevaux en particulier. « Des informations sur la décimation des chevaux, écrivait au mois de février le chef de « Goukon » (Administration Centrale de l'Elevage de Chevaux dans la République Soviétiste), Mouralov, « nous parviennent de tous les côtés de la République. »

Dans les gouvernements de Tambov, Toula, Riazan, les paysans vendent un cheval pour trois boîtes d'allumettes ou pour une demi-livre de sel. Le manque de fourrage a conduit beaucoup de chevaux à l'abattoir. La viande de cheval est devenue un moyen d'alimentation très populaire. On en mange non pas seulement dans les villes, mais aussi dans les campagnes. Nous connaissons des villages où il ne reste plus que 50 0/0 de la quantité totale de chevaux, dont 30 0/0 sont suspendus à des cordes (1) ».

Des informations que j'ai recueillies (en très grande partie parmi des agronomes), viennent corroborer ces données officielles.

Dans les colonies allemandes de la région de la Volga, il y avait au 1ᵉʳ janvier 1920, 181.000 chevaux, au 1ᵉʳ janvier 1921, il n'en restait plus que 85.000 et à l'époque de l'ensemencement, plus que 65.000.

D'après ce que racontent les agronomes du gouvernement d'Orenbourg, les routes y étaient jonchées au commencement de 1921, de cadavres d'animaux tombés. Par rapport au temps de paix, le bétail avait diminué de 80-85 0/0. Il faut rechercher les causes d'un déficit aussi effrayant dans la mobilisation des chevaux, leur réquisition, dans l'obligation de ravitaillement en viande imposée aux campagnes, la réquisition du fourrage et la réquisition alimentaire qui se faisaient avec un manque de pitié absolu. Cette dernière s'effectuait de la façon suivante : Un détachement de ravitaillement armé de mitrailleuses, faisait son apparition dans le village. Les mitrailleuses se posaient aux carrefours des rues et on n'hésitait pas à en monter

---

(1) Les chevaux épuisés qui s'étendaient sur le sol froid, périssaient plus vite. Pour les empêcher de se coucher par terre les paysans les suspendaient à l'aide de cordes aux poutres des édifices. (Note de l'Auteur.)

une jusqu'en haut du clocher de l'église. Ensuite, on convoquait tous les hommes dans un endroit, où on les arrêtait et les faisait entourer d'une chaîne de soldats. L'autre partie du détachement faisait le tour des maisons et des granges à la recherche de blé et de farine. On emportait *la totalité* des produits de blé et de farine, en ne laissant absolument *rien* à la population. Derrière le village, on étalait par terre des toiles, où l'on venait décharger tout le butin. Quand l'opération était terminée, on recouvrait le blé et la farine avec des toiles, qu'on jetait dessus, on y mettait une garde, on libérait les personnes qui avaient été arrêtées et le détachement se dirigeait vers le village suivant.

Dans 57 volosts du gouvernement de Tchéliabinsk, étaient tombés, au 1er décembre 1920, par suite du manque de fourrage, 1.987 chevaux. Une enquête menée dans la région autour de Tchéliabinsk, dans un rayon de 70 verstes de longueur (janvier 1921), fit découvrir des réserves de fourrage pour un mois au maximum.

Dans le gouvernement de Kalouga, il y eut pendant l'hiver 1920-21, un déficit de 50 0/0 de chevaux et de vaches... Dans le gouvernement de Riazan, il ne restait au printemps 1921, que 30 0/0 de la quantité de chevaux que le gouvernement avait possédée en 1916. Dans une section agronomique du district de Lieven du gouvernement d'Orel, il ne restait, selon l'agronome de district, au mois de février 1921, qu'une vache sur 7, économies paysannes et qu'un cheval sur 10 économies. Dans deux villages du gouvernement de Toula (district de Novossilsk), qui avaient 199 économies paysannes, la quantité de bétail s'exprimait par les chiffres suivants :

	1919	1920	Fevrier 1921
Chevaux	307	240	140
Moutons	2.040	?	600

Dans trois villages du district de Tchern, du même gouvernement, qui comptaient 200 économies paysannes, le nombre de chevaux était tombé — pendant l'hiver de 1920-21 — de 252 à 62, c'est-à-dire, avait diminué de 75 0/0.

A la mauvaise récolte et à la réquisition alimentaire, venait encore s'ajouter une redevance de transport en nature, laquelle, surtout dans les endroits qui voisinaient avec les chemins de fer et les villes, ne donnait « de répit, ni d'haleine » au paysan. Selon le rapport officiel du Commissaire du travail, Schmidt, les paysans sacrifiaient dans quelques régions, aux redevances de travail et de transport, 70-80 jours par an. Dans le gouvernement de Moscou, on forçait les paysans à charrier du bois aux stations de chemin de fer à l'époque du verglas, quand les routes étaient toutes couvertes de glace. Les chevaux mal ferrés, ou pas ferrés du tout, s'épuisaient, ils glissaient et tombaient. Les paysans s'épuisaient à dételer les chevaux et à les mettre debout. La conséquence en fut que quand le paysan manquait de fourrage, il préférait garder sa vache et abattre ou vendre son cheval ; l'impôt de viande pouvait ne pas toucher à la dernière vache de la maison, tandis que la présence d'un cheval impliquait nécessairement la redevance de transport. Un paysan du gouvernement de Toula me dit, que même quand il y avait du fourrage en suffisance, les paysans préféraient ne pas avoir de chevaux en hiver; le fourrage économisé, il est vrai, ne dédommageait pas le paysan de la perte qu'il faisait en vendant son cheval en automne et en achetant un autre au printemps, mais par contre il était libéré d'un travail lourd, épuisant et ruineux, qui consistait dans le transport obligatoire de marchandises, de bois et de passagers.

L'influence de tous ces facteurs sur la quantité de chevaux a été calculée dans le rapport du professeur Pridoroguine fait dans le second semestre 1921; selon les calculs du rapporteur, le nombre des chevaux dans la Russie d'Europe arrive à 12 millions. Le recensement de 1916 donnait pour la même région une quantité de 21 millions. La perte a donc été de 9 millions ou de 43 0/0. Après ces démonstrations le lecteur ne sera plus étonné d'apprendre, qu'en 1920 et 1921 on attelait dans une quantité de gouvernements des femmes aux charrues pour labourer les champs !

Le bilan pour le bétail qui donne la viande de boucherie a été tiré par l'agronome Drosdov : selon ses calculs, la production de viande en Russie (sans compter l'Ukraine et le Tourkestan) était de 75 millions de pouds en 1916; en 1921 elle était descendue à 25 millions de pouds. La production avait, par conséquent, diminué de trois fois.

Nous trouvons la même baisse de rendement de l'économie paysanne en ce qui concerne la production de laine, de cuir, de peaux de moutons, de soies de porcs, l'utilisation des sabots et des cornes des animaux. Il ne reste que fort peu de chose de tous ces produits pour le marché. Il n'y aura en tout cas pas de quoi faire du commerce avec l'étranger.

Ce qui complique singulièrement la situation actuelle du cheptel, c'est l'absence de jeunes animaux. Il arrive maintenant juste le contraire de ce qui arrivait pendant les premières années de la guerre mondiale; les jeunes animaux diminuent plus rapidement que les animaux adultes. Selon des calculs officiels, faits pour 13 gouvernements, il y avait des jeunes animaux dans les proportions suivantes :

	1916	1917	1920
Chevaux	20,2%	17,1%	14,6%
Bétail à cornes	47%	45,1%	29,1%
Moutons	?	56,6%	33,2%
Porcs	?	69,7%	67,2%

Si, en nous basant sur ce tableau, nous établissons le pourcentage de perte de jeunes animaux pendant trois ans (1917-1921), en le confrontant avec les pertes totales (animaux adultes et jeunes animaux) subies par le cheptel national déjà citées, par nous, le tableau se présente de la façon suivante :

Perte de bétail pendant trois ans (1917-1920)

	De tous les âges	Jeunes animaux	Animaux adultes
Chevaux	19 %	31 %	16,6%
Bétail à cornes	5,6 %	66,4%	+21,7%
Moutons	42 %	79,5%	32 %
Porcs	45 %	47 %	40,6%

La perte de jeunes animaux s'accomplit, comme nous voyons bien plus rapidement que celle d'animaux adultes. Parmi le bétail à cornes, ce sont même seulement les jeunes animaux, qui périssent : le nombre des animaux adultes va en augmentant. Ceci est un symptôme des plus graves : avec les jeunes

animaux s'en va la possibilité d'une prompte reconstitution
du cheptel adulte. La décroissance rapide du nombre de jeunes
animaux signifie forcément une durée plus longue de la période, pendant laquelle se rétablira l'économie nationale russe.
Je dis « économie nationale », puisque, sans le rétablissement
de son économie agricole, la Russie ne pourra faire fonctionner
régulièrement sa production industrielle et sans un élevage,
reconduit à son état normal, une reconstitution de l'économie
agricole russe n'est guère possible.

Le danger menaçant d'une décroissance rapide de la quantité de jeunes animaux est encore compliqué par des circonstances nouvelles. Parmi les crises innombrables dont est
frappée l'économie nationale russe et qui sans cesse sont découvertes par « l'Organe économique scientifique » du pouvoir
soviétiste, il y a aussi la crise des taureaux — reproducteurs.
Ces derniers, qui ne justifiaient pas leur existence par la
production de lait, comme la vache, par le travail, comme
le cheval, par la laine, comme les moutons, durent les premiers sacrifier leur vie au couteau. En 1916, les taureaux donnaient 1,4 0/0 par troupeau, en 1917 le pourcentage était descendu à 0,7 0/0, en 1920 à 0,5 0/0, c'est-à-dire en 1916 il y avait
sur 100 vaches adultes 2,6 taureaux, en 1917 1,28, en 1920 0,62
Trois fois moins, qu'il ne fallait. La conséquence en fut qu'un
nombre fort considérable de vaches 50 0/0 et plus, restèrent
sans être fécondées.

Vers la fin de 1920, il y avait sur cent animaux à cornes
adultes, 10,3 0/0 de jeunes animuax âgés à peu près d'un an,
quantité à peine suffisante pour le rétablissement du troupeau.
De réserves, il n'en restait plus. Les forces vitales de l'économie agricole laissées intactes par la guerre (vers la fin de 1916)
étaient déjà ébranlées jusque dans leur fond en 1920. Depuis
on a eu l'hiver terrible tant pour les hommes, que pour le
bétail de 1920-21, et l'hiver de 1921-22 promet d'être plus terrible encore.

La gravité de la situation dans l'élevage du bétail dépasse
tout ce que l'on peut imaginer. Sans exagération on peut dire,
que dans les régions, où la population et le bétail passent un

second hiver de famine, la base même de l'économie agricole
russe — son élevage — a été détruite (1). Avec le bétail périt la
force de travail qu'il donnait, la viande, la laine, le lait, l'engrais pour les champs. Les bolcheviks savent bien faire les
choses.

Passons maintenant à une autre branche fondamentale de
l'économie agricole, à la culture des champs.

La culture des champs. — Après ce que nous venons d'exposer sur l'état actuel de l'élevage il est clair *à priori*, que
l'agriculture au sens propre du mot, la culture des champs, a
dû forcément subir un mouvement de régression, car l'économie agricole, comme toute autre production représente un
organisme lié dans ses parties. Le trouble de certaines de ses
fonctions importantes entraîne infailliblement le trouble d'autres fonctions. La décroissance du cheptel qui entraînait forcement une perte de forces vivantes pour le labourage des
champs, devait avoir pour conséquence une diminution des
emblavures. La diminution d'engrais pour les champs, causée
par la même décroissance du cheptel, devait entraîner une
diminution du rendement agricole. Plus forte encore était
l'influence du facteur psychologique, le relâchement des ressorts personnels de l'activité économique, généré par la politique du gouvernement — ce facteur était prédominant dans
son importance pour la régression de l'économie nationale de
la Russie. Il y avait encore des facteurs supplémentaires, qui
contribuaient à la ruine de l'agriculture russe : c'étaient le
manque aigu d'outillage, la qualité inférieure et la quantité

---

(1) La situation du bétail dans le Tourkestan ne rappelle probablement
que de fort loin la situation qui s'est créée dans les régions, où la famine sévit, déjà un second hiver. La catastrophe dans le Tourkestan est
caractérisée par les données qui suivent :

	Milliers de bêtes			
	Milieu de		Diminution	en %
	1915	1921		
Chevaux	2.291	494	1.797	—78,4 %
Bétail à cornes	2.420	864	1.556	—64,3 %
Moutons	19.370	4.324	15.046	—77,7 %
Total	24.081	5.682	18.399	—73,4 %

insuffisante des semences, le caractère peu stable du droit de jouissance de la terre.

Pendant la décade qui précéda la guerre de 1914, la consommation d'outillage agricole avait *quadruplé* en Russie. La quantité totale d'acier, de fer, de fonte que l'agriculture consommait annuellement en machines et outils métalliques atteignait 10 à 12 millions de pouds. Entre 1910-1914 le marché absorbait par an :

	Charrues	Semoirs	Moissonneuses
Production russe	400.000	35.000	70.000
» étrangère	150.000	15.000	130.000
Production de koustari (petits artisans)	200.000	5.000	—

Tous les ans on importait 4,5 millions de faux en Russie. Il y avait de 1913 à 1914 d'autres outils (en milliers) : herses 126, cribles et séparateurs 53, batteuses à traction de cheval 37.

L'afflux d'outillage à l'agriculture baissa depuis la première année de la guerre. Son importation d'autres pays diminua et les usines russes, qui produisaient de l'outillage agricole passèrent à des industries de guerre.

Le manque d'outillage se fit déjà sentir entre 1915 et 1916. Sous le régime soviétiste, tout l'appareil économique et en particulier la production industrielle se trouvant paralysés, la fourniture d'outillage agricole baissa de façon catastrophique. Si nous comparons l'outillage, , dont l'économie agricole russe disposait avant la guerre, avec les quantités fournies par le pouvoir soviétiste pendant trois ans et demi (jusqu'au 1er mai 1921), nous aurons le tableau suivant :

	Consommation par an	Besoins pour 3,5 ans	Fourni	Pourcentage de satisfaction des besoins
	En milliers			
Charrues	750	2.625	359,5	13,7%
Herses	126	441	41,0	9,3%
Semoirs	55	192,5	7,6	3,6%
Moissoneuses	200	700	34,7	5,6%
Batteuses	37	129,5	4,8	3,7%
Cribles et séparateurs	53	185,5	9,7	5,3%
Faux et faucilles	7-8 mill.	24,5-28m.	6,7 milli.	27,3-24%

Le déficit d'outillage, comme nous voyons est immense. Il oscille entre 72,7 et 96,3 0/0. Si, en tenant compte de l'exode d'une certaine partie de la population vers des états nouvellement formés, nous diminuons ce déficit de 20 0/0, la distance entre le besoin et sa satisfaction reste encore énorme. Le paysan doit constater, que son économie agricole-individuelle ne peut plus vivre par ses propres moyens : quand il a un cheval — c'est la charrue qui manque, quand la charrue y est, la herse n'y est pas, quand il y a charrue et herse, le cheval n'y est plus, etc. La mutualité agricole a pris dans les villages des proportions jusque là inconnues. La mise en commun de l'effort économique se fait, ou bien de façon sporadique, d'un cas à l'autre, ou bien elle revêt des formes d'organisation constante de labourage en commun, ou de coopératives de travail agricole.

Le ravitaillement en semences a été monopolisé par l'Etat, comme toute autre forme de ravitaillement. Cette mesure créait de grandes et lourdes obligations pour le gouvernement. Il devait fournir en premier lieu des semences de bonne qualité (aptes à germer), en second lieu, des semences appropriées aux conditions locales de climat et de sol; ces semences devaient être de qualité uniforme et elles devaient enfin arriver à temps pour l'ensemencement. De tout cela rien ne se réalisa. On prenait les semences où on les trouvait, telles qu'on les trouvait et quand on les trouvait. Il y avait des choses purement fantastiques : on apportait de la semence d'avoine au mois de mai, quand l'ensemencement était déjà fait; ou bien on distribuait de la graine de tournesol *grillée* pour l'ensemencement; on apportait dans le gouvernement de Moscou du maïs comme matériel d'ensemencement, quoique le maïs ne puisse pas mûrir sous cette latitude. Dans la région de la Volga on distribua du gruau de millet pour l'ensemencement, car selon l'avis des membres de la Section agricole du district, les gruaux pouvaient donner naissance à du millet. Très souvent les semences n'étaient pas aptes à la germination et le travail, que les paysans avaient dépensé au labourage, restait parfaitement improductif. Enfin, généralement, les semences étaient fournies en quantité insuffisante : en 1921, on distribua dans quelques districts du gouvernement de Saratov du millet en quantités aussi minimes, que chaque exploitation paysanne en reçut tout juste un *dé* plein.

Pour illustrer la situation, je citerai des données d'un compte-rendu sur le ravitaillement en pommes de terre pour l'ensemencement, publié en 1920. « Les pommes de terre recueillies par les comités de ravitaillement des gouvernements se mettent toutes dans un tas... Il en résulte une confusion complète de toutes les espèces. En outre les pommes de terre pour l'ensemencement des gouvernements du Nord et une partie des gouvernements du Centre viennent... du Midi. L'ensemencement avec des pommes de terre, venant de gouvernements, dont les conditions de climat et de sol sont tout à fait différentes, a pour conséquence une récolte tout à fait manquée ou au moins très insuffisante... On prend des semences de n'importe quelle qualité, si toutefois on ¡peut en avoir en quantité suffisante. » ...Mais il n'y a pas assez de semences : en 1920 on demandait au gouvernement 38.077.000 pouds de pommes de terre; il en fut assigné 14.584.000 pouds. La quantité réellement fournie fut bien inférieure encore — 6.793.000 pouds, c'est-à-dire à peu près 18 0/0 de la quantité nécessaire.

En 1921, sur 63 millions de pouds de pommes de terre demandés il en fut assigné 11,25 millions. En réalité, on ne fournit que 2,5 millions de pouds et comme déclara le commissaire de l'agriculture Ossinky, « les pommes de terre ne pouvaient attendre l'époque de l'ensemencement: la moitié au moins en serait avariée à ce moment. » Selon le rapport présenté par le même Ossinsky au « Comité Panrusse Central Exécutif des Soviets » il n'y avait que 1,33 millions de pouds de semence de lin au lieu des 3 millions de pouds qui étaient nécessaires; en fait de semence d'herbes, il y avait tout juste 323.000 pouds, au lieu de 2,4 millions de pouds nécessaires. » Mais même ces quantités insuffisantes de semences n'atteignaient pas les lieux auxquels elles étaient destinées : pendant les mois de février, mars et moitié avril 1921 on devait charger 10.000 wagons de semences diverses; on ne chargea en février et mars que 2.884 wagons. C'est ainsi qu'on refournissait la population agricole de semences pour ses champs.

En 1921 l'économie agricole eut à subir un coup nouveau; on introduisit le « réglement de l'agriculture par l'Etat ». Dans chaque gouvernement on déterminait la superficie des emblavures et on répartissait proportionnellement les diverses cultures agricoles. L'administration du gouvernement avait distribué la superficie des emblavures dans les districts, l'administration de district avait fait le même travail pour les volosts et les volosts pour les villages; dans les villages on assignait à chaque paysan le genre de culture qu'il devait faire et la quantité de semences qu'il devait employer. Le malheur jusqu'ici n'était pas trop grand, le nouveau décret ne pouvant avoir d'autre effet que de multiplier à l'infini l'écrivasserie bureaucratique et provoquer peut-être quelques cas de violence.

Mais le décret se compliquait singulièrement par l'effet de la soi-disante « défense légale des semences ». Le gouvernement n'avait pas de confiance dans le bon sens de la population; il craignait qu'on ne mangeât les semences et alors on enlevait les semences aux paysans pour les mettre dans des granges communes, ou bien on mettait des scellés aux granges, où les paysans conservaient leurs semences, ou bien encore on se bornait à les enregistrer et on défendait aux paysans sous menace de peines sévères de les employer à l'alimentation. Après la « défense légale des semences » venait leur « répartition », dont le but était un approvisionnement égalitaire des paysans en semences. Que de choses se passèrent alors! Il n'y avait pas de locaux appropriés pour conserver en commun les semences; on les mettait dans des caves d'anciennes distilleries, dans des garde-manger humides d'anciennes demeures seigneuriales, dans des granges dont le toit laissait filtrer l'eau et à travers les murs desquelles la neige passait facilement. Les semences s'imbibaient d'humidité et pourrissaient. Pour paralyser l'effet de cette mesure nouvelle, la population se mit à embusquer ses semences. Elle les cachait sous la paille, sous les toits, les ensevelissait dans la terre. Naturellement les semences se gâtaient encore dans ces conditions. Le résultat en fut, qu'il fallut faire face aux semailles du printemps avec une quantité de semences considérablement diminuée. Dans le gouvernement de

Saratov dévasté non seulement par le « réglement de l'agriculture par l'Etat », mais encore par la « réquisition alimentaire » les emblavures, au dire des agronomes, avaient diminué par rapport aux emblavures de 1916 de 70 0/0 dans certains districts (ceux du nord) et de 60 0/0 dans d'autres (ceux du midi) (1). Ce « réglement de l'agriculture » a eu sa part d'honneur dans l'apparition de la famine, qui dévaste actuellement la Russie.

Les conditions que nous venons de tracer et dans lesquelles se débattait l'agriculture, eurent leur contrecoup inévitable : la superficie des emblavures fut réduite, le rendement de la récolte baissa, les anciennes proportions de cultures agricoles subirent un mouvement de régression; la qualité de certains produits agricoles destinés à des buts industriels (coton, lin, betterave à sucre) baissa.

La superficie des emblavures dans les limites du territoire de la Russie soviétiste était selon les calculs officiels, vers la fin de 1920 de 60.968.000 déciatines (2) contre 81.272.000 déciatines en 1921. La réduction était donc de 25 0/0. La superficie des emblavures pour 1920 n'a pas été obtenue en additionnant directement les données de recensement de cette année; elle a été *calculée* par le chef de l'Office Central de Statistique, lequel en sa qualité de communiste a une tendance invincible à représenter toutes les choses de la réalité soviétiste sous un jour par trop optimiste. En réalité la réduction des emblavures est plus considérable.

Entre 1916 et 1917, la superficie avait été réduite de 2,5 0/0, dans la période de 1917-1920, selon des calculs faits pour 13 gouvernements, la nouvelle réduction était de 27 0/0; dans l'espace de quatre ans, par conséquent, la réduction avait été de juste 28,9 0/0. Des calculs non-officiels, faits par des économistes, évaluent la superficie des emblavures pendant l'année agricole

---

(1) Dans les colonies allemandes de la région de la Volga, les semailles de printemps couvraient une superficie de :
En 1920 — 96.796 déciatines — 100 0/0 ; en 1921 — 8.698 déciatines — 8,9 0/0. Réduction de la superficie d'emblavure de 91,1 0/0 pendant un an seulement. (Note de l'Auteur.)

(2) La déciatine — 1,09 hectares. (Note du Tr.)

1920-1921 à 55 0/0 de la superficie de 1916. Si nous y ajoutons la réduction enregistrée encore par le recensement de 1916, de 6-7 0/0 pendant les trois premières années de la guerre, nous trouverons qu'au printemps 1921 la superficie des emblavures constituait seulement 60 0/0 des emblavures de 1913-1914. La Révolution avait laissé 28,5 millions de déciatines de terre en friche; la Révolution et la guerre réunies — 35 millions de déciatines. Si nous admettons une récolte moyenne de céréales de 46 pouds par déciatine (chiffre atteint en 1914) le déficit en céréales, qui a été le résultat de la révolution et de la guerre s'exprimera par 1,610 millions de pouds et le déficit, qui a été la conséquence de la révolution seulement — par 1.311 millions de pouds.

Le rendement par déciatine a également baissé; selon les données de la statistique agricole courante, la diminution a été de 15 0/0 par rapport à l'année 1916, c'est-à-dire de 7 pouds à peu près par déciatine. Le déficit de céréales dû à cette cause se chiffre en 360 millions de pouds.

Si la récolte avait été normale en 1921, le déficit de céréales dont la baisse de la production agricole était la cause, se serait exprimé par 1.670 millions de pouds. Tel est le bilan de quatre ans de révolution dans la culture des champs. Ce déficit dépasse presque de trois fois notre exportation annuelle de céréales, laquelle, pendant les cinq ans qui avaient précédé la guerre, était de 592 millions de pouds.

La distribution des cultures agricoles a subi un mouvement de régression. Les cultures, qui ont une plus haute valeur tant au point de vue économique qu'au point de vue agricole, ont subi une réduction plus forte que les cultures alimentaires et de fourrage. Selon les calculs du « Bureau Central de Statistique », la réduction des diverses cultures s'exprime par les chiffres suivants :

1) céréales servant à l'alimentation de l'homme (blé, seigle) .... 20 %
2) céréales servont à l'alimentation du bétail (orge, avoine) .... 27,6 %
3) pommes de terre .... 27,7 %
4) plantes industrielles (lin, chanvre, coton, betterave à sucre etc) .... 46,4 %
5) Herbes de fourrage (semées) .... 78,9 %

L'agriculture comme toute l'économie du pays, retourne à l'état d'une économie naturelle et c'est ainsi, que la culture de plantes industrielles y subit une réduction plus forte et plus rapide que d'autres cultures, qui donnent des produits de consommation immédiate pour le paysan et le bétail dont il se sert.

Il est intéressant et de toute importance d'enregistrer en chiffres absolus la réduction de cultures spéciales, qui dans le passé fournissaient des matières premières à l'industrie russe et donnaient des sommes importantes à l'exportation russe.

Leur superficie d'ensemencement et leur récolte s'expriment par les chiffres suivants (1) :

	Superficie ensemencée par an déc.	Récolte 1910-1914 mil. de pouds	Superficie ensemencée en 1920 déc.	Récolte mil. de pouds	Réduction de la récolte
Lin	1.033.000	26.000	300.000	3.000	88,5%
Chanvre	548.000	19.350	240.000	3.000	84,3%
Coton	460.000	28.214	85.000	700	37,5%
Tournesol	860.000	46.000(2)	Réduction de 60-75 %		60-75%
Tabac de la Koubane	?	780	?	180	66,9%
Tabac ordinaire de la Russie Centrale	?	1.700	?	250	85,3%
Betterave à sucre	697.000	76.360 (3)	180.000	4.572	94,0%

Comme nous voyons, la réduction des plus importantes cultures industrielles se chiffre par 66 0/0 jusqu'à 90 0/0 de la quantité totale. Les cultures industrielles occupaient dans le passé une superficie ensemencée d'étendue peu considérable ; le recensement de 1916 l'évalue à 2.976.000 déciatines, c'est-à-dire à 4,2 0/0 de la superficie totale ensemencée. L'importance de ces cultures dans la vie économique de la Russie est pourtant infiniment plus grande, que ne le semblent démontrer ces chiffres. Selon des calculs faits en 1913, la valeur marchande des

___

(1) Les données de la première et de la seconde colonne ont été empruntées au « Recueil d'Informations Statistiques et Economiques sur l'Agriculture », publié par le Ministère de l'Agriculture en 1914. Les données de la troisième et quatrième colonnes ont été puisées dans la « Vie Economique » de 1921.

(2) Données pour 1913 et 1914.

(3) Données pour 1914.

céréales qui occupaient 95,7 0/0 de toute la superficie cultivée
en Russie s'élevait à 744 millions de roubles,, tandis que la valeur marchande des cultures industrielles était de 379 millions
de roubles, c'est-à-dire qu'elle était supérieure à la valeur de
plus de la moitié des céréales produites, Dans l'exportation russe
de produits agricoles qui atteignait en 1913 la somme de 1 mil-
liard 300.517.000 roubles, les cultures mentionnées donnaient
(comme matières premières et comme produits) une valeur de
207.620.000 de roubles, c'est-à-dire 15,8 0/0. A l'heure qu'il est,
il ne peut être question d'exportation de ces produits : l'industrie russe en manque totalement pour son propre usage.

La qualité des produits agricoles a également baissé. La
teneur en sucre de la betterave a diminué, le filament de lin est
devenu plus court, les procédés par lesquels on le traite ont
également empiré; le filament de coton s'est aussi rétréci. Selon
des informations soviétistes le « filament de lin de qualité supérieure a entièrement disparu »; la toile que l'on fait actuellement est par conséquent plus grosse et plus épaisse. La culture du coton américain a presque entièrement disparu. On
cultive presque exclusivement des variétés locales, qui donnent
un filament court et épais.

Tel le bilan de quatre ans de révolution dans l'agriculture.
Le lecteur se convaincra facilement, que je n'ai pas péché par
un pessimisme exagéré, en évaluant au commencement de ce
chapitre le revenu national provenant de l'agriculture en 1920
à 40 0/0 du revenu de la même source en 1913, Tout le bilan
que je viens d'exposer, et qui constitue la « conquête révolutionnaire » de la paysannerie, a été tiré de façon fort éloquente
dans une chanson de création récente et qui porte le nom ex-
pressif de « chanson des larmes ». Cette chanson fait dire
entre autre, au paysan :

« J'ai mangé mon cheval. Je mange du pain d'écorce,
Je creuse ma tombe avec mon coutelas. »

Cette destination inaccoutumée donnée par le paysan à son
compagnon fidèle, le cheval (qu'il consomme sous forme de
viande) ; cette composition contre nature de la pâte du pain

(l'écorce comme ingrédient), cet appauvrissement en outillage agricole (il creuse la tombe avec le coutélas, puisqu'il n'a pas de bêche) — tout cela résume le résultat fatal, auquel a abouti la politique économique du pouvoir soviétiste — la famine. Et le peuple, dont rien n'a su briser la résistance spirituelle, chante dans la même chanson avec une morgue amère ce dernier et terrible bilan :

> « Pour que tout le monde périsse,
> La famine est décrétée. »

Pourtant, fait curieux, tout en étant ruinée, l'agriculture l'était à un degré moindre que les autres domaines de la vie économique. Son importance *relative* dans le travail et le revenu de la nation, avait augmenté : de 49,7 0/0 en 1913, elle était montée, avec la pêche et l'exploitation des forêts, en 1920 à 79 0/0.

L'agriculture russe dans le passé avait été une agriculture de paysans par excellence. En 1913 la grande propriété terrienne n'avait encaissé que 10,9 0/0 du revenu agricole de la nation ; les 89,1 0/0 qui restaient avaient été absorbés par la masse des paysans. En 1920 l'agriculture était devenue encore plus complètement « paysanne » : dans 32 gouvernements, les paysans possédaient 97,3 0/0 des terres et il ne restait plus que 2,7 0/0 aux domaines soviétistes, aux entreprises industrielles, etc. Le revenu, que donne l'agriculture, est presque entièrement revenu de la masse paysanne. Et cela veut dire, que l'importance économique de la paysannerie se mesure par le même chiffre de 79 0/0 qui résumait sa quote-part dans le résultat du labeur de toute une nation. La « force élémentaire » de la paysannerie s'est accrue du fait du déplacement, qui s'est produit dans l'économie nationale. La paysannerie est une force qui se lève en Russie et l'on pourrait dire, en répétant les paroles de Herzen, que « tout lui profite ». Sa situation dans la Russie soviétiste de notre temps pourra être aussi cruelle, aussi terrible que l'on voudra — le poids social du paysan augmente sans cesse. L'histoire, de toute évidence, dirige le mouvement de ses flots de son côté.

CHAPITRE III

L'ÉTAT

L'Etat et la vie économique. — Le rôle de l'Etat. — Nous avons consacré les chapitres précédents à une esquisse sommaire des pertes subies par la Russie pendant les quatre dernières années. Ces pertes sont immenses. Les secousses subies ont été terribles. Il n'y a point de guerre, ni d'épidémie, ni de famine, lesquelles vécues par un peuple de notre temps dans des conditions sociales normales, eussent pu donner un résultat aussi terrifiant. Les quatre dernières années ont été, dans la vie de la Russie, une « via crucis » interminable. On ne se lassait pas de crucifier le grand pays, sans pitié et sans hésitations. On le crucifiait, tout en se rendant parfaitement compte des conséquences d'une pareille manière d'agir, car même les plumes vénales des publicistes du gouvernement ne purent les dissimuler et tous les jours, la presse officielle tirait des bilans horribles de forfaits accomplis dans tous les domaines de la vie.

Comment nous expliquer les pertes subies ? Quelles sont les forces qui les ont générées ? D'habitude la réponse est faite d'avance : la grande misère de la Russie est due aux bolcheviks et à leur néfaste politique économique. Mais alors la question se pose : comment un grand pays a-t-il pu tolérer, qu'un petit groupe d'hommes s'occupât pendant quatre longues années à le transformer d'un jour à l'autre en cimetière ? Pourquoi le silence règne-t-il dans le pays, tandis que le peuple souffre et se meurt ? Et si le peuple ne se tait pas dans sa souffrance, pourquoi les bourreaux restent-ils à leur ancienne place et continuent-ils leur funeste œuvre ?

Les trois changements fondamentaux qui se sont produits

au sein de la population et que nous venons de constater dans
notre premier chapitre (décimation de la population, son déplacement géographique et sa nouvelle répartition entre la campagne et la ville), sont une conséquence de la réduction des ressources alimentaires du pays et de leur répartition fortement
troublée. Mais quelle est la cause qui a généré ces phénomènes?
De quel autre phénomène sont-ils fonction? Celui, qui étudie
les phénomènes avec impartialité, devra convenir qu'il n'y a
qu'une seule cause dont découlent toutes ces conséquences, c'est
la *violence*, la politique du pouvoir gouvernemental.

Oui, c'est l'Etat, avec la grande puissance que les temps
modernes lui ont conférée dans la vie de la société, qui
a permis à un petit groupe d'hommes de dicter pendant des
années impunément leur volonté à des dizaines de millions
d'autres hommes. C'est l'Etat, avec sa force inébranlable jusque
à un moment donné, qui a permis de poursuivre une œuvre en
contradiction violente avec les aspirations et les opinions de la
majorité de l'immense pays. C'est la force de l'Etat, qui a permis à 600.000 illuminés et gens sans scrupules d'exercer leur
pouvoir sur 65 millions d'hommes et de les gouverner, malgré la
haine, que suscitent ces gouvernants. C'est l'Etat, qui force ces
65 millions de supporter patiemment des maladies, de combattre
sur le front, d'assister à la ruine de la vie économique et de
voir comment s'approche menaçante la famine, d'assister à la
mort de ses proches et de ses enfants, de périr de faim et de maladie et de supporter journellement des humiliations torturantes
de sa personnalité.

Nous avons à faire à une démonstration éclatante du rôle
important et de la grande puissance de l'Etat, rôle et puissance intensifiés, d'un côté par les grandes dimensions du
pays, le bas niveau cultural de sa population, son manque
d'habitude à agir de façon organisée, son incapacité de prévoir
les conséquences éloignées d'actes immédiats, de l'autre
côté par la bonne organisation et la forte cohésion, on dirait
presque une cohésion de fer, du groupe, qui se trouve au
gouvernail de l'Etat. C'est ainsi, que le pouvoir autocratique
qui avait déjà épuisé sa vitalité au moment de la révolution de

1905-1907, tint bon pour dix ans encore, et aurait tenu plus longtemps, s'il avait été plus prévoyant, plus   intelligent et plus
souple et surtout si, les hommes qui entraient dans sa sphère
d'attraction n'avaient pas été aussi profondément dépravés...

Soulevés par les bras de la population qui les avaient portés
au pouvoir, les gouvernants aussitôt arrivés enchaînèrent les
bras, auxquels ils devaient leur puissance. Les émeutes paysannes, qui éclataient nombreuses, et s'étalaient larges comme
la mer, furent incessamment réprimées. On dompta aussi la
révolte de Cronstadt, malgré la position avantageuse des insurgés sur une île et les puissants moyens d'artillerie, dont ils disposaient, Au mois de février 1921 on réprima un vaste mouvement révolutionnaire parmi les ouvriers. En 1919 les soldats
avaient refusé de se battre. On accumula des monceaux (le cadavres, à Stary-Oskolok, près de Pétrograd, à Koursk, on fusil-
silla chaque cinquième ou chaque dixième hommè dans des
régiments et divisions entières... Les soldats se soumirent. Ils
ne purent ne pas se soumettre : une mort, qui n'est que
possible, inspire moins de frayeur qu'une mort *certaine.*

« Primus in orbe Deus fecit timor ». La frayeur constante,
dans laquelle vit la population tue la haine et l'indignation,
qu'elle pourrait éprouver. Le pouvoir s'en rend parfaitement
compte et, comme nous le verrons plus loin, il fait tout pour
porter au plus haut degré ce sentiment de la frayeur. Les amis
et les adversaires du pouvoir soviétiste sont unanimes à reconnaître, que ce sont les organes terroristes, les « Tchrezvy-
tchaïki » de toute couleur et de tout rang, qui donnent le meilleur travail. Plus que cela,ce sont les seuls organes qui donnent
« un travail », tant au point de vue de l'intensité que du rendement.

Je le répète, nous avons à faire à une manifestation éclatante de la puissance de l'Etat et des personnes, qui détiennent le
gouvernail du pouvoir, qui disposent de ses canons, de ses mitrailleuses, de ses moyens financiers, de ses fils télégraphiques,
de ses installations radiotélégraphiques, de ses chemins de fer
et surtout... de ses rations alimentaires. Mais en même temps
nous avons à faire à une manifestation tout aussi éclatante de

l'impuissance de l'Etat. Toute sa puissance, toutes ses ressources d'ordre technique et autres n'ont pas été suffisantes, ne disons pas pour relever l'état économique du pays, mais tout simplement pour empêcher la ruine qui le menaçait et pour l'arrêter, quand elle s'était déclarée. Dans sa politique économique, le pouvoir allait contre les conceptions, contre les habitudes psychologiques, contre les intérêts de la population et sachant *suivre* avec fermeté la *ligne* de sa politique, il ne sut pas obtenir les résultats qu'il aurait désiré voir. Le pouvoir avait su créer une armée satisfaisante, un fort appareil terroriste comme auxiliaire du gouvernement civil et il espérait, que les mêmes méthodes allaient suffire pour créer un système résistant d'économie nationale. Ses plans subirent un échec complet : les méthodes autoritaires, tout à fait appropriées à l'organisation de la défense à l'intérieur et à l'extérieur, firent complètement faillite, dès qu'il s'agissait d'accomplir un travail de paix, un travail de reconstruction économique.

L'économie du pays courut à la débâcle avec une rapidité vertigineuse. Nous avons déjà assisté à la course effrénée, qui la précipitait de sa hauteur au fond de l'abîme. L'appareil de coercition gouvernementale devenait d'une faiblesse d'enfant, dès qu'il s'agissait de faire travailler une fabrique, de tirer des fusées de sa cheminée, de mettre en mouvement des trains ou des bateaux à vapeur, d'exploiter des gisements de minerais, de semer du blé, d'élever du bétail, etc.

Nous pouvons mettre à épreuve la justesse de nos assertions, qui considèrent la politique du gouvernement comme la cause fondamentale de la ruine économique de la Russie. Analysons de plus près, si le gouvernement actuel de la Russie peut obtenir le relèvement économique du pays, qu'il n'a su atteindre naguère par l'application de sa « nouvelle politique économique », annoncée avec un bruit de réclame aussi tapageur.

Le programme économique du gouvernement et les méthodes de son application. Le but essentiel, que les bolcheviks s'étaient proposé dans le domaine économique, était l'abolition de l'exploitation du prolétariat par la bourgeoisie. Chacun devait obtenir le produit intégral de son travail. Cette équité dans la distribution exigeait la liquidation de la propriété bourgeoise, qui représentait pour la bourgeoisie un moyen d'oppression du prolétariat. Et cela conduisait nécessairement à une autre fin — l'abolition de la propriété privée des moyens de production dans l'industrie et les transports et leur élévation au rang de propriété nationale. Puisque l'unique organe représentant toute la nation était l'Etat, les moyens de production devaient être mis à la disposition de ses organes, c'est-à-dire devenir propriété de l'Etat ou propriété nationalisée. La nationalisation devait également frapper les banques, le commerce, les assurances, tout d'abord parce qu'ils se trouvaient entre les mains de la bourgeoisie et par conséquent servaient de moyen d'oppression du prolétariat, et ensuite, puisque dans les nouvelles conditions ils devenaient parfaitement inutiles comme véhicules économiques.

Toutes ces mesures tendaient vers un but : elles devaient remplacer le système économique anarchique basé sur la propriété privée des moyens de production, sur la concurrence et le libre jeu de l'offre et de la demande par un système économique unifié, conçu selon un certain plan et réglé par l'effort conscient du pouvoir de l'Etat en faveur de ceux que la vie jusqu'à présent avait traités en « marâtre » — du prolétariat en premier lieu.

Tels les buts, auxquels tendait la politique économique soviétiste. Analysons maintenant les *méthodes* plus caractéristiques de leur réalisation. Une partie de ces méthodes était donnée à l'avance, conçue *à priori* au moment de l'élaboration du programme économique. C'étaient les méthodes, avec lesquelles les bolcheviks étaient arrivés au pouvoir. Une autre partie des méthodes se forma sous l'influence des conditions, qui se créèrent après l'avènement des bolcheviks.

Ce qui était donné à l'avance, c'était le caractère *révolutionnaire* de la réalisation du programme. Le nouveau système de rapports économiques et sociaux et les institutions de droit public qui leur correspondaient devaient être créés non pas comme l'aboutissant d'une lente assimilation et d'une substitution graduelle de formes nouvelles aux rapports et aux institutions créés par voie historique (substitution qui se serait faite avec l'appui de l'Etat).Non, ce nouveau système devait surgir comme le résultat d'une démolition révolutionnaire et hardie du passé et d'une construction révolutionnaire et subite du présent. L'Etat devait de sa main puissante diriger la vie dans un autre sens et opérer ce changement en plein mouvement; au bout d'un an, d'un mois, d'une semaine peut-être : plus vite c'était fait et mieux cela valait...

Le second trait saillant de cette politique était sa *violence*, qui ne s'arrêtait devant rien et qui n'était contenue par rien. « Tout est permis » — tel était le mot d'ordre de l'orientation adoptée. Les droits de l'homme, du citoyen, l'honneur, la foi à la parole donnée, la conscience, tout cela devenait de la pacotille bonne à être jetée au feu. Le pouvoir gouvernemental a tous les droits et point d'obligations, excepté une seule — celle de réaliser les buts qu'il se propose. Il ne s'arrête devant rien et poursuit son chemin par dessus tout ce que l'évolution précédente de l'humanité a créé comme règles normatives de la société en fait de morale, de culture, de politique, de rapports sociaux.

C'était la conception rectiligne de la société comme d'un antagonisme de classes, qui paraissait justifier cette violence illimitée; une classe nouvelle entrait en maître dans la vie; elle portait avec elle une morale nouvelle, des conceptions nouvelles, des normes et des valeurs spirituelles nouvelles; les normes habituelles et généralement reconnues, les freins habituels non seulement ne sont plus obligatoires, ils sont directement nuisibles. Telle était la justification sociologique de la violence ! Il y avait en outre une justification politique du même fait. Elle était donnée par la théorie primitive de la lutte des classes conduite intrépidement et avec beaucoup d'esprit de conséquence jusqu'à ses dernières déductions : la classe nouvelle, dont le pouvoir était né de la lutte, devait se préparer à rencontrer dans l'avenir une opposition acharnée de la part de la classe qu'elle avait chassée; pour garder le pouvoir, le nouveau souverain de la vie devait par conséquent disposer d'une quantité illimitée de moyens pour sa défense. Il devait avoir les mains libres. Toutes les garanties peuvent être abolies et toutes les normes doivent être répudiées; la nouvelle classe doit s'ériger en dictateur absolu. La dictature fut réellement proclamée — c'était la dictature du prolétariat. Elle trouva son expression la plus flagrante dans ceux des paragraphes de la constitution soviétiste, qui privaient la bourgeoisie complètement de droits électoraux et diminuaient les droits électoraux des paysans de cinq fois par rapport aux droits électoraux des prolétaires.

Le troisième fait saillant dans la constitution soviétiste, dont l'existence était prédéterminée, c'étaient des *institutions de l'Etat* d'un nouveau type. Les Soviets des députés des ouvriers, des soldats et des paysans, réélus à des intervalles périodiques, firent leur apparition. Selon la formule vague et élastique de la constitution soviétiste ils étaient élus par le « mode qui correspondait le mieux aux conditions locales ». Les élections se font à plusieurs degrés. Les députés sont révocables, avant que leur mandat soit échu. Leur inviolabilité n'est pas garantie Toutes ces particularités de la constitution des soviets sont caractéristiques de la nouvelle constitution; elles donnaient au gouvernement le moyen de filtrer soigneusement les députés et d'influencer de façon scandaleuse les élections. Ces possibilités furent largement utilisées et le sont jusqu'à présent.

Les soviets devinrent le type unique et uniforme d'institution de l'Etat. Le Soviet de village ou de la ville est le noyau administratif primaire, où prend naissance le pouvoir de l'Etat et la « Conférence Panrusse des Soviets » comme organe législatif suprême forme le dernier chaînon de ce pouvoir. Les autres organes administratifs sont un mécanisme de travail, dont le travail journalier est guidé par un organe exécutif élu par les Soviets — les Comités exécutifs. Les Soviets locaux sont de cette façon organes du pouvoir central et en même temps organes de « self government » local. Deux ordres de fonctions, de nature parfaitement divergente, et qui par conséquent auraient exigé des organes différents, se trouvent réunis dans ces institutions.

Les Soviets étaient les seuls organes locaux non parce que le pouvoir central les voulait tels; le fait est, qu'il n'aurait pu en créer d'autres. Ici nous touchons de près à l'autre groupe de méthodes, par lesquelles procédait le pouvoir, en réalisant sés buts. Nous avons déjà dit que ces méthodes étaient la conséquence de conditions qui s'étaient créées en Russie après l'avènement des bolcheviks. La situation était caractérisée par l'isolement politique presque complet des bolcheviks et par l'absence d'un appareil de travail pendant la première période de leur domination.

Plusieurs causes avaient contribué à créer un vide autour des nouveaux maîtres politiques de la Russie. En premier lieu, les bolcheviks s'étaient emparés du pouvoir à la veille de la convocation d'une Assemblée Constituante; en second lieu ils avaient lancé la parole d'ordre qui sut, il est vrai, charmer les cœurs des soldats : cessation des hostilités; en troisième lieu ils avaient appelé les paysans à s'approprier les terres appartenant à des éléments non travailleurs — appropriation qui ne devait être réglée par aucune norme; enfin, ils avaient leur programme préétabli de mesures économiques et des méthodes de leur réalisation. Tout cela dans son ensemble ne manqua de provoquer une attitude réellement hostile des intellectuels russes envers le nouveau pouvoir. Les intellectuels (1) avec un don aigu de vision, prévoyaient déjà à cette époque les nombreuses et graves conséquences d'ordre social qu'allait entraîner l'avènement du nouveau pouvoir. Si l'on laisse de côté les socialistes révolutionnaires de gauche (2), tous les partis politiques ainsi que la grande masse des intellectuels politiquement indifférents prirent position contre les bolcheviks. Ce fut même l'une des couches ordinairement les plus passives de la classe intellectuelle, la bureaucratie, qui pendant les premiers mois de la domination bolcheviste fit preuve d'une force de résistance vraiment remarquable. Il y eut la grève des fonctionnaires de l'Etat qui, dans toutes les institutions gouvernementales ne voulurent entrer en aucune espèce de communion avec les bolcheviks. Les intellectuels de province suivirent l'exemple de

---

(1) « L'intellighentsia », comme on dit en Russie. (Note du Tr.).

(2) Les s. r. de gauche se rallièrent aussitôt au nouveau pouvoir, alléchés par la promesse de la nationalisation de la terre. (Note du Tr.)

leurs confrères de la capitale. Le nouveau pouvoir se trouva donc non seulement isolé au point de vue politique, il était dépourvu de tout soutien technique. Il n'avait pas à sa disposition un nombre suffisant de personnes cultivées qui auraient pu le représenter dans les gouvernements. Même en province il n'avait pas toujours l'adhésion des soviets provinciaux. Il ne pouvait évidemment être question d'une transmission tranquille, systématique et réglée des pouvoirs aux bolcheviks sur toute l'étendue du territoire du pays. Après s'être emparés du pouvoir central par la violence, les bolcheviks devaient étendre leur pouvoir en province par des procédés tout aussi violents. Mais pour mener à fin ce combat, le centre manquait de moyens. Il devait appeler à son secours les forces locales, qui sympathisaient avec les bolcheviks. Ces forces étaient, les soldats des garnisons d'arrière, des ouvriers et une partie des paysans. La démobilisation spontanée des soldats du front vint à la rescousse des forces locales. La vague de sympathie politique pour le bolchevisme s'éleva et s'accrut; la province put en fin de compte s'emparer du pouvoir, sans être aidée par le centre, C'est ce qu'elle fit réellement. Et non seulement elle s'empara du pouvoir, elle sut aussi le garder longtemps sans être soutenue par le centre et sans liaison avec le pouvoir central. En levant une « contribution » sur la bourgeoisie, elle sut s'assurer ses propres moyens financiers et à l'aide des ouvriers elle créa une force militaire locale (la garde rouge). A l'époque, quand le pouvoir central eut acquis de la force et eut créé son appareil technique, le pouvoir local aussi était devenu stable et fort. Naturellement il ne manifesta aucune vélléité de restreindre ses droits au profit du pouvoir central, au contraire, il s'opposa très énergiquement aux tendances de ce dernier de devenir le pouvoir central, non de nom seulement mais aussi de fait. La fière parole d'ordre, « le pouvoir aux lieux » prit alors naissance et les « lieux » (la province), surent défendre leurs droits. La province défend ses droits jusqu'à présent, elle ne les abandonnera pas sans une lutte longue et soutenue : personne ne quitte volontairement le pouvoir.

Un pouvoir fort, résistant, né spontanément en province, tel était le premier résultat des conditions sociales, que les bolcheviks avaient créées en s'emparant du pouvoir central... Ces conditions devinrent bientôt la prémisse indispensable et la méthode même de leur activité. Un second résultat de la situation qui s'était créée, fut l'introduction de *l'arbitraire* à titre de méthode et érigé à phénomène constant et normal dans la vie de l'Etat.

Le pouvoir qui, dès le premier abord était resté dépourvu de forces intellectuelles et d'un appareil bureaucratique organisé n'eut pas à sa disposition des collaborateurs qui eussent pu accomplir le travail long, compliqué et lourd de responsabilités, qu'impliquait la substitution d'un code de lois nouveau à l'ancien code. Le pouvoir sut enfin s'assurer un appareil technique fait en hâte et mal agencé, mais il manque jusqu'à présent de forces intellectuelles, qui aient accepté dans leur cœur et fait leur la révolution d'octobre avec toutes ses conquêtes (1). *Le nouveau pouvoir resta impuissant en ce qui concerne l'élaboration d'un nouveau droit.*

Il était naturellement impossible de se passer de normes de droit écrites; on écrivait des nouvelles lois et on les publiait. Mais ces lois étaient rédigées par des ignorants, elles se faisaient d'un cas à l'autre, sous la pression de faits particulièrement importants et de cas particulièrement aigus. Les lois ne subissaient aucun travail de rédaction, ni de codification. Les administrations intéressées élaboraient le projet de loi qu'il leur fallait et le soumettaient directement au « Soviet des Commissaires du Peuple ». Ce dernier y apposait son timbre. Il l'apposait souvent si peu heureusement, que l'organe officiel des « Izvestia du Comité Panrusse des Soviets » devait sans cesse

---

(1) Détail caractéristique. — Des intermédiaires dépêchés par le Commissariat de la Justice, s'adressèrent, en 1921, 4 fois aux représentants du barreau de Moscou, en faisant appel aux avocats pour aider le Commissariat de la Justice dans ses travaux. Les représentants du barreau convoquèrent plusieurs conférences pour discuter les propositions qui leur étaient faites, et quatre fois ils refusèrent *à l'unanimité* leur collaboration. « Si vous nous y forcez, nous serons obligés de venir, mais tant que vous appelez à notre bon vouloir, nous ne voulons pas d'une collaboration avec vous », telle était, à peu près, leur réponse. (Note de l'Auteur.)

apporter des corrections à des décrets déjà publiés. Il y eut des cas, quand une loi déjà promulguée fut déclarée publiée « par mégarde ». Je connais une quantité de cas, quand, entre le commencement de l'élaboration d'un projet de loi et la transformation de ce dernier en décret définitif, il ne se passa guère plus de 3 à 5 heures. Je ne citerai qu'un exemple, qui se rapporte à l'une des mesures les plus graves de conséquences du pouvoir, au tournant de sa politique économique.

On avait déjà décidé et déclaré la substitution de l'impôt alimentaire à la réquisition contingentée. Il s'agissait de définir les dimensions générales de l'impôt de blé. Ce fut le Commissariat de l'Agriculture que l'on chargea de ce projet. Ce dernier proposa ce travail à A. V. Tchaianov, qui était « homme de confiance » du Commissariat. Tchaianov déclina le travail et mit en avant la candidature de N. D. Kondratiev. Le Commissariat accepta cette candidature. Après de longs calculs Kondratiev arriva à la conclusion que l'impôt de céréales imposé aux paysans de toute la Russie, pour ne pas épuiser complètement l'agriculture, devait donner au maximum 280 millions de pouds.

Kondratiev n'eut pas l'occasion de présenter ses calculs au Commissariat; ce fut Tchaianov venu exprès pour les prendre qui les emporta au Kremlin. Le « Kremlin », qui voulait au plus vite possible donner une preuve du sérieux de sa « nouvelle orientation » avait été très pressé pour obtenir le travail. Le devis de Kondratiev fut donc immédiatement transmis par Tchaianov au Commissaire de l'Agriculture Ossinsky et ce dernier sans avoir fait contrôler les calculs, sans en avoir lui-même pris connaissance, s'en fut au « Kremlin » avec son rapport. Le soir de la même journée le « Soviet des Commissaires du Peuple », *dans la supposition que le résultat final des calculs de Kondratiev (280 millions de pouds) se rapportait au territoire qui se trouve sous la domination soviétiste, c'est-à-dire à la Russie moins l'Ukraine*, adopta un décret, qui fixait les proportions de l'impôt de céréales pour la Russie moins l'Ukraine, à 240 millions de pouds. Pourtant, selon les calculs de Kondratiev l'agriculture de cette région ne pouvait en aucun cas donner plus de 200 millions de pouds de céréales. Le lendemain le décret était déjà publié...

Les décrets publiés comme nous venons de le dire, se rapportaient en général aux côtés les plus importants et aux cas les plus aigus de la vie. Le vaste domaine du droit civil et du droit pénal se trouvait à peine effleuré par cette législation. Le pouvoir, en érigeant son impuissance intellectuelle en vertu, adopta une attitude doctrinaire de négation résolue de toutes normes écrites et confia la création d'un droit nouveau à la « conscience révolutionnaire du prolétariat. »

La législation n'a pas non plus élaboré les normes qui déterminent la compétence des soviets locaux et leur relations d'interdépendance avec le pouvoir central. Tout reste confié au hasard, à l'équilibre de forces qui s'établit et à l'arbitraire des pouvoirs locaux.

Il n'y a pas de lois, qui circonscrivent les limites et les méthodes de travail des institutions centrales, leur structure interne, les cadres de leur personnel. Les institutions sont donc presque entièrement libres du contrôle de la loi en ce qui concerne la délimitation de leur compétence, de leurs droits, de leurs obligations, des cadres de leur personnel. Elles ont le droit d' « autodétermination ».

L'état embryonnaire, dans lequel se trouve la législation soviétiste, a eu des répercussions particulièrement graves dans la vie de la population. Cette dernière ne sait pas ce qui est permis et ce qui ne l'est pas, elle ne connaît pas ses droits, ses devoirs, ses moyens de défense. Il en résulte un manque de garanties juridiques absolu et l'impossibilité de se défendre par la loi. L'arbitraire légalisé par le pouvoir revêt des formes extrêmes et tout à fait monstrueuses dans l'activité des « Tchrezvytchaika » (Commissions Extraordinaires pour combattre la contre-révolution, la spéculation et le sabotage) qui ont une liberté absolue en ce qui concerne les perquisitions, les réquisitions, les arrestations et le choix des peines à infliger. Les arrestations nombreuses faites par les « Tchrezvytchaika » finissent habituellement de deux façons : ou bien on est libéré après des semaines, des mois, quelquefois même des années de détention dans des prisons ou dans quelque souterrain, ou bien on est fusillé. Il n'y a pas de milieu, une partie tout à fait insignifiante des causes est transférée aux tribunaux et aux cours populaires.

Si dans l'arbitraire légalisé, qui règne sur la sixième partie du globe terrestre, dans tous les domaines de la vie, dans toutes les institutions et dans l'activité de toutes les personnes, investies de pouvoir, il se manifeste une tendance qui contredit l'idée de l'Etat et qui relie le régime russe à la situation anarchique d'une communauté sans Etat, nous trouverons dans la dernière méthode, par laquelle procède le pouvoir et dont je veux parler maintenant, les caractères d'un vrai brigandage. Que le lecteur en juge par lui-même.

Le pouvoir dans son isolement politique, né dans une atmosphère de haine surexcitée, avec son appel à la « sainte » guerre civile, dans laquelle il s'attendait non sans raison à une résistance acharnée, devait nécessairement penser tout autant à la consolidation maximum de son pouvoir, comme à l'affaiblissement extrême de la couche sociale, qu'il considérait comme son adversaire organique et acharné. La consolidation de son pouvoir ne pouvait lui venir que de l'appui des couches inférieures de la population, les plus ignorantes, les moins développées au point de vue social et les plus sujettes à l'exploitation matérielle. Le gouvernement mit son enjeu sur ces couches sociales. L'ennemi, pour lui, c'était la classe aisée de la population, c'était la bourgeoisie. C'est contre la bourgeoisie que se dirigèrent les coups du pouvoir. «Pillez ce qui a été pillé » — telle était la parole d'ordre, nouvelle par sa forme, mais très ancienne par son contenu, connu en Russie encore dès le XVII siècle, le temps de Emélian Pougatchev, avec laquelle le pouvoir s'adressa à la population.

Le double résultat qu'on escomptait ne se fit naturellement pas attendre : d'un côté on s'attira les sympathies de la lie de la population, d'un autre côté on affaiblit matériellement la bourgeoisie. Le premier résultat n'eut, il est vrai, qu'une signification passagère, car en éveillant et en stimulant dans les masses ignorantes de la population, des aspirations et des actions socialement morbides, le pouvoir se créait des difficultés graves pour l'avenir, qui menaçaient son œuvre d'administration et son existence même. Ensuite, des sympathies acquises de *cette manière*, ne pouvaient forcément être que passagères ; elles se maintenaient jusqu'au moment où il restait encore un objet à piller, jusqu'au moment encore, où les leçons infligées par la vie eussent enseigné aux auteurs des actes de vandalisme les conséquences néfastes de leur façon d'agir. Alors la sympathie se transformait infailliblement en sentiments d'un ordre opposé. Je ne sais pas si le pouvoir se rendait compte des conséquences que ferait naître la tempête qu'il semait, s'il tenait présents les appels du poète Tioutchev : « ne réveille pas la tempête qui dort, c'est le chaos qui couve sous elle. » Mais il ne restait pas d'autre issue à la situation. Lénine *devait* forcément devenir Pougatchev. Et il se fit Pougatchev. Le pouvoir était très content de la formule qu'il avait trouvée et des méthodes gouvernementales qu'elle contenait implicitement. Il eut recours à cette formule dans la suite. Il en fait usage *jusqu'à présent*. Des faits ? Ils abondent plutôt.

En 1919, furent créés les « Combiëds » (« Comités de la pauvreté ») dans les campagnes russes. De fait, ils remplacèrent les soviets des villages et des volosts et concentrèrent tout le pouvoir entre leurs mains. Leur but se résumait dans le mot d'ordre : « Pille ce qui a été pillé », par rapport aux paysans plus aisés. Les conséquences graves d'ordre économique, auxquelles aboutirent ces mesures, décidèrent le pouvoir à liquider les comités en 1920. La liquidation laissa de côté l'Ukraine, où ces comités existent *jusqu'à présent* sous le nom de « Comités des paysans indigents », malgré la « nouvelle politique économique ». L'objet de leur sollicitude sont les « Kourkouls » (1), dont on compte parmi la population ukrainienne à peu près 4 millions. Les membres du « Comité des paysans indigents » prennent aux kourkouls leurs bœufs, leurs chevaux; leurs vaches, leurs moutons « superflus », leurs charrues, leurs herses, leurs semoirs « superflus », les objets domestiques, le linge, la

---

(1) On appelle « kourkouls », en Ukraine, des paysans aisés qui emploient de façon constante une main-d'œuvre salariée. (Note de l'Auteur.)

vaisselle, etc. On laisse au propriétaire un exemplaire, dans le meilleur des cas, deux exemplaires des objets enlevés. Des centaines de milliers d'exploitations paysannes bien organisées sont vouées à la dévastation et au pillage... En 1921, les armées des soviets occupèrent l'Azarbedjan. On y créa également des « Comités de la pauvreté ». La même parole d'ordre fut lancée et mise en exécution vers la fin de 1920, à Charkov, en 1921 à Ekaterinodar et Bakou. La rue et les agents du pouvoir faisaient irruption dans toute maison ayant un aspect « cossu », pour y enlever tout ce qui plaisait et tout ce qui tombait sous les mains. Selon la proposition spirituelle du président de l' « Internationale Communiste », Zinoviev, ces journées de pillage effréné, accompagnées de violences sur la personne des propriétaires, reçurent le nom seyant de « journées de la révolution d'octobre ». A Gitomir, le pouvoir organisa en 1921 parmi la population la plus pauvre des « Comités de gens sans ménage » et leur conféra tous les pouvoirs sur les édifices privés, leur ameublement, la vaisselle, le linge, les livres, etc. Dans toute la ville... Partout où le pouvoir sentait sa faiblesse et la force de son adversaire, il répétait et répète son appel de brigand : « Pille ce qui a été pillé. » Peut-on donner une autre définition de cette méthode gouvernementale et de sa politique intérieure que celle que je viens de donner ? Est-ce qu'il ne s'agit pas vraiment d'un brigandage authentique ?

Tels sont le programme et les méthodes do sa réalisation que le gouvernement a appliqués pendant ces quatre dernières années en Russie. Pour compléter l'esquisse donnée par moi, je dirai encore deux mots à propos du matériel humain, à l'aide duquel le pouvoir avait commencé et poursuivi son activité réformatrice. Je donnerai dans la seconde partie de mon livre une caractéristique détaillée et fondée, autant qu'il est dans mon pouvoir, du parti communiste, qui est le vrai représentant du pouvoir de l'Etat. Qu'il me soit permis de dire maintenant, sans le prouver, que ce matériel humain réunit à la fois des qualités élevées et des qualités basses.

Le pouvoir en Russie est constitué par un groupe dont

l'horizon est borné , un groupe ignorant, grossier et parfaitement amoral, mais par contre des gens de volonté, hardis dans la direction qu'ils ont choisie, pleins de confiance en eux-mêmes, liés entre eux par une forte discipline, une discipline de fer, et des leaders reconnus à leur tête. Les qualités négatives du groupe font encore ressortir plus fortement ses qualités positives. Un groupe de ce genre pouvait beaucoup faire. Et il a réellement beaucoup fait. Nous en avons pu constater le résultat dans les deux premiers chapitres. Analysons un peu de près comment ces résultats ont été obtenus et comment il était impossible qu'il en fût autrement.

Le processus de désagrégation économique. — La nationalisation de la production industrielle réalisée par les méthodes que nous venons d'indiquer, exigeait la suppression des anciens propriétaires des entreprises en tant que dirigeants. Cette suppression n'était considérée comme un inconvénient ni par les bolcheviks, ni même par une partie fort considérable d'anciens adhérents des partis socialistes de l'ancienne Russie. Au contraire on était plutôt porté à la considérer comme un bien. Les « araignées » allaient quitter leur « nid ». N'était-ce pas la voie du salut ? Et l'unique voie ? Les événements enseignèrent qu'on s'était trompé, car ce n'était pas uniquement la bourgeoisie qui s'en allait : en sa personne, l'économie du pays perdait des formes d'énergie, qui ont le plus de valeur dans l'activité économique, l'énergie d'initiative et l'énergie d'organisation. Il n'y a pas beaucoup de gens, dans la Russie de nos jours (parmi ceux qui réfléchissent, j'entends), qui se rendent parfaitement compte de l'importance du phénomène... Cette marée basse n'emporta naturellement pas toute l'énergie d'initiative et d'organisation du pays ; elle en emporta pourtant une très grande partie. Le contrecoup de cette mesure sur la vie économique du pays fut tout à fait désastreux... Les conséquences fâcheuses se firent sentir avec une force plus grande encore, quand, après le « congé » donné aux propriétaires, commença l'exode du personnel administratif et technique supérieur, dont les services étaient payés et qui représentait dans sa personne, les mêmes formes d'énergie créatrice : l'exode de ce personnel commença presque aussitôt après le départ forcé des propriétaires. Les entreprises passèrent aux mains des « Comités de fabriques et d'usines », élus presque entièrement parmi les ouvriers. Aussitôt, se produisit un abaissement de discipline, une baisse du rendement de travail, l'inobservance du règlement des entreprises, un gaspillage du patrimoine des usines. Le pouvoir dirigeant de l'ancien appareil administratif et technique des fabriques et usines diminuait tous les jours. Ceux qui faisaient part de l'appareil dirigeant s'en allaient : ils partaient, se voyant lésés dans leurs droits légitimes et aussi, puisqu'ils ne voulaient pas voir la débâcle générale et lui donner une sanction indirecte par leur présence. Ils s'en allaient, puisqu'ils ne voulaient pas se charger de responsabilités, tout en n'ayant pas la contrepartie de droits respectifs. Et ainsi de suite. La baisse incessante des salaires réels perçus par toutes les catégories de travailleurs et leur réduction à un niveau commun ne firent qu'accélérer l'exode des dirigeants, qui quittèrent les postes responsables. Les entreprises se virent bientôt privées de forces directrices et administratives. La productivité des entreprises baissa rapidement. Restaient bien les représentants du travail musculaire, mais le rendement de leur travail baissait d'un jour à l'autre. Il baissait, puisque l'ancien mécanisme d'administration et de coercition ne fonctionnait plus et que le nouveau mécanisme élu n'était pas capable de le remplacer ; il baissait, puisque l'ouvrier avait acquis la conscience de ses droits nouveaux nullement tenue en échec par une conscience de ses devoirs correspondants, et que cette conscience croissait démesurément ; les salaires diminuaient et, par conséquent, venait à manquer le motif *intérieur*, qui stimule le travail ; le désordre et le dérèglement s'accentuèrent de plus en plus, la désagrégation de l'ensemble se fit sentir, ce qui finit par paralyser la dernière volonté au travail restée encore vivante. La production des entreprises baissait sans arrêt.

La baisse de production dans les entreprises industrielles était déterminée par une autre cause encore. Le rythme de l'approvisionnement des entreprises en combustibles, en matières premières, en numéraire tout d'abord, et en vivres et vêtements ensuite, était fort irrégulier. Cette irrégularité de rythme était une conséquence très naturelle d'une démolition accomplie trop brusquement et dans des formes anarchiques de tout un système de rapports établis et éprouvés par le passé, et d'un retard inévitable des institutions nouvelles sur tout ce que la vie exigeait d'elles immédiatement, au point de vue organisation et travail. La qualité inférieure de la main-d'œuvre dans les institutions nouvelles, le désordre chaotique qui y régnait, la décentralisation qui lassait libre jeu aux mesures arbitraires, tout cela ne pouvait qu'accentuer l'effet des causes que nous venons de signaler.

La baisse de production dans les villes avait pour corollaire une diminution de ressources alimentaires et un empirement très sensible des conditions d'alimentation de la population. Le lien qui relie ces deux phénomènes est très apparent : la quantité de valeurs que la ville pouvait donner à la campagne en échange de ses produits avait diminué, par conséquent, le volume des échanges entre ville et campagne devait se réduire. L'afflux de produits alimentaires que la campagne donnait à la ville se ralentissait. La disparition, sous le nouveau régime, des organes de ravitaillement, eut pour conséquence de contribuer encore à la diminution des échanges entre ville et campagne. Un large flot d'habitants de la ville se déversa sur la campagne, pour être plus près des sources de ravitaillement.

C'est surtout l'exode des ouvriers, qui fut très manifeste. Aux anciennes causes de la baisse de productivité de l'industrie urbaine vint s'en ajouter une autre, le manque de la main-d'œuvre qualifiée, qui s'en allait vers les campagnes. Les ouvriers, qui ne quittaient pas définitivement leur domicile dans les villes, s'absentaient sans cesse, à la recherche de vivres dans les campagnes. Les échanges entre ville et campagne diminuèrent encore. La sous-consommation constante des villes s'aiguisa jusqu'à devenir une véritable famine.

La famine dans les villes eut pour conséquence des expéditions armées à la campagne, organisées par les pouvoirs citadins. Commença ce que les paysans appelèrent le « rapt » des vivres. Le pouvoir central, avec son manque de ressources intellectuelles et dans son ignorance, frappé en outre par le mal de l'impuissance, comme le pouvoir local par contre était trop autoritaire, trop détaché du centre, *toléra* tout d'abord et *sanctionna* ensuite ce « rapt » parfaitement déréglé des vivres, en introduisant sur tout le territoire du pays le « contingentement de ravitaillement » (« la prodrazvierstka »), mesure saugrenue et qui ne saurait être justifiée au point de vue d'une saine politique économique de l'Etat. Sans songer aux conséquences, on enlevait *tout* au paysan, en lui laissant tout juste ce qu'il fallait pour ne pas mourir tout à fait de faim. Quelquefois dans l'espoir, « qu'ils allaient se débrouiller tout seuls », on ne laissait absolument rien à certains gouvernements. Les expéditions de ravitaillement devenaient de plus en plus impitoyables, la quantité de vivres enlevée à la campagne augmentait d'une année à l'autre. Le pouvoir des soviets triomphait, croyant qu'il s'agissait d'une amélioration de son mécanisme de ravitaillement et en y voyant un symptôme de la consolidation de son pouvoir politique. Il ne voyait pas la ruine qui menaçait la campagne. Et pourtant la ruine approchait à pas de géant.

Le « contingentement du ravitaillement » (la « prodrazverstka ») avait non seulement anéanti chez le paysan tout esprit de perfectionnement agricole, mais avait encore tué chez lui le désir de maintenir la culture agricole à son ancien niveau. La culture paysanne se « recroquevillait ». Les emblavures diminuaient, le rendement agricole baissait, la quantité de bétail diminuait et ce qui se « recroquevillait», surtout, c'était la culture de plantes industrielles. Ce n'était qu'avec une résistance intérieure, une douleur qui le tenaillait, une peine infinie que le paysan cédait le pas à ce « programme minimum » dans son activité économique. Son cœur se révoltait à la vue des champs en friche, du fumier qui périssait sans utilité aucune, de la basse-cour qui se mourait et des épis de blé « clairsemés ». Mais la politique d'un grand Etat puissant eut bientôt raison du cœur révolté du pauvre paysan. Plus tard, bien plus tard que pour l'industrie, vint le tour de l'agriculture dans la ruine qui envahissait le pays. La famine atroce de 1921-22, la plus atroce que la Russie ait jamais éprouvée, immense par les quantités de populations frappées, est le résultat fatal de cette politique communiste, qui se réalisait par tous les moyens de coercition, dont dispose l'Etat.

Voici les étapes principales reliées entre elles par un fort lien de causalité, que parcourut le processus de désagrégation de la vie économique : anéantissement de l'industrie ; baisse des échanges entre la ville et la campagne et manque de vivres dans les villes ; expéditions armées à la campagne ayant pour but de rapporter du blé, de la viande, du beurre, des œufs, etc. ; ces expéditions finissent par tuer toute tendance économique chez le paysan ; la culture agricole se « recroqueville » jusqu'à des dimensions suffisantes à satisfaire seulement la consommation personnelle du paysan.

La dégénérescence de l'Etat. L'asservissement de l'individu. — La désagrégation de la vie économique, que nous venons d'esquisser sommairement, ne resta pas sans influencer l'Etat ; des changements profonds s'opérèrent dans son engrenage. Ses institutions prirent un autre aspect, ses fonctions changèrent, le lien qui relie entre eux population et gouvernement subit un changement. Les fondements de l'Etat sous leur forme habituelle se transformèrent.

La désagrégation de la vie économique avait eu pour conséquence une diminution de valeurs matérielles ; le revenu de la nation ne se chiffrait plus que par 26 0/0 de son revenu en temps de paix. La misère de la population augmenta. Et ce fut en même temps la misère de l'Etat. Il ne parvenait plus à s'approprier qu'une quantité minime de valeurs. Les anciennes réserves s'épuisaient. L'outillage s'usait et fournissait un travail qui allait en diminuant sans cesse. Ceci impliqua la nécessité d'une économie rigoureuse en premier lieu, et en second lieu la répartition strictement réglée de tous les biens, dont la distribution est dans le pouvoir de l'Etat. C'est ainsi que le rationnement devient de plus en plus rigide, de plus en plus sévère, de plus en plus minutieux, au fur et à mesure que les ressources alimentaires s'épuisent. C'est exactement de la même façon qu'est né le rationnement dans tous les Etats, même les plus riches et les plus libres, comme une conséquence de l'appauvrissement généré par la guerre. La misère de l'Etat comme du peuple en Russie devait nécessairement conduire à un rationnement des plus rigides.

On limita l'usage du télégraphe, du téléphone, du tramway, de la poste (pour les colis postaux), des chemins de fer et des bateaux à vapeur. Le rationnement s'étendit au ravitaillement alimentaire, aux tissus, aux chaussures, à la mercerie et à d'autres groupes d'objets de consommation personnelle. Au fur et à mesure que les réserves s'épuisaient, le rationnement devenait prohibition ; l'Etat, pour sauvegarder son droit de monopole en matière de distribution, prohibait le commerce des objets dont il ne disposait pas ou dont il ne disposait qu'en quantité minime.

L'épuisement de ses réserves obligea l'Etat de recourir aux réserves des particuliers. Commença la réquisition de meubles, de livres, de linge, de vêtements, de vaisselle, de bicyclettes, d'appareils téléphoniques, etc. Dans beaucoup d'endroits, en Russie, on rationnait la quantité d'assiettes, de cuillers, de verres. Une des premières mesures prises avait été celle des hideuses perquisitions alimentaires, dont la vague avait englobé le pays entier. Commencèrent la « condensation » dans les appartements, les déménagements forcés, l'asservissement du mobilier à l'appartement où il se trouvait. Les choses arrivèrent à un point qu'il devint impossible à Pétrograd de traverser la rue avec un samovar, une chaise, un oreiller, sans courir le risque d'être arrêté et conduit en prison : il fallait être muni d'un permis spécial.

Cette réquisition universelle était d'autant plus nécessaire à l'Etat, qu'en dehors de la satisfaction des besoins du gouvernement elle donnait au pouvoir central et au pouvoir local la possibilité de satisfaire les besoins des communistes et de soutenir les sympathies vacillantes du prolétariat. Elle était d'autant plus simple et facile qu'il n'existait point de normes de droit qui auraient pu garantir les droits individuels et limiter les actes arbitraires du pouvoir : c'était au contraire l'arbitraire qui se trouvait érigé en loi. La diminution des ressources matérielles dont disposait l'Etat eut pour conséquence une baisse considérable du salaire réel des ouvriers et des traitements des employés occupés dans les entreprises et les institutions du gouvernement. A la fin du compte, la rétribution moyenne par mois atteignit au mois d'avril 1921 12.000 « denznak » (signes monétaires) soviétistes, ce qui équivalait tout justement à un rouble-or. Mais le prix des produits les plus nécessaires à l'existence humaine (bois, pain, viande, gruaux (1), sel, sucre, etc.), avait monté plus rapidement que le prix de l'or : au mois d'avril 1921 tous ces produits valaient au marché de Moscou 112.583 fois plus qu'ils n'avaient valu en 1913. Le pouvoir d'achat du rouble-or se réduisait donc au pouvoir d'achat de 9,5 copeks avant la guerre. Les distributions en nature qu'on faisait aux employés ne dépassaient pas, calculés aux prix du marché libre, 200.000 roubles par mois, c'est-à-dire elles ajoutaient un supplément de 180 copeks d'avant-guerre à la rétribution en monnaie. Toute la rétribution par mois n'atteignait donc pas la valeur de deux roubles d'avant-guerre. Les appointements des employés les mieux rétribués ne dépassaient pas un million et demi par mois, c'est-à-dire équivalaient à 12 roubles d'avant-guerre. Une rétribution pareille des services finit non seulement par tuer toute stimulation au travail, elle détruisit jusqu'aux forces pour l'accomplir.

Déjà vers le milieu de 1919, le gouvernement s'aperçut qu'il manquait d'employés pour ses institutions, qui se gonflaient et d'ouvriers pour ses entreprises qui s'atrophiaient. Il ne lui restait qu'une voie d'issue, de recruter par la force les travailleurs, dont il avait besoin. Ce fut à cette méthode que le gouvernement eut recours. Au commencement de 1920, fut introduite la redevance générale du travail. D'après l'interprétation officielle, cette redevance comportait « non seule-

---

(1) On fait en Russie beaucoup de bouillies (« kacha ») de gruaux. (Note du Tr.)

ment l'obligation pour chaque citoyen de travailler, mais encore l'obligation de travailler dans la localité, dans l'entreprise et de s'employer dans celle des spécialités qu'il connaissait, que lui auraient indiquées les organes de l'enregistrement et de la distribution de la force de travail ». Des Comités pour la réalisation de cette obligation universelle de travail, les « Comtroud » furent institués, ainsi que d'autres Comités dont le but était de poursuivre les personnes, qui auraient refusé leurs services et leur travail à l'Etat communiste — les « Comtrouddésertirs » (« Comité pour les déserteurs du travail »). Tous les employés et les ouvriers furent « asservis » au lieu de leur service et de leur travail. Ceux qui tombaient entre les mains des « Comtrouddésertir » reçurent des destinations selon le bon vouloir des Comités. Ce fut donc non seulement le lieu de domicile, mais encore le lieu où l'on travaillait et le genre de travail qui se trouvaient être « réglés » par l'Etat. Encore auparavant le taux de rémunération du travail avait été fixé. « Le socialisme, selon l'expression d'un de mes amis ouvriers, était devenu un méchant chien de garde, chargé de surveiller l'homme. » Il se passait des choses fort étonnantes. Mon ami M., employé à Moscou, se décida à aller voir sa famille pour profiter de deux jours de fête consécutifs, d'autant plus que sa famille vivait à peu de distance de lui, à Toula. C'était un homme modeste et humble qui occupait une place de peu d'importance. Pour partir « légalement », il aurait dû avoir un permis écrit, ce qui était possible dans le cas seulement, où il aurait été chargé d'une mission spéciale. M. avait fort peu de chances d'obtenir une mission de ce genre. Il se décida, par conséquent, à partir « sans autorisation ». Un train de banlieue le conduisit jusqu'à Serpouchovo, de là, il voulait aller à pied. Il partit et se perdit en route. L'institution, où il était employé, s'intéressa à son sort et fit des recherches infructueuses. La famille s'informa chez toutes les personnes qu'il connaissait, de ce qu'il était devenu. Ses amis s'agitaient et le cherchaient. La femme, chez laquelle il habitait, à Moscou, fit à la milice la déclaration qu'un homme « s'était perdu ». Des mois passèrent sans apporter de la certitude sur le sort de M. Enfin, un de ses amis le rencontra par hasard dans la rue d'une petite ville perdue du gouvernement de Vladimir. « L'homme perdu » avait un aspect des plus misérables : épuisé, la joue entourée d'un pansement, déguenillé comme un mendiant, sans paletot, du linge sale et déchiré, qui se voyait sous son veston. L'automne était déjà très avancé. Il pleuvait et il faisait froid. Il raconta, qu'après être déjà arrivé à Toula, mais avant d'avoir rejoint sa famille, il était tombé dans une embuscade dans la rue ; on l'avait arrêté et, puisqu'il ne pouvait justifier de sa présence à Toula, il fut déféré au « Comtrouddésertir ». Ce dernier, malgré que M. put produire un certificat de l'institution de Moscou, qui l'employait, l'envoya dans le gouvernement de Vladimir à faire du service dans une chancellerie. On expédia M. à l'endroit de sa nouvelle destination sous convoi. M. écrivit une infinité de lettres, il se plaignait, demandait qu'on le rappelât à Moscou, il suppliait qu'on lui envoyât un paletot et du linge, mais pas une seule de ses lettres n'arriva à destination : la poste les interceptait...

« Ces « Comtrouddésertirs », disait un autre de mes amis, qui était tombé entre leurs mains et qui s'était sauvé, pendant que le convoi tirait sur lui, « sont pires que les « tchrezvy-tchaiki »...

En fin de compte, la vie du citoyen se trouvait être « réglée » à tous les points de vue. Même les ateliers de couture de l'Etat reçurent un patron obligatoire et unique pour les habits qu'ils confectionnaient.

Ces mesures du gouvernement visent de façon évidente à un asservissement monstrueux de la personnalité humaine. Le processus est hideux, pourtant il va d'accord avec le programme que le gouvernement s'était proposé et avec les méthodes révolutionnaires de sa réalisation. Mais, il faut le dire, que le processus avait été poussé infiniment plus loin que ne l'exigeaient les conditions objectives de l'économie russe : enlever aux gens leurs meubles, leurs livres, leur linge, leurs vêtements, leur défendre de se servir du téléphone et depuis 1920 aussi du télégraphe, leur faire quitter leurs appartements ; il ne s'agissait plus d'économie dans tout cela, il s'agissait bel et bien de politique. Ces mesures n'étaient possibles qu'à condition d'ériger le bon vouloir des gouvernants en loi, qu'à condition de se servir de véritables procédés de brigandage en fait de politique intérieure ; elles n'étaient possibles que puisque les hommes au pouvoir cultivaient en eux un souverain mépris pour les droits fondamentaux de la personnalité humaine.

Les « socialistes-révolutionnaires » éprouvaient en face de cette réalisation de « l'esclavage de l'avenir » tracé par la plume prophétique de Spencer, dans ses « Fondements de la Sociologie », ils éprouvaient devant ce qui leur semblait une réalisation des « Tableaux socialdémocrates de l'avenir », peints jadis par Richter — un sentiment d'indignation aigue, comme devant une méchante parodie. Dans la Russie communiste ces prophéties avaient revêtu chair et os ; elles étaient devenues des réalités. L'Etat s'était transformé en patron d'esclaves, les citoyens en esclaves. « L'esclavage de l'avenir » était devenu l'esclavage du présent.

La bureaucratisation de l'Etat. — Pendant que l'homme se transformait en une chose dont l'Etat pouvait disposer à son gré, se déroulait parallèlement un autre processus, en corrélation directe avec le premier : c'était le changement qui s'opérait dans la manière d'être de l'Etat, sa bureaucratisation. Il y avait tout un ensemble de causes, qui rendait la bureaucratisation de l'Etat inévitable.

L'absorption d'une partie formidable de l'économie nationale par l'Etat exigeait nécessairement un développement du mécanisme administratif, de ses institutions, ainsi que des cadres de ses employés. Ce développement nécessaire et inévitable, fut infiniment dépassé par l'évolution de la bureaucratie en Russie — conséquence des méthodes de réalisation du programme gouvernemental. La destruction de tout un système de relations établies dans le passé, qui se faisait avec autant d'impétuosité révolutionnaire, avait conduit à la création de nouveaux mécanismes de travail faite avec le même élan impétueux et par conséquent avec peu de réflexion et de système. La qualité inférieure du matériel humain, que des affinités d'idées groupaient autour du pouvoir, ne faisait qu'augmenter le chaos d'organisation. Le statut peu élaboré des institutions d'Etat *permettait* de grossir les cadres de leurs employés et le mauvais travail des employés qu'on payait mal et qui travaillaient, profondément convaincus de l'inutilité du travail (1) qu'on leur faisait faire, *obligeait* de les augmenter à l'infini (2) La méfiance du pouvoir politique envers les employés intellectuels et non communistes, rendit nécessaire

---

(1) Quand à Moscou ou en province il m'arrivait de passer d'une institution gouvernementale dans quelque union coopérative qui s'était encore conservée, j'étais toujours frappé par la différence qui existait entre le travail des employés dans l'une et l'autre des deux institutions. Dans les premières, je trouvais des chaises vides, des piles de papier sur les tables et la réponse stéréotype, quand je demandai, où était l'employé absent : « il vient de sortir, il sera de retour dans une demi-heure » ; des groupes d'employés qui jasaient paisiblement, l'hiver au coin du feu, en été autour des tables, duflirt, des dactylos boudeuses et au mur, bien en vue, les ordonnances sévères du « Comtrouddésertir »... aux portes des gens armés (soldats de la milice ou de l'armée), le commandement, des laisser-passer et... de la flânerie..., de la flânerie...

Dans les coopératives, une vie intense : tout le monde est à sa place, on compte, on écrit, on parle avec les gens qui viennent; on entend le tic-tac des machines à écrire, du monde qui vient continuellement, qui entre, qui sort et point de sentinelles, ni de commandants, ni d'ordonnances sévères accrochées au mur. (Note de l'Auteur.)

(2) On peut se faire une idée des cadres monstrueux d'employés d'après les données suivantes, puisées dans un rapport officiel de Némensky, qui avait inspecté le « Glavtextile » (« Centre textile »). « Pendant quatre mois, le nombre des documents qui entrèrent fut de 59.959, le nombre des documents qui sortirent de 25.481. Les employés étaient au nombre de 2.054. Il y avait par secrétaire (et par jour, S. M.), 10 documents qui entraient et 4 qui sortaient ; par aide-secrétaire, 4 qui entraient et 1,5 qui sortaient ; par dactylographe, 2 qui sortaient, et par buraliste, 1 qui entrait et 0,5 qui sortait. »

Et voici la qualité du travail de ces employés-esclaves. La comptabilité... peut très bien être illustrée par l'exemple du livre de l'inventaire, où l'on trouvait à côté d'armoires, de chaises, de tables, des prix de fermage, des prix de dîners, de lait caillé, etc. » (Du même rapport de Némensky.) (Note de l'Auteur.)

la création de cadres de commissaires politiques ; les échappatoires qu'on imaginait sans cesse pour éluder des décrets nébuleux et contradictoires, des ordonnances longues et enchevêtrées, la corruption dans les offices, la rétribution des employés en nature, illégale, mais tout à fait inévitable, les fréquentes absences des employés, leurs départs avant l'heure, etc — tout cela nécessita la création d'innombrables organes de contrôle, qui fonctionnaient avec beaucoup de lourdeur. Viennent ensuite les organes de la terreur politique — les « tchrez-vytchaiki » ; puis les institutions chargées du recrutement, de la répartition et de la poursuite légale de la « rabsila » (« force de travail » ou « main-d'œuvre) ; l'administration des anciennes caves et des maisons transformées en prison, et des anciennes prisons et couvents transformés en camps de concentration. La masse touffue des nouvelles institutions et de leurs employés aboutit au commandement militaire et aux chancelleries qui l'accompagnent dans presque toutes les institutions gouvernementales non seulement du centre, mais encore en province.

Le mécanisme de travail de l'Etat se gonflait. On comptait, vers la fin de 1920, près de 2 millions d'employés du gouvernement en Russie. Pour juger ce que représente ce chiffre, il faut le mettre à côté du chiffre des employés dans l'ancienne Russie bureaucratique : selon les calculs de Roubakine, on comptait dans tout l'ancien Empire russe (sans le Finlande), 436.000 bureaucrates, c'est-à dire 22 0/0 de la quantité actuelle. Selon les calculs faits par le chef de l' « Office Central de Statistique », Popov, la proportion des employés soviétistes par rapport à la population adulte, était en 1920, de 46 0/0 à Moscou et de 50 0/0 à Pétrograd. Entre 1910 et 1912, les personnes, qui faisaient un travail à peu près analogue à celui des employés soviétistes, constituaient 19,5 0/0 de la population à Moscou et 19 0/0 à Pétrograd. Le nombre total d'employés, rien que dans ces deux villes, était de 416.000 en 1920, presqu'autant qu'il y avait en 1897 dans tout l'Empire russe. Le nombre des employés soviétistes est égal au nombre total qu'atteignait, en 1910, la bureaucratie des trois plus grands pays de l'Europe — de l'Angleterre, de la France, de l'Allemagne.

Ce gonflement du mécanisme de travail ne lui profitait guère. Il en résultait une hypertrophie de Monsieur Lebureau, une lenteur de procédure désespérante, un gaspillage économique révoltant. Pour obtenir le permis de quitter Moscou en mission et d'y retourner, il fallait faire le tour de 11 à 13 diverses institutions, dépenser de 15 à 20 heures pour faire de longues marches interminables et pour attendre son tour dans des « queues » qui stationnaient devant les bureaux quelquefois depuis 3 ou 4 jours. Pour que les « Usines de Câbles du Nord » à Pétrograd pussent recevoir les sommes d'argent nécessaires au paiement de leurs ouvriers, le bordereau devait être présenté à sept institutions différentes et retourner pour bien trois fois à l'administration de l'usine, pour être expédié à nouvelle destination. L'Italien L. Magrini raconte après son séjour à Moscou : « J'avais acquis dans le « Comité photographique de l'Etat » deux dizaines de photographies. Pour payer les 1.700 roubles qu'elles valaient, je dus employer deux heures, passer à travers trois contrôles. Ou me délivra six reçus. » Une dame que je connaissais, et qui fut nommée chef de la division statistique d'une expédition, envoyée par le « Conseil supérieur de l'Economie Nationale », vint en mission de Pétrograd à Moscou pour des affaires ayant trait à l'expédition ; pendant quinze jours elle ne put obtenir l'autorisation de retourner auprès de l'expédition. Elle ne réussit finalement pas à l'obtenir et l'expédition dut partir sans elle.

Quand la « nouvelle politique économique » fut inaugurée, on commença à réduire les cadres des employés et à instaurer (pour la quantième fois!) un peu de discipline dans les bureaux. Quelques institutions virent partir jusqu'à 75 0/0 de leurs employés. Mais cela n'avança guère les choses : le correspondant de la « Tribuna » raconte en date de décembre 1921 les nombreuses vicissitudes d'une expédition d'astronomie dans le Caucase : une pétition, dans laquelle on demandait de fournir aux 8 membres de l'expédition du coton hydrophile, des tissus, du fil à coudre, dut pendant plusieurs mois, faire la navette d'un bureau à l'autre ; elle passa par *50* chancelleries avant d'être exaucée.

Le nombre très élevé des institutions, en même temps que leur statut peu élaboré, eurent pour conséquence des compétences mal définies et des heurts continuels parmi les diverses administrations. Il y a une quantité de choses dans lesquelles plusieurs institutions sont compétentes, tandis qu'il y en a beaucoup d'autres qui sont en dehors de la compétence de toute institution. A Moscou, on peut dépenser une quantité de temps pour savoir quelle est l'instance compétente dans l'affaire qui vous intéresse. Un des mécanismes les plus enchevêtrés est celui des « Conseils de l'Economie Nationale » qui s'occupent du « règlement » de l'industrie. Voilà, à titre d'exemple, un cas, qui se rapporte au bassin du Donetz. Cette région houillère tenait une place si importante dans les préoccupations du gouvernement, on avait tellement parlé, écrit et conféré à ce sujet, qu'on était, paraît-il, dans son droit en s'attendant à un peu d'ordre en matière. Néanmoins, l'inspection chargée de la revision du bassin du Donetz, y découvrit neuf organes de ravitaillement en houille qui fonctionnaient simultanément et sans lien entre eux. C'étaient : 1° Le Centre-Houille (« Glavougol »), 2° la « Commission Centrale de ravitaillement du bassin du Donetz » ; 3° L'Union Centrale Panrusse des Associations professionnelles » ; 4° l' « Office Industriel » ; 5° le « Comité de Ravitaillement de l'Ukraine » ; 6° Une « Commission Spéciale » à Charkov ; 7° la « Commission du Conseil supérieur de l'Economie Nationale » ; 8° La « Commission Spéciale du Conseil du Travail et de la Défense » ; 9° Le « Conseil du Travail de l'Ukraine ».

Les institutions disparaissent sans cesse, fusionnent avec d'autres, se divisent, sont liquidées et surgissent de nouveau en séries, dès que l'on rencontre des difficultés sérieuses dans n'importe quel domaine de la vie économique. L'exemple du bassin du Donetz, que nous venons de citer, est caractéristique à ce point de vue.

Les organes les plus hypertrophiés sont les organes de contrôle de la bureaucratie soviétiste. Selon les calculs du communiste Sosnovsky, dans un article au titre suggestif : « La joyeuse arithmétique », il résultait que le « Commissariat des voies de communications » et le « Conseil supérieur de l'Economie Nationale » (1) comptaient dans les listes démesurées de leurs employés, le Commissariat, un contrôleur sur deux employés et le Conseil Supérieur, deux contrôleurs sur un employé. « Le communisme — c'est du calcul » avait solennellement déclaré Lénine. En pratique, le principe énoncé prit un autre aspect, qui n'était pourtant pas trop éloigné de ses origines : le communisme devenait avant tout du contrôle.

Je ne pourrais énumérer toutes les institutions de contrôle de la Russie soviétiste, mais on n'a qu'à faire un voyage en chemin de fer, on n'a qu'à passer un mois ou deux à Moscou pour se rendre compte de leur nombre extrêmement considérable et de leur étonnante variété. Celui qui voyage en chemin de fer devient aussitôt l'objet de la sollicitude de quatre espèces de contrôle : du contrôle de chemin de fer, du contrôle militaire, du contrôle politique et du contrôle du ravitaillement. Il y a à côté de cela le contrôle des « tchrezvytchaiki », le contrôle des régions de chemin de fer, le contrôle de « Commissions Spéciales » nommées soit par le « Comité Exécutif Central Panrusse », soit par le « Commissariat des Voies de communication », soit par quelque autre institution. Dans l'appartement que j'occupais, pendant les deux derniers mois de mon séjour à Moscou, les contrôleurs firent irruption pour au moins 12 fois. Les contrôleurs et reviseurs venaient de la part : 1° du « Conseil de Moscou » ; 2° du « Chamsovdep » régional (Conseil régional de « Chamovniki »); 3° de l' « Organe économique du quartier »; 4° de la « Section pour les habitations » ; 5° de la « Commission Spéciale pour les habitations ouvrières » ; 6° de la « Commission pour la « condensation » de Moscou » ; 7° du « Comité de la maison » et de je ne sais quelles autres institution encore.

---

(1) Le Commissariat des Voies de Communication occupe 15 0/0 de tous les employés de Moscou, le Conseil Supérieur de l'Economie Nationale, 17 0/0. (Note de l'Auteur.)

Le « Conseil régional » et l' « Organe économique du quar-
ter » envoyèrent leurs contrôleurs bien deux ou trois fois. La
multiplicité des organes de contrôle avait généré autant de
formalisme et de lenteurs bureaucratiques, elle entravait à un
tel point la liberté des gens, que cela parut insupportable même aux communistes. La « Pravda » écrivait : Un de nos pires
ennemis à l'intérieur et à l'extérieur est l'inspection ouvrière
et paysanne. Elle peut être mise au même rang que Koltchak,
Dénikine et Wrangel, car elle ne nous a pas porté moins de
dommages que ces derniers. »

L'influence néfaste d'un bureaucratisme, se gonflant sans
cesse, se manifeste avec une évidence flagrante dans le domaine du ravitaillement. La bureaucratie fit à cette occasion
preuve d'un manque absolu de sens économique, qualité très
caractéristique, d'ailleurs, de la bureaucratie de formation
nouvelle. Je commencerai par un petit épisode. Les autorités
avaient réquisitionné des pommes de terre dans un village
près de Moscou. On avait réquisitionné absolument tout ce
qu'il y avait en fait de réserves. Les paysans avaient dû porter ces pommes de terre, sur leurs propres chevaux, à Moscou,
dans les dépôts de la « Commune de consommation de Moscou »... Les pommes de terre y restèrent un hiver entier et
y gelèrent toutes. Vint le dégel : les pommes de terre dégelèrent et commencèrent à pourrir. On les transporta alors
au parc Pétrovsky, où on les jeta. Le village, auquel on avait
pris les pommes de terre, souffrait déjà en ce moment de la
faim. Quand ils surent que leurs pommes de terre avaient été
jetées, les paysans attelèrent leurs chevaux et s'en furent au
parc Pétrovsky pour chercher dans les tas de pommes de terre
pourrissantes les tubercules les mieux conservés. Ceci se passa
au commencement du printemps de 1921. Pendant l'hiver de
la même année, on laissa pourrir dans la région de Kourgan
(dans l'ancien guvernement de Tobolsk, actuellement gouvernement de Tchéliabinsk) 3 millions de pouds de pommes
de terre sur 5 millions de pouds réquisitionnés. Il y avait des
pommes de terre pourries partout. A Pétrograd et à Moscou,
où l'on distribuait des pommes de terre aux employés de

l'Etat, elles arrivaient dans un état tel, que des gens affamés se refusaient à les prendre : ce n'était pas la peine de charger les lourds sacs sur les épaules pour les porter à la maison... Pendant l'hiver 1920, arrivèrent, à Pétrograd, 960 wagons de pommes de terre, que l'on déchargea dans tous les dépôts de consommation. Le résultat fut nul : comme disait la « Pravda de Pétrograd », les pommes de terre étaient parties de leur lieu d'origine toutes sales et à moitié gelées, pendant le voyage, elles finirent de geler, à Pétrograd, quand vinrent les premières journées chaudes, elles dégelèrent et finirent par prendre un aspect de pommes marinées. » Pendant l'automne 1920, la chancellerie du « Commissariat du Ravitaillement » donna « l'ordre de combat » de tenir prêts 90 millions de pouds de pommes de terre. Et on recueillit les 90 millions de pouds. Qu'importait aux fonctionnaires, s'il n'y avait pas assez de moyens de transport, si l'on manquait de fosses et de hangars pour recueillir les pommes de terre réquisitionnées. Cela ne les regardait pas. Leur unique souci était de recueillir les quantités voulues.

Le « Comité régional du Donetz pour le ravitaillement en poisson » se préoccupait tout aussi peu de la conservation du poisson réquisitionné... Il avait recueilli 250.000 pouds de poisson, desquels il laissa pourrir 150.000 pouds. « La « Donryba » (le « Poisson du Don ») n'y est pour rien : c'est la faute au Centre, qui n'a pas fait transporter le poisson à temps... » Dans la même région du Donetz (ce n'était pas d'ailleurs l'unique exemple), on faisait traverser aux porcs réquisitionnés des espaces de 100 à 120 verstes, sans relais et sans leur donner à manger, de sorte que les porcs arrivaient au terme de leur voyage, pareils à des chiens de chasse. Dans le gouvernement de Poltava, dans une « station de concentration » importante (le village Komychévaty), on n'avait pas préparé de nourriture pour des centaines de porcs amenés et les porcs étaient si affamés qu'ils commencèrent à s'entre-dévorer. L'administration voulut réparer sa faute ; on fit apporter quelques chars de foin. Le dernier des chars arrivés fut vidé juste au milieu de la cour. Les bêtes affamées en se bousculant et en distribuant des coups de dents furieux, se ruèrent en nuée, en ouragan, sur le foin. Des centaines de bêtes furent écrasées dans la mêlée. Il périt en tout 70 0/0 des porcs à Komychévsky, morts de faim ou écrasés. A Poltava même, on devait recueillir au mois de décembre 1920 la volaille apportée par les paysans de la moitié du district. 18 wagons furent recueills. On chargea le train de volatiles encore vivants. Mais on ne pensa pas à apporter la becquée pour eux « Il n'est pas loin jusqu'à Charkov (c'était le lieu de destination des volatiles) ; c'est là qu'on leur donnera à manger ». Une tempête de neige se déchaîna. La voie toute couverte de neige devint impraticable, les communications avec Charkov furent coupées pour quinze jours. Les volatiles restèrent dans leurs wagons à Poltava. On avait donné l'ordre d'apporter les volatiles vivants ; personne ne pensa donc à les tuer. Ils périrent tous de faim et de froid et on les jeta aussitôt. Le « Goubprodcom » (Comité de Ravitaillement du Gouvernement), du Gouvernement de Volyne avait aussi demandé des volatiles de basse-cour aux paysans. Les paysans devaient les apporter dans leurs volosts. De là le transport se faisait aux frais du « Goubprodcom ». Il ne se trouva pas de cages pour les volatiles et les agents tranchèrent les difficultés, en les fourrant tout simplement dans des sacs. Quand les volatiles empaquetés de la façon arrivèrent finalement à Gitomir, on les retira des sacs asphyxiés.

Au mois de février 1921, gisaient sur la ligne du chemin de fer de l'Altai, sans être couverts et sur une simple couche de paille, 12 millions de pouds de blé réquisitonné chez les paysans. Des montagnes de blé *humide* s'amoncelaient dans les districts de Kaktchétovsk, Atbassarsk, Akmolinsk et Slavgorod. Ce n'est que vers la fin de février ou le commencement de mars, qu'on eut la bonne idée de réparer et d'activer les séchoirs de grains. En attendant, des millions de pouds de blé avaient péri, pourris. Personne n'a pensé à faire le bilan des produits réquisitionnés chez les paysans et qui ont péri. Je ne pourrais guère le faire, faute de données précises, pourtant, on entendait tous les jours et partout parler de bétail qui avait péri, de blé, de volaille, de pommes de terre, de choux, de fruits (pommes, prunes, etc.), qui étaient avariés.

Pendant les « campagnes de ravitaillement », on laissait pourrir tous les ans des millions, peut-être même des dizaines de millions de pouds de produits (surtout de pommes de terre).

Mêmes absurdités dans les mesures du pouvoir soviétiste en fait d'agriculture. Dans le gouvernement de Toula, dépouillé de tout par la « Prodrazverstka » (le « contingentement alimentaire »), avec une population qui s'enfuyait, chassée par la faim et qui mourait de faim, des camions du gouvernement, chargés de tarares pour le nettoyage du blé, s'en allaient d'un village à l'autre, pendant l'hiver 1920-1921. Ces mesures du gouvernement avaient un air d'ironie lugubre en face de la malheureuse population, laquelle par surcroît devait atteler ses propres chevaux aux camions pour le transport des machines...

Dans le district de Poltava, on avait décidé de créer des « Centres d'accouplement », pour les bêtes. Il s'agissait de la reproduction des chevaux. Pour sélectionner les animaux aptes à la besogne, on voulut faire une inspection des chevaux mâles. On lance par conséquent une circulaire « de combat », naturellement, qui, sous peine de confiscation de tous les biens convie les paysans possesseurs de chevaux mâles, dans le délai de trois jours, à Poltava, où ils doivent amener leurs chevaux. On était en hiver. La neige était tombée, ensuite la pluie avait passé et tous les chemins étaient couverts d'une couche unie de verglas. C'était tellement glissant, que les paysans ne faisaient même pas sortir leurs chevaux dans la cour pour boire. Pourtant, il fallait obéir à l'ordre et on conduisit les chevaux à Poltava, située à bien des dizaines de verstes de distance. Les bêtes y arrivèrent mutilées... Dans le laboratoire agricole de Saratov, les employés n'avaient plus de blé pour la consommation. Il ne restait plus que quelques centaines de pouds de blé de très haute qualité, obtenus par un long travail de sélection du laboratoire, qui avait duré des années. Les démarches de l'administration du laboratoire afin de se procurer du blé pour la consommation des employés, n'aboutirent à rien, le laboratoire n'ayant pas été compris par-

mi les institutions, auxquelles on devait un approvisionnement
en blé. On essaya ensuite d'obtenir du blé ordinaire en échange du blé de sélection. Mais les autorités refusèrent de sanc-
tionner une opération de ce genre. Les exhortations que l'administration du laboratoire adressa par écrit au Commissariat
de l'Agriculture restèrent sans réponse. Un des membres de
l'administration du laboratoire dut faire un voyage spécial
à Moscou, afin d'entrer en contact avec le Commissariat de
l'Agriculture. Des pourparlers s'engagèrent entre le substitut
du « Commissaire de l'Agriculture » et un membre du « Collège
du Commissariat du Ravitaillement » qui aboutirent enfin à l'autorisation d'échanger un matériel de haute qualité et destiné
uniquement à l'ensemencement, contre du blé ordinaire.

La Russie communiste, le pays le plus pauvre qui soit au
monde, était en même temps, par suite d'un mécanisme bureaucratique monstrueux, le pays le plus gaspilleur, quant à
l'usage qu'il faisait de ses valeurs matérielles. Affamée et mou-
rant de faim, elle laissait en même temps tous les ans pourrir des millions, peut-être même des dizaines de millions de
pouds de produits alimentaires.

La suprématie des intérêts de sûreté policière. — La population russe, dans ses principaux groupements, n'assistait pas
en spectateur désintéressé, ni en participant impassible, qui
exécute sans murmurer la volonté de l'Etat, à cette dégradation incessante de l'économie nationale, à l'asservissement de
plus en plus accentué de la personnalité humaine, à la déperdition de valeurs matérielles, etc. ; elle s'indignait tout
d'abord et elle finit par lutter avec acharnement. La lutte
commença aussitôt après l'avènement des bolcheviks. Elle ne
cessa pas tout le temps durant de leur domination et elle continue jusqu'à aujourd'hui. Ce furent les ennemis les plus te-
naces des bolcheviks, les intellectuels (l' « Intelligtuentsia »).
qui la déclenchèrent ; ils furent suivis par les paysans tout
d'abord, par les ouvriers ensuite. Il n'y eut que l'armée,
qui resta relativement tranquille jusqu'à présent (1).

---

(1) Je dis « relativement tranquille », puisque jusqu'à présent il n'y
a eu que de petites émeutes, quoique en grand nombre : c'est ainsi qu'en
1920 une division ayant son quartier dans le gouvernement de Saratov,

La lutte se déroulait sans trève avec des alternances de ralentissement et d'accélération. C'est elle seule, qui, durant ces années affreuses de boue, de sang, de naufrages, de dislocation universelle, ces années de misère et d'opprobre national, c'est elle seule qui était la source de réconfort et de joie intérieure pour ceux qui aiment la Russie : le peuple ne s'est pas plié, il ne s'est pas soumis. A ceux qui, obstinément, pendant ces quatre années cherchaient à le transformer en esclave, il opposait sa volonté tranquille et tenace. Enchaîné par la force, il a su garder sa liberté intérieure. C'est elle qui constitue le gage inviolable et la garantie la plus solide d'une liberté civile à venir, qui ne tardera pas à s'extérioriser.

La lutte s'alluma d'une flamme ardente surtout aux environs de 1918, sous l'influence de l'événement politique le plus important des quatre années : je veux parler du moment quand la Russie abandonna la guerre, de la démobilsation déréglée du front, qui le suivit et de l'aboutissant de cette honte nationale, la paix ignoble de Brest-Litovsk. L'attitude de combat de ceux, dont les intérêts pécuniaires se trouvaient lésés, de ceux dont on avait violé l'idéal politique ou économique et social, se confondait dans un seul et même courant avec la lutte engagée par ceux qui avaient été vexés dans leur conception de l'Etat et de la nationalité. Les émeutes dans les villes, les troubles dans les campagnes, dans l'armée du sud, de l'est, du nord, l'assassinat de Volodarsky et Ouritzky, l'explosion pendant laquelle périt Mirbach, l'attentat contre Lénine, d'autres attentats qu'on découvrait journellement, tout cela exigeait de la part du gouvernement, dans une lutte engagée par lui-même, la création d'organes de protection et de défense. Le vent semé par le pouvoir avait généré la tempête, contre laquelle le pouvoir de-

---

se révolta et passa, guidée par Sapochkov, dans les steppes de la rive gauche de la Volga! En 1921, près de 1.500 sabres se détachèrent sous le commandement de Massla ov de la première armée de cavalerie de Boudenny. Nombreux furent les cas, quand des soldats envoyés pour combattre les paysans en émeute, passèrent du côté des insurgés. Pendant la plus violente insurrection qui ait eu lieu, celle de la Sibérie Occidentale en 1921, près de 12.000 soldats selon les évaluations communistes passèrent du côté des paysans. (Note de l'Auteur.)

vait chercher un abri dans des institutions spéciales. Déjà au printemps de 1918 furent créées les « tchrezvytchaika ». Peu influentes et faibles au commencement, elles se développèrent au fur et à mesure que la lutte contre le gouvernement s'intensifiait et devinrent finalement, ce qu'elles sont dans la Russie de nos jours : le plus puissant appareil gouvernemental fonctionnant presque sans contrôle, irresponsable de fait, presque un état dans l'état, et quelquefois même un pouvoir au-dessus du pouvoir gouvernemental (1). La nécessité de procéder rapidement et avec force, dans une ambiance d'arbitraire légalisé et érigé en principe telle qu'elle s'était créée en Russie. donna à la « Tchrezvytchaika » une liberté complète d'action. L'importance, que ses fonctions avaient aux yeux du gouvernement, lui assurait une grande puissance, la sélection à un point de vue spécial du matériel humain qu'elle employait (2) et par dessus tout l'atmosphère de guerre civile à outrance, de sang et d'avilissement de mœurs qui l'entourait, étaient la cause de la cruauté avec laquelle les hommes de la « Tchrezvytchaika »

(1) En 1921 le « banditisme » ayant diminué à Moscou, on décida de réduire le personnel de la « Tchresvytchaika » dans la Section, qui s'occupait « d'agressions armées »... On aborda quelques mesures préliminaires (On prit les noms des collaborateurs, établit leur liste, etc.). Juste à ce moment se produisirent à Moscou quelques agressions d'une hardiesse inouie, se succédant avec une rapidité étourdissante. Les malfaiteurs ne furent pas découverts. La décision de réduire le personnel de la « Tchrezvytchaika », fut cependant retirée. La coincidence de ces deux faits ne tarda pas à attirer l'attention des gens, qui étaient au courant de la réduction de personnel projetée. On se mit à chuchoter que les agressions avaient été montées par les agents mêmes de la « Tchrezvytchaika ». Les soupçons devinrent certitude, dès qu'on eut le témoignage d'un communiste très en vue et fort au courant des travaux de la « Tchrezvytchaika ». Le lecteur trouvera plus loin un autre fait plus intéressant encore et infiniment plus important. Il s'agit cette fois du « Comité Social Panrusse de Lutte contre la Famine ». (Note de l'Auteur.)

(2) Curieux à noter, comment le chef de la « Tchrezvytchaika » Dzerjinsky jugeait ses collaborateurs. « Autant qu'ils travaillent, ils sont parfaitement à leur place et ne sauraient être remplacés ; quand on n'aura plus besoin deux, on les fusillera. Impossible de les lâcher. » (Note de l'Auteur.)

allaient en besogne : quand ils s'acquittaient bien des importantes obligations qu'on leur imposait, la bonne qualité (1) de leur travail les libérait de tout contrôle et créait une situation d'irresponsabilité pour eux.

La « bonté » du travail était déterminée par quatre causes essentielles : 1° La claire conception qu'avaient les dirigeants de l'institution de l'importante fonction, qui leur était confiée; 2° La sélection des agents; 3° La liberté d'action complète, et 4° la haute rétribution du « travail ».

En général, les communistes pensent que sans le travail des « Tchrezvytchaika » ils auraient perdu non seulement le pouvoir, mais leurs têtes par dessus le marché. Ils ne se trompent pas sur l'immensité et l'universalité de la haine, qu'ils inspirent à la population. Et ils savent que personne parmi eux n'aurait été épargné, dès que le pouvoir serait passé dans d'autres mains. C'est ce sentiment et cette conscience du danger menaçant qui ont si fortement consolidé les rangs des communistes et tissé entre eux un lien de sang pour la vie; c'est encore cette conscience qui leur fait si hautement apprécier le travail de l'apareil terroriste. L'intérêt que les « proviseurs », (membres du Collège) de la « Tchrezvytchaika » portent au bon fonctionnement de leur institution est déterminé par des motifs de caractère plus urgent encore : le pouvoir dans chaque ville et chaque région vit sous la menace constante d'émeutes et

---

(1) La réputation des « Tchresvvtchaika » comme institutions qui « travaillaient » était si bien établie, qu'en 1921 on les attira à l'œuvre de « l'Assistance Publique » et de « l'Education des Enfants », laquelle, selon l'avis des gens du Kremlin, était très mal organisée.

Par suite de la même haute évaluation du travail des « Tchrezvytchaika », on désigna au printemps 1921, le chef et organisateur de ces dernières, Dzerjinsky, au poste de « Commissaire des Voies de Communication », les voies de communication étant considérées comme le « front économique » le plus important. L'organisation des « Tchrezvytchaika » pourtant était, à ce qu'il parait, plus simple que celle des chemins de fer et les succès de Dzerjinsky qui inaugura sa carrière par des ordonnances cruelles contre les passagers sans billets et ceux qui voyagent sur les marche-pieds des trains, furent tout à fait à la hauteur des succès de ses prédécesseurs, « l'organisateur né », Trotsky, et « le praticien des chemins de fer », Iemchanov. (Note de l'Auteur.)

ces dernières signifient pour les « proviseurs » leur fin certaine. L'expérience de toutes les émeutes est là pour le prouver, ainsi que la façon d'agir de tous les détachements de partisans. C'est pourquoi les gens de la « Tchrezvytchaika » ont des motifs particulièrement urgents pour procéder avec énergie, quand il s'agit d'espionnage et de découvertes d'insurrections qui se préparent.

La haute rétribution du « travail » agit à son tour comme un bon stimulant. Dans toute la Russie soviétiste le service qu'on fait dans la « Tchrezvytchaika » est considéré comme celui qui rapporte le plus. Et en réalité, la « Tchrezvytchaika » donne, ce que l'on ne peut pas dire des autres institutions, une bonne nourriture, une bonne rétribution en numéraire, de bons vêtements. Chacun des employés de la « Tchrezvytchaika » reçoit une ration alimentaire spéciale et très abondante. En outre, des distributions extraordinaires et continuelles de sucre, de beurre, de fleur de farine, de bonbons, d'œufs, de volaille, etc. Je ne sais pas quel est l'ordre normal de ravitaillement des organes terroristes, mais je puis certifier qu'en 1919-1920 on expédiait à Moscou des wagons entiers de vivres destinés à la « Tchrezvytchaika Panrusse » (1). Ces wagons étaient déchargés à 10-12

---

(1) La « Tchrezvytchaika Panrusse », selon le « mot » trouvé par les Moscovites est le vrai « Domaine des Lettons ». C'est réellement le royaume des Lettons, qui leur rapporte beaucoup Les places les plus avantageuses sont offertes par les Lettons à leurs amis et parents, qu'ils font même quelquefois venir de Lettonie. Après avoir travaillé pour la Russie Communiste et ramassé leur magot, ils s'en retournent dans leur patrie. C'était un Letton qui fut pendant longtemps le bourreau de la « Tchrezvytchaika ». Et il faut ajouter, le plus populaire parmi les bourreaux de Moscou. Il s'appelait Maga, de son nom de famille. Le nombre de gens fusillés par sa main s'élève bien à 600. C'était un homme de constitution robuste, un volitif, de tempérament très actif. Ses nerfs ne résistèrent pourtant pas à l'épreuve. Le sang des suppliciés l'étouffait. Il était arrivé à un point tel, qu'il sautait pendant la nuit de son lit, saisissait son revolver et le déchargeait, une balle après l'autre, dans le mur de sa chambre. Le médecin, auquel il s'adressa, en se plaignant de « mauvais rêves » qu'il faisait, lui conseilla de changer de métier, dès qu'il sut quel était le sien. Il fut dispensé de ses fonctions et nommé commandant de la prison intérieure de la « Tchrezvytchaika ».
C'est lui, paraît-il, qui appliqua en 1919 une forme de peine capitale inconnue jusqu'alors, même dans les annales de la « Tchrezvytchaika ».

verstes de Moscou. Des camions-automobiles transportaient leur contenu dans les dépôts de la « Tchrezvytchaïka ».

Pendant les perquisitions et les arrestations qu'ils opèrent, les agents de la « Tchrezvytchaika » s'approprient et partagent entre eux une grande partie des objets qu'ils réquisitionnent. Cet usage est universellement répandu et entré dans les mœurs de la « Tchrezvytchaika ». Voilà les résultats d'une revision de la « Goubtchéka » (« Tchrezvytchaika » de gouvernement) d'Orel : « le numéraire, les valeurs et les marchandises confisquées à l'occasion d'arrestations ou bien n'étaient pas du tout portés sur les livres, ou bien l'enregistrement se faisait sur déclaration verbale de l'agent, sans qu'on exigeât des protocoles, des actes ou des inventaires. Il n'y avait pas de comptabilité des objets confisqués, beaucoup de dossiers concernant des confiscations et des réquisitions manquaient entièrement ; il était donc presque impossible d'établir combien de valeurs avaient été confisquéees et ce qu'elles étaient devenues... La révision a également révélé, que des objets confisqués en masse avaient été distribués parmi les membres du collège et leurs collaborateurs... à des prix d'un bon marché fabuleux, par exemple un paletot de peluche, 25 roubles ; deux pièces de cotonnade, 10 roubles ; un appareil photographique, 5 roubles et ainsi de suite ». (Du rapport de la Commission de Revision).

Il y avait un autre facteur encore encore, qui stimulait le travail de la « Tchrezvytchaika ». C'était la sensation du pouvoir qui enivrait et excitait comme un vin capiteux. Ici le pouvoir se manifestait sans bornes, sans entrave aucune. Rien ne donnait la sensation du pouvoir avec autant de force, ne le faisait boire d'une coupe aussi pleine, que la violence exercée par les organes terroristes.

On venait d'arrêter une jeune fille, appartenant à la gauche du parti socialiste-révolutionnaire (je ne me rappelle plus le nom). On le trouvera dans une des proclamations, lancées par la gauche socialiste-révolutionnaire, justement à propos de ce cas). Le bourreau était parfaitement saoul. Dans la cour de la « Tchrezvytchaika », sous le bruit d'un moteur d'automobile en marche, il déchargea — et sa rage montait à chaque coup manqué — son revolver complètement chargé, sans toucher la condamnée une seule fois. Dans toutes ses fureurs, il se jeta sur la victime et lui tordit le cou de ses mains. (Note de l'Auteur.)

Les gens qui tombent sous le coup de la « Tchrezvytchaika » dépendent entièrement du bon vouloir de ses membres, ces derniers se trouvant être arbitres de ce que l'homme a de plus précieux, la vie. Que ne fera l'homme moyen, menacé de perdre la vie, pour la sauver ? Dans une des villes du midi de la Russie, une femme cultivée, la fille de l'ex-gouverneur, accepta l'offre du bourreau de la « Tchrezvytchaika » et devint sa maîtresse. On la rencontrait assez souvent dans les rues de la ville, bras-dessus, bras-dessous avec son « sauveur ».

Le pouvoir de la « Tchrezvytchaika » est illimité : en Russie il n'y a pas de situation, ni de sexe, ni d'âge, ni de mérites scientifiques ou autres, qui puissent servir de rempart contre cette omnipotence. Ce sont les communistes, qui constituent l'unique exception à la règle : la « Tchrezvytchaika » ne peut les fusiller qu'avec l'autorisation du « Comité Central du Parti ». Mais on peut les arrêter, sauf les membres les plus éminents du parti. Dans le silence de ses prisons il n'y a pas un seul procédé dont la « Tchrézvythaika » ne se puisse servir pour réagir sur les détenus.

A Voronège par exemple, la «Tchrezvytchaika» faisait couler du plomb en fusion dans la gorge des suppliciés et leur écrasait lentement la tête entre deux planches. Fouler les gens aux pieds, leur donner des coups de crosse, cela ne compte pas, c'est d'usage courant. En mai 1920 on arrêta à Moscou un groupe d'enfants de 11 à 15 ans (des petits voleurs). On les enferma dans un souterrain, isolés des autres, mais tout le groupe ensemble. La « Tchrezvytchaika » décida de tirer de cette arrestation le plus grand parti possible. On demanda aux enfants, soit par des menaces, soit par des promesses de récompenses, de livrer les noms des autres petits voleurs. Les enfants prétendirent les ignorer. Après quelques jours de manœuvres inutiles, les agents de la « Tchrezvytchaika » pénétrèrent dans le souterrain et une exécution cruelle commença. On frappait les enfants tout d'abord à coups de poing ; quand ils furent par terre, on leur administra des coups de talon. Les enfants promirent de dénoncer leurs complices. Mais comme ils ne savaient pas les noms de leurs camarades, on les emmenait tous les jours en automobile, en tramway, on les conduisait à la gare pour trouver les autres coupables. Le premier jour les enfants essayèrent de n'indiquer personne. Le même soir eut lieu une autre exécution, bien plus cruelle encore que la première. Les enfants se mirent à dénoncer leurs complices. Si la journée avait été infructueuse, si les enfants ne rencontraient ou n'indiquaient pas de complices, on les battait le soir. La torture dura quinze jours. Les enfants, pour échapper aux coups qui les menaçaient, commencèrent à dénoncer des enfants, qu'ils ne connaissaient pas et qui n'avaient rien fait. Après trois semaines, on les transféra à la prison de Boutyrky. Maigres, meurtris de coups, les vêtements déchirés, une expression d'effroi figé sur leurs petites figures, ils ressemblaient à de jeunes animaux traqués qu'attend une mort sûre et prochaine. Ils tremblaient, pleuraient souvent, leur sommeil était entrecoupé de cris perçants. Après 2-3 semaines de détention à la prison de Boutyrky, on ramena les enfants à la « Tchrezvytchaika ». Des gens, qui étaient depuis longtemps à la prison, me disaient que pendant tout le temps de leur détention, pendant toute leur vie, même pendant les travaux forcés du régime tsariste, ils n'avaient jamais entendu des cris aussi désespérés, comme les cris de ces enfants, qui avaient compris qu'on allait à nouveau les conduire au cachot souterrain ; jamais ils disaient n'avoir éprouvé autant de colère, qu'en assistant à cette dégradation infâmante d'enfants-voleurs. Toute la prison pleurait quand on emmena les enfants affolés et hurlants par les corridors et ensuite par la cour de la prison. (1)

Il y a autour de la « Tchrezvytchaika » autant de haine déchainée et on traite ses agents avec autant de mépris que même parmi les communistes il ne se trouve pas beaucoup de gens décidés à y travailler. Il n'y a que des individus d'une psychologie spéciale, dont les nerfs sont très robustes ou au contraire, morbidement pervers, qui acceptent d'y travailler. Des gens au tempérament d'une cruauté naturelle ou des sadiques. Les

---

(1) Je ne sais ce que les enfants sont devenus depuis (N. de l'Auteur.)

gens, qui y occupent des situations élevées deviennent bientôt alcooliques ou cocaïnomanes (1), hystériques et même fous parfois. C'est surtout parmi les bourreaux (2), que le pourcentage de cas d'aliénation mentale est élevé.

Dans leur travail de tous les jours les « Tchrezvytchaika » sont parfaitement autonomes; il n'existe pas pour elles d'organe de surveillance, ni de contrôle. « L'inspection paysanne et ouvrière », au contrôle de laquelle sont soumises *toutes* les institutions de la Russie soviétiste, ne peut pas reviser les « Tchrezvytchaika ». Ces dernières ont leur contrôle intérieur, tel qu'on le pratique dans tous les services, et c'est tout. L'inspection paysanne et ouvrière ne faisait son apparition dans les « Tchrezvytchaika » que quand il y avait ordre spécial des « Goubkispolkim » (Comités Exécutifs de Gouvernement), quand, par exemple, on découvrait des détournements importants.

Les « Tchrezvytchaika » sont loin de se soumettre toujours aux instances des plus hauts fonctionnaires et des plus hautes institutions de la République Soviétiste, et les «Tchrezvytchaika» locales refusent souvent de se soumettre aux injonctions venant du Centre, qui les dirige et dont elles dépendent directement, la « Tchrezvytchaika Panrusse ». Voilà quelques exemples démonstratifs. Dans la seconde moitié de 1918, la « Tchrezvytchaika » locale arrête à Véliky-Oustioug le savant P. L. Sorokine et un autre savant plus jeune P. N. Zépalov, qui venait à peine d'initier sa carrière scientifique. Les deux devaient être passés aux armes à feu. Lénine « en personne »

. (1) Après chaque évacuation forcée des « Tchrezvytchaika », le nouveau pouvoir trouvait dans les locaux abandonnés une quantité immense de bouteilles, ayant contenu de l'alcool, de l'eau de vie, des vins. Ce fut le cas partout à Kiev, à Voronège, à Gitomir et dans d'autres villes. Des bacchanales constantes eurent lieu en 1920 et 1921 dans les « Tchrezvytchaika » de Pétrograd, de Moscou, d'Arkangelsk, de Vologda, de Viatka, etc. (Note de l'Auteur.)

(2) On fusille, dans les « Tchresvytchaika », de deux façons : à l'aide de boureaux spéciaux (ce qui est plus fréquent) et à l'aide de soldats que l'on prend habituellement dans les bataillons internationaux. (C'est ainsi, par exemple, que se passent les choses à Odessa et à Omsk). (Note de l'Auteur).

se mêla de l'affaire, il télégraphia pour exiger, qu'on arrêta l'exécution. Sorokine eut sa tête sauve grâce au télégramme... Quant à Zépalov, avec lequel la « Tchrezvytchaika » avait un écheveau à démêler, il fut fusillé; le télégramme de Lénine n'avait fait que hâter sa mort... En automne 1920, quelques marchands israélites, qui dans le temps avaient fait du commerce de droguerie, reçurent de la « Section du Gouvernement d'Hygiène publique de Gitomir » la commission d'acheter clandestinement en Pologne des médicaments et du matériel de pansement et de l'apporter à Gitomir. Quand les marchandises furent livrées et que la Section d'Hygiène publique les eut payées, les marchands furent arrêtés. L'argent perçu leur fut enlevé et le collège de la «Tchrezvytchaika» les condamna à la mort par les armes à feu, pour s'être livrés à la spéculation. La sentence ne fut pas exécutée pendant longtemps. Les condamnés prirent même part à des travaux forcés. On était convaincu à Gitomir, que l'exécution n'aurait pas lieu. Soudainement arrive à Gitomir le Président du Soviet Ukrainien des Commissaires du Peuple — Rakovsky. Les condamnés lui adressent un recours contre le jugement de la «Tchrezvytchaika». Rakovsky, dans sa résolution, abrogea la peine capitale en la remplaçant par quelques années de travaux forcés. Cette résolution fut communiquée à la «Tchrezvytchaika». Les condamnés étaient au comble du bonheur. Rakovsky parti, l'ancienne sentence fut immédiatement exécutée. Les marchands furent fusillés.

La « Tchrezvytchaika Panrusse » connaît ces susceptibilités des organes locaux et sait les ménager. Ainsi, quand le mécanisme terroriste central, sous la pression de démarches, faites par quelque personnalité influente, consent à libérer quelqu'un qui a été arrêté par une «Tchrezvytchaika» locale, il ne prescrit jamais aux organes locaux de le libérer, car il sait, qu'un ordre de ce genre peut facilement conduire à des résultats tout à fait opposés. La « Tchrezvytchaika Panrusse » demande le transfert de l'arrêté à Moscou, comme s'il s'agissait d'une nouvelle accusation. Ce n'est qu'à Moscou, que le Centre réussit à libérer l'inculpé. Mais quelquefois cette manœuvre détournée n'aboutit pas. La « Tchrezvytchaika » locale après avoir reçu l'ordre, se débarrasse promptement de ceux dont la mort est chose décidée, et répond ensuite à l'organe central, que l'ordre, ayant été reçu trop tard, n'a pu être exécuté...

L'on peut se faire une idée jusqu'où va l'autonomie de la « Tchrezvytchaika », qui la rend indépendante des organes du gouvernement et lui laisse sa liberté d'action en face de décrets gouvernementaux déjà publiés, quand on pense à l'accueil fait par cet organe au décret du 16 février 1920, qui abolissait la peine de mort dans la Russie soviétiste. Pendant la nuit quand se faisait le travail de composition du décret à la typographie, des fusillades en masse eurent lieu à Moscou, semant l'agitation dans toute la ville. Des centaines de gens furent exécutés. Dans la seule prison de Boutyrky on emmena 72 personnes pour les fusiller. Des fusillades eurent également lieu à Saratov, De jour les autorités reçurent le décret et de nuit il fut annulé : 52 personnes quittèrent la prison de gouvernement pour être fusillées. J'ai des informations, qui ne laissent aucun doute sur des exécutions en masse, qui eurent lieu à Toula et à Tambov vers la fin de février. Et sûrement ces villes ne furent pas les seules où l'on procéda à des exécutions.

Ta « Tchrezvytchaika Panrusse » interpréta pour sa part le décret de façon toute aussi libérale : sur ses ordres fut fusillé au mois d'avril 1920 le socialiste-révolutionnaire de gauche, Tchérepanov, qui avait organisé l'explosion de la maison du « Comité du Parti Communiste de Moscou » (dans la ruelle Léontiev) en septembre 1919. Pour faciliter la besogne aux organes locaux qui auraient voulu observer loyalement le décret du 16 février, la «Tchrezvytchaika Panrusse» envoya le 15 avril 1920 une circulaire secrète, demandant qu'on expédiât les personnes condamnées à la mort dans la zone de guerre, le décret ne s'appliquant pas dans cette zone. Les organes locaux n'usèrent sûrement pas des droits que leur concédait la circulaire; même sans déroger au décret ils disposaient de moyens infiniment plus simples et plus nombreux pour mettre l'homme « sur la page de la dépense » dans leur comptabilité.

En 1920, dans la « Tchrezvytchaika » de Samara, le juge qui instruisait l'affaire d'un savant, accusé de délit politique, irrité par l'attitude pleine de dignité de l'inculpé lui dit textuellement ce qui suit : « Vous croyez, que le décret du 16 février vous sauve de la mort. Vous vous trompez. Nous avons trois moyens à notre disposition pour venir à bout des inculpés : nous pouvons vous mettre dans un souterrain froid et vous y oublier (c'était l'hiver); nous pouvons vous coucher dans une baraque de malades de typhus et vous y laisser sans soins, nous pouvons enfin vous permettre de vous évader ? « Je ne m'évaderai pas », dit le détenu. « Oh, il n'est pas du tout nécessaire de s'évader », dit sur un ton rassurant le juge d'instruction.

Tous ces phénomènes dans la vie de l'Etat communiste sont des indices d'un troisième processus qui caractérise la dégénération de l'Etat. A côté de la transformation de l'homme libre en esclave, à côté d'un gonflement monstrueux du mécanisme administratif, frappé par la gangrène du bureaucratisme, s'accomplit un changement profond dans la vie de l'Etat, au point de vue des intérêts de sa sûreté policière. Ce sont ces intérêts qui bientôt prennent le dessus. Leur importance croit à mesure de l'isolement progressif de l'Etat, qui perd d'un mois à l'autre les forces sociales qui le soutenaient et qui se fait de plus en plus franchement haïr. La méthode, qui consiste à abasourdir et à écraser ses adversaires est l'unique méthode qui permette au gouvernement de se maintenir au pouvoir. Cette méthode exige un système d'organes terroristes et leur fonctionnement intense.. Le système et son déploiement sont fournis par les « Tchrezvytchaïka » de toutes gradations.

Le point de vue spécifique de la sécurité de l'Etat sauvegardée par des mesures policières est devenu la conception fondamentale du gouvernement, et l'influence de ceux, qui personnifient et représentent cette conception fondamentale est devenue tout à fait prépondérante. De là l'importanc infinie qu'ont acquise les organes terroristes dans le fonctionnement du mécanisme gouvernemental. Ils ont leurs propres forces militaires (les bataillons de destination spéciale du « Comité Extraordinaire Panrusse ») ; ils ont à leur disposition un corps spécial pour la « défense intérieure », toutes les forces militaires attachées au service des frontières sont à leur ordre ; ce fut à leur instigation qu'on interdit en 1918 les communications téléphoniques interurbaines ; en 1920 l'usage du télégraphe fut interdit; jusqu'à présent, sous leur pression, la locomotion des gens en chemin de fer se trouve sous le contrôle des organes du pouvoir et ne se fait pas sans leur autorisation, malgré l'abolition de la redevance générale de travail, qui attachait les hommes au lieu où ils travaillaient; c'est par eux qu'a été liquidée toute la presse périodique et non-périodique en Russie, ainsi que toutes les organisations ayant des buts purement de culture ou économiques. La « politique » représentée en Russie par les « Tchrezvytchaika » prédomine sur « l'économie ». En voilà un exemple. Les organes du gouvernement pour le ravitaillement en bois dans le gouvernement (département) d'Arkangelsk, ne surent pas s'acquiter de la besogne d'accumulation de bois de chauffage pour l'usage intérieur et de bois de construction pour l'exportation, qui leur incombait. Le « Comité Central des Forêts » estimait, en même temps que la Présidence du « Conseil supérieur de l'Economie nationale » que les intérêts économiques de l'Etat exigeaient impérieusement la reconstitution de « l'Union des Coopératives de Travail dans l'industrie forestière », récemment détruite dans le gouvernement d'Arkangelsk. Une commission spéciale chargée de la reconstitution de « L'Union des Coopératives » partit pour Arkangelsk, mais la « Tchrezvytchaika » locale, ayant trouvé que l'Union menaçait la sécurité publique, ne permit pas sa reconstitution...

La ruine fatale et évidente qui menaçait l'économie nationale, l'impossibilité de venir à bout des difficultés par la méthode du « réglement par l'Etat », les émeutes des paysans, les troubles ouvriers de Kronstadt, tout cela détermina le gouvernement à proclamer « l'orientation nouvelle » de sa politique économique. Il aurait fallu introduire en même temps, paraît-il le libre usage du téléphone, du télégraphe, la liberté de locomotion, mais rien de pareil ne fut fait. Les intérêts policiers de la sécurité de l'Etat ne le permirent pas.

L'enjeu mis par le gouvernement sur la coopération exigeait nécessairement une absorption en masse de travailleurs du mouvement coopératif par la coopération renaissante, et pourtant la « nouvelle orientation » fut accompagnée partout en Russie par des arrestations en masse d'anciens coopérateurs. Il n'y a pas un seul chef-lieu de gouvernement ou de district, où en avril 1921 n'aient pas été opérées des arrestations nombreuses de coopérateurs.

La « nouvelle orientation » aurait dû apporter une libération de la Russie de l'oppression policière, qui l'étouffait, un relâchement dans les méthodes terroristes; par contre elle apporta une telle recrudescence de répressions, une abondance telle d'arrestations, que selon le mot du président d'une « Tchrezvytchaika » locale, dit en guise de prophétie, encore avant que les répressions eussent éclaté : « l'an 1918 aurait pu se voiler devant l'on 1921 » (1). La prophétie se réalisa pleinement : par le nombre des arrestations faites, l'an 1921 laissa loin derrière lui l'an 1918.

L'horrible famine de 1921 fut une pierre de touche sûre et précise, qui permit de reconnaître le rôle des intérêts policiers et de sécurité de l'Etat dans la politique intérieure et par conséquent de relever la force des « Tchrezvytchaika ». Quand arrivèrent les premières informations sur l'étendue du désastre, le pouvoir s'effara. Il eut peur des conséquences politiques et sentit sur le coup son incapacité de venir à bout des difficultés, qui surgissaient. Une chose était évidente dès le premier abord : les ressources de la Russie épuisée n'étaient pas suffisantes pour combattre la famine; un soulagement réel ne pouvait venir que des autres Etats européens. Mais ces derniers auraient hésité à confier leurs ressources au pouvoir soviétiste. La situation paraissait sans issue. Pendant cette période d'effarement le Kremlin reçut d'un groupe de personnalités, s'occupant d'œuvres sociales, la proposition d'utiliser les forces sociales organisées de la Russie pour combattre la famine. Le groupe d'initiative signala dans cette première adresse la nécessité de

____

(1) Au moment où la prophétie fut énoncée (première moitié d'avril 1921) la circulaire de la « Tchrezvytchaika Panrusse », invitant à une intensification de répressions contre les membres de tous les partis politiques avait déjà été reçue. Les « Tchrezvytchaika » locales étaient juste en train de s'attaquer aux travaux préparatoires pour sa réalisation. La réalisation même n'avait pas encore commencé. (Note de l'Auteur.)

secours venant du dehors et exprima son espoir de pouvoir obtenir ce secours. Le 29 juin les télégrammes du soir de la «Rosta» affichés à Moscou, contenaient entre autres la communication suivante : « Un groupe de personnalités s'occupant d'œuvres sociales, encore avant la période d'octobre (1), présidé par Prokopovitch, Kouskova et d'autres a offert ses forces au gouvernement pour combattre la famine. *L'offre a été acceptée* » Les évènements qui suivirent, démontrèrent que la dernière phrase au moins avait été prématurée.

Après la publication du télégramme de la « Rosta », le « Conseil des Commissaires du Peuple » vit s'adresser une protestation de la part de la « Tchéka Panrusse » contre une collaboration de personnalités de la période qui précéda la révolution d'octobre. La protestation était motivée par des considérations de « sécurité de l'Etat ». Le « Sovnarcom » décida de convoquer une conférence spéciale de communistes de marque pour discuter à nouveau la question, si la collaboration de ces personnalités « préhistoriques », représentants des forces sociales de la nation était admissible dans l'œuvre de la lutte contre la famine.

La conférence eut lieu pendant les premières journées de juillet. Les membres de la conférence se prononcèrent pour la collaboration des « forces sociales ». Ils le firent naturellement sans un enthousiasme exagéré. Les orateurs confessaient qu'ils n'éprouvaient aucune joie à la pensée d'accepter la collaboration de « contre-révolutionnaires », qu'il pouvait y avoir toute sorte de complications politiques, mais qu'il ne restait pas d'autre issue : il était indispensable d'obtenir des vivres de l'Europe, mais sans les « contre-révolutionnaires » ce n'était guère réalisable. Alors Menginsky, représentant de la « Tchéka Panrusse » prit la parole et déclara que cette dernière ne *pouvait en aucun cas* tolérer le fonctionnement d'un « Comité Social ». Son discours fut bref, mais dit avec beaucoup d'autorité, les paroles « en aucun cas » furent prononcées avec force, comme un ultimatum. Le silence suivit ces paroles. Ensuite Rykov demanda

---

(1) C'est-à-dire avant le coup dEtat bolchéviste. (Note du Tr.)

sans quitter sa place : « et bien, camarade Menginsky, si nous donnons l'autorisation de former le Comité, vous arrêteriez ses membres ? »

— « Nous n'hésiterons pas à le faire », lui répondit de sa place Menginsky.

Menginsky est la « persona grata » de la « Tchrezvytchaïka » (1). Selon l'avis général, il y est le « premier homme » après Dzerginsky. Il joue un rôle tout à fait important dans l'orientation de la politique de la « Tchrezvytchaika ». Et il pèse ses paroles avant de les prononcer. Il m'intéressait de savoir ce que les initiateurs du Comité pensaient à propos de la menace proférée par lui et je mis l'un d'eux sur ce thème. « Les événements seront plus forts que leurs menaces », me répondit mon interlocuteur. « Il leur faut nourrir les affamés et ils ne le pourront guère, sans que le monde leur donne du blé. Et bien, l'Amérique et l'Europe ne voudront le *leur* donner. C'est à cause de cela, que nous sommes nécessaires... Le calcul, paraissait infaillible et pourtant le Comité, né vers la seconde moitié de juillet, se trouva déjà écrasé par la «Tchrezvytchaika» au mois d'août. Le syllogisme de l'initiateur du Comité cité par nous péchait par sa prémisse majeure : « il leur faut nourrir les affamés ». Oui, mais encore plus, il leur fallait conserver le pouvoir, et l'opposition des comités, qui organisaient des forces hostiles au pouvoir était en contradiction avec le but fondamental et le plus *urgent* du gouvernement bolchevik. Les intérêts des gens qui souffraient la faim, les intérêts vitaux du pays, qui en premier lieu devait tenir à la conservation de sa population, furent sacrifiés aux intérêts policiers du pouvoir. Deux ou trois millions de vies de plus, deux ou trois millions de vies de moins, qu'est-ce que cela pouvait peser sur la balance de l'histoire, qu'est-ce que cela pouvait bien signifier devant la nécessité de conserver... leurs propres têtes.

Je le répète, « la nouvelle politique économique » et la fa-

---

(1) Menginsky occupe une situation très élevée dans la « Tchéka » Panrusse. Il dirige une de ses sections les plus importantes — la section des agences à l'étranger. (Note de l'Auteur.)

mine de 1921 furent de rudes épreuves pour la force des intérêts policiers et pour le poids des organes terroristes du pouvoir. Les deux se tirèrent avec honneur de l'épreuve : l'orientation libérale en matière économique coexista parfaitement avec une recrudescence d'oppression terroriste ; quant aux inté rêts des affamés et des mourants on les laissa tout simplement de côté.

Le rôle de la « Tchrezvytchaika » gagne en importance. La cruauté des répressions est là pour le prouver. Jamais, même pendant toute la période précédente du bolchevisme, la Russie n'a connu autant de fusillades que celles qui eurent lieu de 1920-21 en Crimée. La Crimée fut inondée de sang. La quantité totale de gens fusillés, selon les évaluations des membres des « Tchrezvytchaika » de la Crimée, s'élève à 65-85.000 personnes. Sur 15.600 officiers enregistrés après la retraite de Wrangel en Crimée, il ne resta en vie que quelques centaines. On n'épargna que les spécialistes de haute qualification, dont l'armée rouge avait besoin. Les autres furent tout simplement inscrits sur la « page des dépenses » de la comptabilité bolcheviste... Dans le camp de concentration de Cholmogory (gouvernement d'Arkangelsk) on fusilla en automne 1920 plus de 3.000 officiers (1). En février 1920 on avait déjà fusillé des milliers d'officiers à Omsk, Novonikolaievsk, Krasnoiarsk. Je ne saurais dire leur nombre exact, mais je sais, que la quantité des fusillés fut tout simplement monstrueuse... Le nombre des fusillés dans les grands villages des districts de Ichinsk, Ialantorovsk, en partie Tioumen, Pétropavlovsk et Stchadrinsk s'élevait en févriermars 1921 à plusieurs centaines par village. Les familles dont les membres s'étaient mis avec les insurgés, furent entièrement extirpées; on assassina tous, de nourrissons jusqu'aux vieillards, trop faibles pour descendre des poêles, où ils étaient couchés... Après la révolte de Kronstadt, il y eut en dehors des insurgés fusillés par sentence des tribunaux, plus de 2.000 ma-

---

(1) La majeure partie des fusillés. étaient des officiers de l'armée de Kouban, qui, en 1920, s'était rendue aux bolchéviks, à condition qu'on leur conservât la vie à tous. (Note de l'Auteur.)

rins et soldats fusillés par ordre de la «Tchrezvytchaika»(mars-avril 1921).

Le nombre des arrestations prouve aussi une recrudescence d'activité de la « Tchrezvytchaika » ; en 1921, il y eut plus d'arrestations que pendant n'importe laquelle des années précédentes du régime soviétiste. Des milliers de gens, qui pendant les années précédentes n'avaient pas été arrêtées *une seule fois,* furent arrêtés sous le coup d'accusations politiques. Les « Tchrezvytchaika » avaient découvert les listes des personnes portées en 1917 comme candidats des partis politiques aux élections à la Constituante, aux Zemstvos, aux organes municipaux des villes; on arrêta *tous* ceux, dont on avait trouvé les noms sur les listes... Moscou fut bouleversée en 1921 *six fois* par des arrestations en masse qui durèrent plusieurs jours (janvier, février, mars, juin, août, novembre). En 1921 (mai et novembre) il y eut pour la première fois après l'instauration du régime soviétiste des arrestations en masse parmi les étudiants... Le nombre des détenus dans les camps de concentration augmente : selon les données officielles, ils étaient 21.000 en 1919, 89.000 vers la fin de 1920 et 130 à 150.000 vers le milieu de 1921.

La terreur du gouvernement ne s'apaise pas. Elle croit. Et elle croîtra toujours, puisqu'elles saitisfait un besoin croissant sans cesse : le pouvoir s'appuie de plus en plus sur les baïonnettes et de moins en moins sur la sympathie et le soutien de la population. Dans les tentatives qu'il fait pour obtenir sa reconnaissance de la part des gouvernements européens, le pouvoir soviétiste consentira certainement à transformer son mécanisme terroriste. Les «Tchrezvytchaika» pourront formellement même être tout à fait supprimées : on saura les conserver sous un autre nom, sans que leur travail perde en intensité. C'est ainsi que, dans le passé, la suppression des commissions extraordinaires de district et leur remplacement par des « bureaux politiques » n'a nullement fait diminuer la terreur.

Boucharine, « théoricien » du communisme et leader de l'extrême-gauche du parti communiste, écrivait dans le « Rabotnik Prossvestchénia » (le « Travailleur de l'Instruction »), organe du Commissariat de l'Instruction publique : « A un point de vue plus élevé, c'est-à-dire si nous appliquons un critérium et une mesure historique de plus haute portée, toute forme de coercition prolétarienne, à commencer par les fusillades et en terminant par l'obligation de travail, n'est, si paradoxale que puisse paraître l'affirmation, qu'une méthode d'élaboration de l'humanité communiste à l'aide d'un matériel humain, provenant de l'époque capitaliste »... Le pouvoir pourra renoncer à *toutes* les méthodes « d'élaboration de l'humanité communiste », il ne renoncera jamais aux fusillades, cette méthode ayant fait l'épreuve de son efficacité. Tant que le pouvoir soviétiste continuera à exister, la terreur politique gardera la place qu'elle a conquise. La suprématie des intérêts de sûreté policière et de répression terroriste dans la politique intérieure de l'Etat sera la conquête la plus durable de la révolution d'octobre.

Le « recueillement » de la dictature. Le pouvoir des soviets est né comme l'expression politique de la dictature du prolétariat. On peut dire avec assez de probabilité, que durant la première année du régime soviétiste les ouvriers dans leur majorité étaient du côté du pouvoir soviétiste. Cet état de choses pourtant ne dura pas longtemps. Même pendant la lune de miel du nouveau pouvoir, une certaine quantité d'ouvriers de grandes usines de Pétrograd, « Obouchovsky » « Troubotchny », lui fut hostile. Un autre adversaire du gouvernement d'une force particulière de résistance, lui surgit dans la personne d'une catégorie d'ouvriers très consciente et très développée — les ouvriers typographes. Enfin, pendant la seconde moitié de 1918, sous l'influence des dures leçons de la vie, commença le dégrisement des autres ouvriers qui jusque là avaient été partisans du nouveau pouvoir. Des organisations clandestines surgies pour combattre le gouvernement pouvaient déjà à ce moment recruter un nombre assez considérable de leurs adhérents parmi les ouvriers des capitales et des villes de province. Les agitations ouvrières qui éclatèrent en 1919, marquèrent la fissure qui s'était ouverte entre gouvernement et ouvriers. Le vaste mouvement ouvrier au commencement de 1921 enfin démontra que le gouvernement avait définitivement perdu la plus grande partie de ses adhérents parmi cette couche sociale.

Au fur et à mesure que la scission entre le gouvernement et les ouvriers se dessinait de plus en plus nettement, la dictature du prolétariat se transformait en une dictature sur le prolétariat. C'était le parti communiste, qui devenait le vrai représentant du pouvoir. Les passages vagues et nébuleux de la constitution soviétiste, où il était question d'élections furent interprétés par le pouvoir soviétiste dans le sens d'un vote public, d'élections majoritaires et expédiées avec la plus grande rapidité. La publicité du suffrage permettait au pouvoir de connaître ses adversaires et, grâce au pouvoir illimité des « Tchrezvytchaika », il était facile de leur appliquer toute sorte de mesures de répression, à commencer par des arrestations et leur détention dans des cachots et des prisons. La rapidité avec laquelle se faisaient les élections dont on annonçait la date le plus souvent la veille même du jour des élections, ne laissait à l'opposition ni le temps de s'organiser, ni même de s'entendre. Les commissions d'élection nommées par le gouvernement, pouvaient à n'importe quel moment interrompre les élections et les renvoyer « ad calenda grecos » (1). Les commissaires politiques des entreprises pouvaient , de leur propre autorité supprimer toute liste de candidats, qui leur paraissait « contre-révolutionnaire... » et empêcher pour la même raison la discussion du mandat qu'on donnait aux élus. Les candidats de l'opposition, au lieu de devenir membres du Soviet, se voyaient très souvent dirigés sur les prisons ou les cachots. Si toutefois ces mesures ne donnaient pas le résultat espéré, le soviet mal assorti pouvait être immédiatement dissolu. Ainsi, après des élections peu favorables au pouvoir du Soviet de la ville de Smolensk en 1921 (les élus furent des sans-parti et des menchéviks), ce dernier fut dissolu par l'ancien So-

-----

(1) Au printemps 1921, les employés du Commissariat de l'Agriculture ne purent, un mois durant, élire leur député au Soviet de Moscou ; la commission électorale ayant suspendu plusieurs fois les assemblées électorales des employés à cause de leur « caractère et leurs tendances contre-révolutionnaires. (Note de l'Auteur.)

viet et la ville déclarée en état de siège. Quant aux conférences des soviets de province, on les traitait plus sommairement encore : on arrêtait tout simplement les membres de l'opposition et on les tenait en prison pour leur donner le temps de « réfléchir ».

Tous ces procédés donnèrent au pouvoir la possibilité d'organiser les soviets à « sa façon ». Les soviets de ce genre ne protestèrent pas, quand le pouvoir abolit le droit, concédé par la constitution soviétiste à chaque « homme qui travaillait », d'organiser toute sorte d'associations, de partis, de convoquer des réunions, d'user de la liberté de la parole, d'éditer des publications imprimées, etc. L'unique organisation politique légale, qui ait survécu en Russie, est le parti communiste. C'est lui seul, qui jouit de la liberté de la presse et de la parole, du droit de convoquer des congrès, des réunions, etc. Sa vie et son travail sont payés par le Trésor. Il trouve à sa disposition les typographies, les automobiles, le télégraphe, le téléphone, la locomotion libre et gratuite soit en chemin de fer, soit en bateau à vapeur, soit à l'aide de chevaux paysans. Il dispose d'armes, il fait l'instruction militaire de ses membres, il a des détachements communistes spéciaux qui prennent part aux perquisitions, aux « expéditions de châtiment », etc. Ses membres occupent les postes les plus importants dans les organes d'administration centrale et locale. Grâce à ce système la vie de l'Etat est réglée par les résolutions des organes de ce parti. Le pouvoir suprême dans la république des Soviets n'est représentée ni par le « Soviet des Commissaires du Peuple » ni par la « Conférence Panrusse des Soviets », ni par le « Comité Exécutif » de cette dernière : il appartient au parti communiste.

L'organe suprême du parti est représenté par la Conférence de ses membres, qui fonctionne assez lourdement et par conséquent n'est que rarement convoquée. Dans la vie mouvementée, complexe, pleine de tension, d'imprévu, que vit la Russie de nos jours, et qui demande souvent des décisions rapides et comportant des conséquences graves, les conférences avec leur nombreuse assistance, avec leur appareil exécutif qui ne joue que péniblement, doivent forcément tenir une place secondaire. Dès décisions de ce genre demandent un organe souple, élastique, étant toujours à disposition.

Cet organe se trouve personnifié dans le « Comité Central du Parti communiste ». C'est l'organe qui gouverne en dernier compte la Russie, en dictant sa volonté comme organe suprême du parti au « Soviet des Commissaires du Peuple », dont tous les membres sont communistes et à la plupart des membres du « Comité Exécutif Panrusse des Soviets ».

Le processus de « recueillement » de la dictature ne s'arrête pas au Comité Central du Parti Communiste. Ce dernier renferme des éléments quelquefois fortuits; les membres du Comité sont élus par la Conférence du Parti et cette dernière peut quelquefois donner ses voix au hasard et à des personnes peu capables, selon l'avis des leaders du parti, de la direction des affaires. Il peut y avoir après la discussion des questions qui sont soumise au Comité des choses qui « filtrent » au dehors et cela pourrait servir à informer certains milieux, lesquels en aucun cas ne devraient savoir ce qui se passe au Comité Central et quelles sont les décisions qu'on y prend. Pourtant il n'est pas rare qu'on prenne des décisions qui devraient rester secrètes. Cela arrive le plus souvent, quand il s'agit de la politique étrangère de la République des Soviets. Pour arriver à des résolutions dans une matière aussi délicate, il faut sélectionner avec beaucoup de circonspection les membres du Comité. Il fallait donc créer au sein du Comité Central un groupe plus restreint, investi de pleins pouvoirs très étendus, auquel les membres du Comité, dont l'élection était due au hasard, ne pussent trouver accès. Cet organe a réellement été créé. Il s'appelle : le « Bureau Politique du Comité Central du Parti communiste » (le Politbureau du C. C. P. C. R.). Le « Politbureau » est élu au sein même du Conseil Central. Ce groupe est chargé de préparer les décisions à prendre en matière de politique intérieure, mais surtout de politique étrangère de la Russie.

Selon la constitution intérieure du Comité Central, le « Politbureau » n'est chargé que de la préparation de *projets* de résolutions, qui doivent être sanctionnes dans les séances plénières du Comité. La situation de fait ne correspond plus depuis longtemps à cette formule juridique : le « Politbureau » ne communique pas toutes ses résolutions au Comité et ne demande pas sa sanction à propos de toutes les résolutions prises.

Le « Politbureau » se compose de cinq membres.

Ainsi les questions les plus importantes dans la vie d'un Etat, les questions touchant ses rapports avec d'autres Etats, la question de guerre et de paix se trouvent réunies, sans contrôle aucun, entre les mains d'un groupe de cinq personnes.

De la dictature d'une classe le pays est arrivé à un Directoire du fait, à la dictature de « cinq ».

Le pouvoir local. Un trait saillant qui sépare nettement la République des Soviets d'un Etat de structure normale, c'est le morcellement chaotique du pouvoir de l'Etat. J'ai déjà diagnostiqué la nature du mal, en parlant plus haut de l'impuissance du Centre et de l'émancipation du pouvoir local de toute attache le reliant au Centre. J'ai indiqué dans la genèse du phénomène les données qui facilitent son explication. Elles se résument en trois causes fondamentales : défauts de structure des organes administratifs; historique de la formation du pouvoir des soviets; état « brut » du droit constitutionnel de la République.

Les soviets sont à la fois organes du gouvernement local et organes du gouvernement central. Tous les organes de l'Etat deviennent donc dans l'administration locale subsidiaires des soviets locaux. Cette construction à elle seule contient virtuellement le germe de conflits incessants entre le pouvoir central et le pouvoir local. Elle crée une espèce de subordination double à chaque personne, qui occupe une place dans l'administration locale; comme agent du pouvoir central c'est à ce dernier qu'il se trouve être subordonné, tandis qu'en sa qualité d'élu du « Comité Exécutif Local » il dépend entièrement de ses électeurs. Et puisque le lien qui les rattache à ces derniers est plus direct et le tient plus fortement, c'est-à-dire constitue une force plus réelle, il en résulte que les intérêts locaux et l'opinion publique locale ont infiniment plus d'importance pour les commissaires locaux du ravitaillement, des finances, du travail, de la guerre, de l'instruction publique, etc., que les intérêts et l'opinion du pouvoir central. De là la décentralisation déréglée du pouvoir, ou comme l'on dit en Russie en parlant ironiquement de l'anarchie administrative russe, la « localisation du pouvoir ».

Le centre est naturellement plus fort, que le pouvoir local et en cas de conflits très sérieux, il a la possibilité d'insister et de contraindre les autorités locales à faire sa volonté. Reste pourtant une quantité de petites divergences quotidiennes qui font naître des heurts continuels, des lenteurs, des retards traînants dans l'exécution même des ordres les plus importants du centre. La situation aboutit à un chaos administratif, qui trouve sa dernière expression dans le refus direct des pouvoirs locaux d'exécuter les ordres du centre. Dans tous les petits détails qui constituent la vie de tous les jours, les pouvoirs locaux sont plus forts que le centre et suivent leur propre orientation. « Nous nous fichons du centre » — voilà la phrase qu'on entend répéter sans cesse par les commissaires locaux. Et ce n'est pas de la vantardise : cette phrase résume fidèlement les vraies « relations de forces. »

Le mouvement d'expansion du pouvoir des Soviets sur le territoire russe que nous venons d'esquisser plus haut avait encore intensifié les aspirations des pouvoirs locaux à une « autodétermination ». Le rôle important, que les soviets locaux avaient joué pendant le premier temps d'instauration du pouvoir soviétiste, leur avait inspiré une très haute conception de leurs mérites devant la République des Soviets et des droits considérables déterminés par ces mérites. La force du pouvoir local et la haute conception qu'il avait de ses droits, se trouvaient encore alimentées par le fait que les relations établies entre le pouvoir central et le pouvoir local, du temps, quand les centre était atteint de faiblesse organique, avaient laissé des traces durables. Les complications de la vie politique enfin, dont le cours normal était si souvent entrecoupé par des insurrections qui isolaient le pouvoir local du pouvoir central, enjoignaient à ce dernier de ne pas exercer une trop forte pression sur les pouvoirs locaux, en leur retirant brusquement et brutalement leurs droits : le caractère tumultueux de la vie politique faisait apprécier au centre l'esprit d'initiative des pouvoirs locaux et leur habileté à savoir se tirer d'affaire eux-mêmes.

Les aspirations du pouvoir local à l'indépendance trouvaient un point d'appui dans l'état « brut » du droit constitutionnel soviétiste, à peine ébauché. La législation soviétiste ne contient pas de dispositions, qui règlent les relations entre le pouvoir central et le pouvoir local. Ce dernier, par conséquent, peut interpréter ses compétences, ses droits et ses obligations de façon fort libérale. Et il est bien naturel qu'il ne se sente pas porté vers un amoindrissement volontaire de ses droits.

Toutes les causes indiquées convergent vers le même résultat : le pouvoir local tend constamment à « s'émanciper » du pouvoir central en ignorant les décisions et les ordres de ce dernier et en agissant à sa guise. J'ai cité plus haut des exemples de mesures « autonomes » du pouvoir local en matière de terreur. Voilà quelques autres exemples empruntés à d'autres genres d'activité et qui se rapportent à la dernière année de la période, dont traite mon livre.

En Crimée (après son occupation par l'armée soviétiste), quand cette région, tout d'abord par ordre du communiste hongrois Bela-Kun et ensuite par ordre de la secrétaire du « Comité du Parti Communiste, de Moscou » Iakovleva, si j'ai bonne mémoire, fut inondée de sang, il y eut des cas, non seulement d'arrestations, mais d'exécutions de délégués de divers commissariats du centre. Quand le centre eut depuis longtemps solennellement déclaré sa « nouvelle orientation » en matière économique, les pouvoirs locaux des gouvernements de Toula et de Perm détruisaient implacablement les organisations coopératives de ces gouvernements qui avaient survécu comme par miracle. Et ils se « fichaient » des télégrammes tantôt invitant au ménagement et tantôt menaçants, que leur envoyait le centre...

Les artisans ruraux (« koustari ») du district Rozsky (gouvernement de Moscou), qui faisaient un travail urgent de fournitures pour l'armée, ce qui leur avait même valu la libération du service militaire, furent mobilisés par le Soviet local pour une prestation de travail. Les « koustari » refusèrent d'abandonner le travail, qu'ils faisaient, et envoyèrent leur représentant à Moscou pour porter plainte. Leur représentant retourna porteur d'un ordre écrit, qui sommait le pouvoir local de laisser en paix les « Koustari ». Ces derniers furent pourtant mobilisés. Ils durent faire à pied un parcours de quarante verstes qui les séparait du chef-lieu du district et là, on les obligea pendant trois jours de... porter de l'eau au Soviet de district, de couper du bois et d'allumer les fourneaux... Dans le district de Vètlouga (gouvernement de Kostroma), au printemps 1921, quand les travaux des champs battaient leur fort, on chassa les paysans à l'aide de force militaire des champs et on les envoya avec leurs chevaux porter des planches destinées au transport par la voie de l'eau, jusqu'au fleuve. Et ceci à une époque où la « réglementation de l'agriculture par l'Etat » avait déjà été introduite, et que le « front agricole » avait été déclaré « front de combat » par le pouvoir central... Vers la fin avril 1921, malgré la déclaration officielle de la « liberté de commerce », la milice arrêtait à Viatka, sous mes yeux, des paysans, qui avaient apporté des produits à vendre. Et leurs produits furent confisqués... Au centre, on publia un décret, qui abolissait la réquisition administrative d'objets domestiques et d'objets d'usage personnel et dans toute la Russie ces réquisitions eurent lieu comme par le passé... Après que la « nouvelle orientation économique » eut été rendue publique, le centre ordonna la suppression des détachements de barrage, qui séparaient les régions de ravitaillement ; le pouvoir local, qui considérait la suppression des détachements comme une mesure portant préjudice au ravitaillement, garda les détachements pendant de longs mois après la publication de l'ordonnance et même après les instructions menaçantes du Commissariat du Ravitaillement... Un décret publié au mois d'avril 1921 autorisait les ouvriers d'entreprises industrielles à entreprendre des expéditions pour trouver des vivres ; les fabriques et les usines devaient leur fournir des produits pour les échanger contre des vivres. Le décret eut pour conséquence le départ de plusieurs dizaines d'expéditions ouvrières de Moscou et de Pétrograd. Peu nombreuses furent les expéditions qui réussirent à apporter quelque chose : la plupart d'entre elles retourna les mains vides. Quelques expéditions furent arrêtées, à peine arrivées à destination, à plusieurs on enleva les produits qu'elles avaient apportés pour l'échange. La plus grande partie des expéditions n'eut pas à subir ces inconvénients ; pourtant les ouvriers retournèrent sans vivres. Il faut chercher la cause de cet échec dans l'attitude des pouvoirs locaux : ils estimaient que le décret empiétait sur leur programme de ravitaillement et, par conséquent, ils défendirent aux délégations d'exécuter leurs opérations commerciales. La plainte portée par les ouvriers intéressés par télégraphe au centre, ainsi que l'ordre du centre, exigeant l'observation du décret, ne contribuèrent pas à améliorer la situation : le pouvoir local s'en tint à son opinion et à sa décision.

Le lecteur concevra aisément quelles situations pleines d'imprécision furent la conséquence de ce séparatisme. Il n'était pas possible de distinguer ce qui est défendu de ce qui ne l'est pas, même dans le cercle restreint de la vie, qui est circonscrit par la loi écrite. Toute action commise par le citoyen était pleine d'indéfini et de risque. Toute activité commerciale ou industrielle, qui s'étendait sur un espace plus ou moins vaste, devenait par cela même une espèce de jeu de hasard.

Le lecteur verra encore, que le programme d'une « économie réglée par un plan unique », que les bolcheviks avaient apporté, en arrivant au pouvoir, cette idée dont la réalisation révolutionnaire demande un mécanisme éxécutif docile, unique et centralisé, devait forcément subir des échecs continuels. Le ravitaillement en combustible, en matières premières, en vivres, en numéraire, en vêtements, — tout cela se trouvait en tant qu'il s'agissait d'entreprises subordonnées au centre, mais ayant leur résidence en province, être la fonction du pouvoir local, qui avait sa manière de voir et agissait à sa guise. Les éléments de la production étaient loin d'être répartis comme l'aurait désiré le centre. Et cela conduisait naturellement à des alternances dans le fonctionnement des entreprises industrielles et accélérait la désagrégation de l'économie nationale.

Toute tentative sérieuse d'assainir la vie intérieure de la Russie et de l'orienter dans une voie normale devait, en premier lieu, se heurter à cette décentralisation anarchique du mécanisme administratif qui transformait un pays formellement unifié dans un conglomérat d'innombrables fiefs détachés... L'économie nationale de la Russie contemporaine, avec ses caractères d'économie naturelle, se trouva rejetée en arrière au temps du moyen-âge ; ce sont les traits saillants de la même époque, avec son morcellement du pouvoir de l'Etat, qui caractérisent l'organisation et l'activité du mécanisme administratif russe.

L'autonomie du pouvoir local est un obstacle extrêmement grave, qui s'oppose au rétablissement d'un fonctionnement normal de la vie économique. L'économie basée sur l'échange monétaire, qui transforme le pays en un organisme unique, dont toutes les parties sont solidement liées et qui demande comme condition nécessaire et primordiale de son existence, l'unité des normes de droit, l'unité d'organisation judiciaire et l'unité administrative, n'est pas réalisable dans les conditions administratives de la Russie soviétiste. Un changement radical de ces conditions est la prémisse indispensable d'une renaissance économique de la Russie. Je doute fortement que cette prémisse puisse être créée par le pouvoir soviétiste : le centre ne saura vaincre l' « autonomie du pouvoir local », pleine de force de résistance, issue du concours de circonstances historiques et ayant su justifier son existence. Et si même le gouvernement réussissait à vaincre le pouvoir local, cela ne se ferait pas tout d'un coup, ni très rapidement.

La ruine des finances de l'Etat. — La désagrégation de la vie économique du pays dut fatalement avoir sa répercussion sur l'état des finances. Malgré le grand nombre d'entreprises ayant naguère appartenu à des particuliers, et qui étaient venues grossir le patrimoine de l'Etat, la somme totale des valeurs matérielles dont disposait l'Etat, avait sensiblement diminué. L'appauvrissement du pays eut pour conséquence un appauvrissement de l'Etat. Tâchons de nous rendre compte des vraies proportions du phénomène.

Le budget de l'Etat absorbait en 1913, dans la Russie tsariste, 3.208 millions de roubles. Le budget de la Russie soviétiste s'exprimait par les chiffres suivants : (milliards de roubles).

	Dépenses	Recettes	Déficit	Pourcentage de la dépense
1918	46,7	15,6	31,1	66,6 %
1919	215,4	49,0	166,4	77,3 %
1920	1.114,8	159,6	955,2	85,7 %

Ces chiffres, que j'ai empruntés aux budgets soviétistes publiés jusqu'à présent, demandent à être commentés : 1. Ce sont des chiffres se rapportant à la Russie soviétiste, sans l'Ukraine, le Caucase, le Tourkestan, et pour les deux premières années, sans la Sibérie ; 2. Les rubriques des recettes et des dépenses sont loin de donner une idée précise de la réalité; 3. Le budget est calculé en roubles, dont la valeur baisse avec une rapidité vertigineuse. Pour rendre comparables le budget d'avant-guerre et le budget soviétiste, il faut tenir compte des conditions mentionnées.

Faute de données plus précises, il faut renoncer à donner aux rubriques du budget soviétiste une expression tout à fait exacte. Il faut les prendre telles quelles...

La population comprise dans la sphère d'action de l'Etat soviétiste constituait pendant ces trois années de régime soviétiste à peu près 50 0/0 de la population de 1913. A cette époque, la population s'élevait à 160 millions, nous pourrions donc évaluer la population de l'Etat soviétiste à 80 millions... Quant au rouble soviétiste, nous allons exprimer sa valeur en roubles-or en nous basant sur les prix payés en papier-monnaie pour l'or. D'après les calculs officiels, le rouble-or valait : 65 roubles soviétistes en 1918, 426,7 roubles soviétistes en 1919 et 4.776 roubles soviétistes en 1920. L'évaluation des dépenses de l'Etat en roubles-or ne nous donnera pourtant pas toute la somme de valeurs dépensées par l'Etat ; en dehors des paiements en numéraire, l'Etat payait encore en produits alimentaires réquisitionnés chez le paysan. La valeur de ces produits (en prenant pour base les prix de 1913), était, selon les calculs du communiste Préobrajensky (en millions de rou bles) : de 127 millions en 1918, de 253 millions en 1919 et de 451 millions en 1920.

En additionnant les dépenses et en calculant leur moyenne par habitant, nous trouvons les chiffres suivants :

En Roubles — Or

	Dépenses en numéraire	Dépenses en produits alimentair.	Dépense totale	Dépense par habitant
1913	3.208	—	3.208	20 roubles
1918	719	127	846	10,6 »
1919	505	253	758	9,5 »
1920	233	451	684	8,5 »

Ainsi, malgré l'augmentation immense des frais de gestion, conséquence de la nationalisation des entreprises privées, la somme dépensée par l'Etat était tombée de 3.208 millions de roubles en 1913 à 684 millions en 1920 et de 20 roubles par habitant à 8,5 roubles. La chute s'accomplit avec une force fatale. Elle ne s'arrête même pas en 1920, quand l'Etat soviétiste s'empare de riches régions, dont l'économie est encore restée intacte.

L'appauvrissement de l'Etat eut naturellement son coup fatal sur l'organisation de l'instruction publique, sur le service de l'hygiène publique, comme sur d'autres services d'utilité publique.

En réalité, la diminution des dépenses de l'Etat était bien plus considérable encore, le prix de l'or s'élevant plus lentement que le prix des objets de consommation. Le pouvoir d'achat du rouble-or en 1920 était bien plus bas, que son pouvoir d'achat en 1913. J'ai mentionné plus haut le fait que les prix de 12 produits de première nécessité (pain, viande, bois, sel, sucre gruaux, etc.), étaient en avril 1921, 112.583 fois plus élevés qu'en 1913, tandis que le prix de l'or pendant cette même période n'avait augmenté que de 12.000 fois, c'est-à-dire 9 fois moins.

Une diminution extraordinaire des valeurs, dont dispose

l'Etat, malgré la forte extension de sa sphère économique, voilà la particularité la plus saillante des finances soviétistes. Les autres particularités de système financier soviétiste sont : 1° La tendance obstinée du pouvoir de confondre, malgré les enseignements de la vie, les finances de l'Etat avec l'économie générale du pays ; 2° Un déficit qui s'accroît tous les ans ; 3° La couverture du déficit par l'unique moyen de l'émission de papier-monnaie ; 4° Absence de tout plan et 5° Une négligence effrayante et un gaspillage insensé, quand il s'agit de valeurs économiques, qui tombent entre les mains de l'Etat.

Nous avons déjà parlé du dernier trait qui caractérise les finances soviétistes. Analysons d'un peu plus près les autres traits distinctifs de l'activité économique de l'Etat.

La tendance de faire fusionner l'économie de l'Etat avec l'économie nationale ne se manifesta pas seulement par rapport à l'industrie, au transport, au commerce, au crédit, elle eut pour objet également l'agriculture du pays. Cette tendance continua à agir dans l'agriculture, quand l'heure de la « nouvelle orientation économique » était déjà venue ; ce fut juste à cette époque, que l'agriculture eut à subir les coups les plus terribles. Tout d'abord, le pouvoir essaya de faire de l'agriculture un « système économique réglé par l'Etat » à l'aide de communes et de coopératives agricoles tout d'abord, de grandes exploitations agricoles de l'Etat ensuite (les exploitations soviétistes ou les « sovchos »), enfin, quand l'échec de ces tentatives devint manifeste (1), le pouvoir conçut l'idée saugrenue de diriger son activité régulatrice sur l'exploitation paysanne individuelle comme telle. En 1921, un plan fantas-

---

(1) Vers l'époque février-mars 1921, il y avait dans toute la Russie soviétiste 14.189 exploitations agricoles collectives, comptant un million de membres et une surface de 1,5 millions déssiatines. Ces chiffres sont relativement insignifiants : la population des nouvelles exploitations agricoles, par exemple, ne constitue que 1 0/0 de la population rurale *totale*. De « sovchos » il y avait en juillet 1920, sur 40 gouvernements de la Russie d'Europe, une quantité de 3.076, avec une surface de 1.638,567 dessiatines (les forêts non compris), c'est-à-dire 1 % à peu près des terres labourables. Les exploitations collectives et les exploitations de l'Etat occupaient de cette façon 2 % seulement des terres labourables. (Note de l'Auteur.)

tique de « règlement de l'agriculture par l'Etat » fut créé. Les organes de l'Etat devaient mesurer à chaque exploitation paysanne non seulement la superficie d'emblavure et la proportion des diverses cultures, mais encore enseigner à l'agriculteur les méthodes techniques du travail dans les champs, les prés et au jardin. Le plan devint décret et fut réalisé en 1921, après que la « nouvelle orientation » eût déjà été déclarée et que la vie économique du pays commençât à se libérer des entraves qui l'enchaînaient. J'ai signalé une part (mais une part seulement), des conséquences de ce plan, en parlant dans le second chapitre de la fourniture de semences à l'agriculture.

Le déficit de l'Etat, comme nous l'avons vu, s'accroît tous les ans. En 1918, le déficit équivalait à 66,6 0/0 des dépenses, en 1919 à 77,3 0/0, en 1920 à 85,7 0/0. Le résultat dans ce domaine est donc le même que partout où il s'agit de politique économique soviétiste.

Le déficit est couvert dans toute son étendue par une inflation de papier-monnaie. Il en a été émis (en milliards de roubles) : 33.952 en 1918 ; 167.751 en 1919 ; 955.233 en 1920. Au moment de mon départ de la Russie, la production journalière de papier-monnaie avait été élevée jusqu'à 11 milliards. En 1921, si l'on en juge d'après les journaux, il a été émis en tout 10 trillions de roubles. L'émission de papier-monnaie est l'unique branche de production bolcheviste qui donne un produit sans cesse croissant. Pourtant cette production retarde sur les besoins ; tous les ans, et, depuis peu de temps, tous les mois, le manque de numéraire se fait sentir de façon de plus en plus aiguë. En mai 1921, le besoin de monnaie était devenu si aigu, que pendant une séance du petit « Sovnarcom », Lénine, en haussant les épaules, et avec un air de stupéfaction, laissa tomber la phrase suivante : « Est-il possible, que des bagatelles comme la famine et le manque de monnaie suffisent pour nous casser le cou ?... »

L'Etat est endetté envers tous et partout. Pendant des mois entiers, il ne paie pas ses ouvriers, les instituteurs, les employés des institutions soviétistes, les paysans (pour des produits qu'on leur a pris, pour la coupe, le transport et le flottage du bois, etc.) ; quelquefois il ne paie même pas ses soldats. C'est ainsi que se passent les choses non seulement en province, où l'on souffre de façon chronique du manque d'argent, mais encore à Moscou et à Pétrograd. Le manque de monnaie est si aigu, qu'il est quelquefois impossible de réaliser les assignations faites pour des buts aussi urgents comme la lutte contre le rongeurs et insectes nuisibles à l'agriculture (sauterelles, loirs et les insectes qui dévorent les jardins) etc.. En 1921, une partie de bois flotté qui était déjà arrivée à destination, ne put être déchargée que partiellement ; 1.500.000 sagènes cubiques de bois restèrent dans l'eau, malgré le besoin intense en combustible et en matériel de construction qu'éprouvait la population. La cause en fut le manque de ravitaillement, de fourrage et de *signes monétaires*. Le bois resté dans l'eau se noyait, était emporté par le courant ou bien volé par les gens.

Le manque de signes monétaires généra parfois des épisodes qui, probablement, ne trouveraient leur pareil dans l'histoire de nul autre état; en juin 1921, la communiste Malinovskaia, qui dirigeait la section théâtrale académique du Commissariat de l'Instruction Publique, tout en ayant une autorisation pour le prélèvement d'une certaine quantité de monnaie, mais ne pouvant toucher cette somme pendant plusieurs mois, s'en fut à la typographie gouvernementale de papier-monnaie (l'usine Vtorov, à Moscou), gagna les ouvriers et les employés, en leur distribuant des vivres qu'elle avait apportés ; le papier-monnaie fut imprimé pendant des heures de travail supplémentaires. Malinovskaia emporta la monnaie toute fraîche, à peine sortie de la presse.

Il n'y a pas de pouvoir au monde qui parle autant d'organisation, de plan, comme le pouvoir soviétiste. Et nulle part, il y a absence aussi complète de tout plan préétabli comme en Russie. Cela se fait surtout sentir en matière de finances. Le budget, qui devrait être un plan d'activité financière de l'Etat, est réduit à une pure formalité : le budget du premier semestre 1919 fut approuvé vers la fin de l'époque budgétaire, au mois de mai ; le budget du second semestre 1919 ne fut adopté qu'en février 1920, le budget total de 1920 n'avait pas encore été approuvé en juillet 1921.

Les sommes nécessaires aux dépenses sont assignées par le « Soviet des Commissaire du Peuple » *ad hoc*, suivant les réclamations sporadiques des diverses administrations publiques.

Passons maintenant de l'ensemble du budget à l'analyse d'une de ses parties : les recettes. Les recettes de l'Etat proviennent de quatre sources : 1° Les impôts ; 2° Les contributions des classes possédantes ; 3° Les revenus des entreprises nationalisées ; 4° Les opérations du Commissariat du ravitaillement.

Les impôts avaient donné en 1920 la somme insignifiante de 471 millions de roubles (0,37 0/0 des recettes et 0,053 0/0 des dépenses). Les contributions prélevées sur les classes possédantes, dont les pouvoirs locaux avaient largement fait usage en 1918 et en 1919, avaient dans la suite, naturellement, perdu de leur importance. La contribution de 10 milliards de roubles qu'on avait décidé en 1918, de prélever dans « toute la Russie », ne donne jusqu'au mois de décembre 1920, malgré les efforts extrêmes dépensés à son recouvrement, que la somme infime de 1.628 millions de roubles.

On avait tout d'abord beaucoup espéré des entreprises nationalisées. C'est avec leur aide qu'on croyait pouvoir couvrir toutes les dépenses de l'Etat. En constatant, dans son mémoire explicatif au projet de budget du second semestre 1918 « la croissance rapide de la productivité du travail prolétarien, dans l'industrie », le commissaire aux finances Krestinsky écrivait : « Cette croissance des forces productives dans l'industrie est la condition essentielle d'une base économique du pouvoir politique du prolétariat. Si l'industrie devait s'alimenter aux dépens de l'agriculture et des paysans, le pouvoir du prolétariat perdrait tout fondement économique et deviendrait impossible. S'il entrait dans un conflit aigu avec les intérêts des paysans, il serait infailliblement destiné à s'écrouler. »

Ces espérances ne furent pas appelées à se réaliser : la production industrielle vit elle-même aux dépens de l'Etat. Les entreprises nationalisées, gérées par le Conseil Supérieur de l'Economie Nationale donnèrent, en 1919, un déficit de 33.920 millions de roubles (69,8 0/0 des dépenses), et en 1920, un déficit de 315.581 millions de roubles (85,7 0/0 des dépenses). Les transports aussi donnent un déficit.

Reste une seule couche sociale capable de supporter la charge des dépenses de l'Etat. Cette couche est constituée par les paysans. Et en réalité c'était sur eux que retombait le poids écrasant des dépenses de l'Etat. Les paysans couvraient par leur activité économique non seulement les frais de leur propre existence, ils donnaient encore à l'Etat. Le paysan payait et continue à payer l'Etat en produits agricoles (contingentement de ravitaillement et impôt en nature, la « prodrazverstka » et le « prodnalog ») ; et comme le paysan était l'unique détenteur de biens matériels et surtout de biens aussi précieux que les vivres, le papier-monnaie déprécié finissait par se concentrer dans des proportions catastrophiques, entre ses mains ; en outre, il exerçait toute sorte de corvées de travail, de transport, etc., en faveur de l'Etat.

La valeur de ces corvées, calculée en numéraire, présente des sommes fort considérables, dont l'évaluation serait pourtant difficile à faire. Les deux premières catégories d'apports des paysans au budget soviétiste sont susceptibles d'être calculées. Essayons de le faire. En calculant le pouvoir d'achat du papier-monnaie en roubles-or, et en évaluant les produits, réquisitionnés par l'Etat aux paysans, aux prix de 1913, nous aurons le tableau suivant qui nous donne le budget de recettes de l'Etat soviétiste (en millions de roubles) :

Années	Emissions de papier-monnaie	Revenus des impots, des entreprises nationalisées etc.	Produits réquisitionnés	Total
1918	525	196	127	390
1919	390	116	253	758
1920	200	33	451	684

Si nous admettons qu'en 1920, 75 0/0 seulement des émissions de papier-monnaie tombèrent entre les mains des pay-

sans, il n'en reste pas moins vrai, que l'Etat reçut, par le moyen
de l'émission et de la réquisition des produits, au moins 601
millions de roubles-or des paysans (150 plus 451), c'est-à-dire
88 0/0 des valeurs totales, dont il disposait.

*
* *

Tels sont les faits fondamentaux qui caractérisent la transformation de l'Etat pendant ces quatre dernières années.
Après avoir ruiné, par sa politique insensée, l'industrie et
l'agriculture, après avoir réduit le pays à la misère, et après
s'être appauvri lui-même, l'Etat se vit forcé de réduire ses citoyens à une situation d'esclaves sans droit, et de baser son
existence économique sur leur travail d'esclave. Le travail,
auquel on avait enlevé son âme, ses impulsions organiques,
et vivantes, son esprit d'initiative, eut besoin d'une quantité
énorme de fonctionnaires pour l'administration, la surveillance,
le contrôle, la coercition, la répartition et l'intimidation. Des
cadres nombreux de bureaucratie furent créés. Ces cadres s'en-
flaient d'autant plus rapidement qu'ils étaient construits en
hâte et partant sans beaucoup d'esprit d'ensemble ; ensuite,
parce que le travail qu'on y fournissait était un travail d'esclaves, les fonctionnaires étant asservis à l'Etat et ne pouvant
donner qu'un travail d'esclaves avec tout ce qu'il comporte
de négatif. Le mécanisme administratif prit des dimensions
monstrueuses. L'Etat se bureaucratisait. Son travail ne se
faisait presque que par des paperasses qui entraient dans les
chancelleries et d'autres qui en sortaient. Les conséquences
habituelles, d'une procédure bureaucratique, ne se firent pas
attendre ! M. Lebureau faisait les choses lentement, avec pé-
dantisme et sans esprit d'économie : un gaspillage insensé
s'installa au cœur même de l'état ruiné.

L'individu asservi au dehors, gardait pourtant sa liberté
intérieure. Il ne voulait se plier à la ruine de la vie économique, ni abandonner, sans lutter, ses droits, ni se résigner à
l'état d'indigence croissante auquel on l'abandonnait : il éprouvait une haine profonde contre le pouvoir et luttait sans trève
avec lui. Il se formait sur le territoire soviétiste sans cesse des
détachements armés, des détachements « libres », qui ne re-

connaissaient pas le pouvoir et le combattaient, les armes à la main. Des insurrections paysannes éclataient en masse. Des conspirations intérieures se multipliaient à l'infini. De dehors, c'était l'émigration hostile au pouvoir, qui le menaçait. Le pouvor vivait dans une atmosphére intense de lutte sans répit : sous la menace et le risque continuels de payer de sa tête. Tout cela avait eu pour conséquence une prépondérance des intérêts de sûreté policière dans la vie de l'Etat et avait conduit à un développement intense de ses organes d'espionnage et de terreur. A la fin du compte, ces intérêts et ces organes devinrent la force dirigeante dans la vie intérieure de l'Etat.

La lutte, dans laquelle le pouvoir subissait un échec politique après l'autre, en perdant l'appui des groupes, qui, jusqu'alors l'avaient soutenu, avait porté à la création dans son sein du parti communiste, comme d'un groupe hautement privilégié, et à un « recueillement » de la dictature. Cette dernière était passée du prolétariat au parti communiste, au sein de ce dernier au « Comité Central » et ensuite au « Politbureau », qui concentrait la dictature entre les mains de cinq personnes. Cette lutte enfin avait engendré un appareil administratif, dont les fonctons étaient atomisées de la manière la plus anarchique. Il n'y a pas de pouvoir unique de l'Etat dans la Russie contemporaine ; à côté du pouvoir du centre, il existe le pouvoir local, qui varie, en ce qui concerne l'amplitude de ses droits et le contenu de sa politique, d'un gouvernement à l'autre. Ce pouvoir local est parfaitement autonome, il a son orientation à lui, même dans les questions et les actions dont l'importance pour la vie de l'Etat, comme tel, est manifeste.

L'Etat a dégénéré.

Pour compléter ce tableau de la dégénérescence de l'Etat, caractérisons encore les méthodes employées par le gouvernemen. Depuis les premiers moments de son apparition, il avait choisi la voie de la *violence illimitée* et c'est dans cette voie qu'il persévéra, sans la quitter un seul instant. Les graves conséquences de caractère social que comportait la violence, furent encore aggravés par *l'illégalité* de la procédure. La violence la plus manifeste peut être renfermée dans les cadres d'une loi et peut être déterminée par des normes écrites. Le pouvoir des soviets répudia ces normes régulatrices et légalisa l'arbitraire absolu. Enfin, le dernier trait et le plus extrême, qui caractérise la façon d'agir du pouvoir, est sa tendance à inciter les gens qui n'ont rien, au pillage effrené des groupes possédants. La limite dans la dégénérescence du pouvoir de l'Etat était atteinte : il se transformait en son propre antagoniste, il devenait un chef de brigands.

La possibilité d'une évolution du pouvoir. — Je n'ai aucune difficulté pour répondre à la dernière question, que je veux soulever dans ce chapitre, celle qui a le plus d'actualité — à savoir, si le pouvoir est capable d'une évolution nouvelle, dont les résultats soient plus heureux. Il ne me paraît guère possible, que le pouvoir puisse faire machine en arrière et puisse normalement accomplir ses fonctions et satisfaire à ses obligations. Il est incapable de relever l'économie du pays si même il s'applique de la manière la plus consciencieuse à suivre la « nouvelle politique économique », annoncée avec autant de bruit. La voie à une vie sociale saine et normale pour le pays passe à travers une victorieuse révolution antibolcheviste. Malheureusement il n'est pas donné d'autre voie.

Une vie sociale normale et une économie saine du pays demandent, comme condition préalable, un état fonctionnant normalement. Cette thèse a subi une contre-épreuve brillante dans la vie russe des quatre dernières années. Il serait inutile de vouloir en nier la vérité.

Un Etat, qui fonctionne normalement, ne peut subsister à moins de satisfaire à deux conditions. La première de ces conditions exige, que la population ait au moins une loyauté passive envers le pouvoir. La seconde exige l'existence d'un groupe, qui, d'un côté comprenne et accepte les exigences d'une vie de l'Etat et d'un autre côté soutienne activement le pouvoir, qui réalise ces exigences... Une population, dont l'activisme est dirigé contre l'Etat, qui se lui oppose incessamment et intempétueusement en tendant vers sa destitution et son remplacement, une

telle population ne donne pas à l'Etat la possibilité de vivre
et d'agir normalement. Dans de telles conditions le pouvoir
devra nécessairement consacrer une partie considérable de
ses forces à la lutte. Les intérêts de sûreté policière prévau-
dront nécessairement sur tous les autres. Les organes d'espionnage et de terreur se placeront au premier rang. Dans ces
conditions, il sera impossible de rétablir une vie détruite jusque dans ses fondements, de reconstituer l'économie ébranlée
du pays. La population de la Russie se trouve exactement
dans les conditions, que nous venons de décrire, son attitude
envers le pouvoir est caractérisée par la haine et une aspiration
vers le changement du régime.

Si le pouvoir soviétiste voulait se transformer, il ne trouve-
rait pas non plus de groupe capable de le soutenir activement
par ses idées et ses actions. Un groupe pareil existe actuellement. Ce sont les centaines de milliers de membres du groupe
communiste. Mais ce groupe, qui a vécu dans une atmosphère
de violence sauvage et de conceptions insensées des attributions de l'Etat, sera-t-il capable de se transformer en un groupe
ayant une saine conception de l'Etat ? Corrompus par l'atmosphère d'un arbitraire illimité et d'un brigandage sans fin,
comment apprendront-ils à respecter la loi, les intérêts matériels d'autrui, les droits de la personnalité humaine? Habitués
à concevoir l'activité au service de l'Etat tantôt comme une
affaire de parti communiste, tantôt comme une occasion iné-
puisable d'enrichissement, tantôt comme un breuvage enivrant
de pouvoir illimité, ils déserteront dans leur majorité écrasante
le pouvoir, dès qu'il se sera transformé. Ils abandonneront
le gouvernement d'autant plus sûrement, que dans un Etat fonctionnant normalement la place de la plupart d'entre eux se trou-
verait assignée tout en bas de l'échelle hiérarchique, ce qui
leur ferait perdre leur pouvoir, leurs privilèges et leurs revenus
tout à fait exceptionnels. Il est inadmissible et même très probable que ceux qui auraient refusé leur appui au pouvoir, se
transformeraient bientôt en ennemis actifs du gouvernement.

On objecte que le pouvoir transformé pourrait trouver un
appui dans la bourgeoisie, qui a fait son apparition dans les

plis du régime communiste, comme, les mites naissent dans un vieux vêtement. Mais combien y en a-t-il de ces nouveaux bourgeois et que représentent-ils au juste ? La nouvelle bourgeoisie peu nombreuse, atomisée, ignorante, qui se trouve encore dans la période de l'accumulation primaire, ce qui veut dire rapine, sans qualités organisatrices, sans la routine même en matière d'administration publique, que possèdent les communistes (ceux-là au moins savent abasourdir par des actes terroristes), — ne saura en aucun cas compenser la perte subie par le pouvoir en la personne du pouvoir communiste, ni remplir le vide social, qui se sera creusé autour de lui Du reste le pouvoir même ne voudrait pas d'une telle substitution... Mais qui, alors ? La réaction, entre laquelle et le pouvoir soviétiste se commence déjà à établir un contact mystérieux ? Mais un « soutien » pareil ne fixera pas les têtes bolchévistes plus solidement sur leurs épaules. Tout au contraire...

On dit : la haine de la population est la résultante de la politique économique du pouvoir. Un changement honnête de politique fera aussi changer la population d'attitude. Dans le pire des cas, elle deviendra indifférente envers le pouvoir. Quand on ne la dérangera plus dans sa vie économique, elle ne pensera plus aux insurrections. Le pouvoir continuera alors son existence sans un groupe, qui le soutienne activement. Il la continuera, en s'appuyant tout simplement sur son mécanisme administratif. L'appui social viendra après.

Ces derniers raisonnements partent de la supposition tacite, que le pouvoir actuel et dans les conditions actuelles de la Russie, puisse laisser la population tranquille, sans lui réquisitionner des vivres pour nourrir les fonctionnaires, les ouvriers, l'armée ; qu'il puisse faire à moins de travaux forcés (« prinoudilovky »), de la « corvée de transport » (« gougepovinnost ») et maintes autres corvées encore (« troudpovinnost »), qu'il puisse ne pas arrêter, ne pas recourir à des extraditions, à l'exil, aux fusillades, qu'il puisse ne pas lancer la nuée de gens dévergondés à sa solde, à des extorsions illégales sur la personne du peuple, qu'il puisse enfin créer des possibilités de développement à l'agriculture sans développer parallèlement l'industrie dans les villes. La reconstitution de l'économie russe ne saura s'accomplir sans une régénération parallèle de l'industrie et de l'agriculture. Il ne s'agit pas ici de deux processus, il s'agit bien de deux aspects d'un seul et même processus. Les deux aspects du processus sont interdépendants. L'agriculture a besoin de l'industrie des villes pour y envoyer le surplus de sa main-d'œuvre, elle a besoin de débouchés voisins, d'un afflux de produits industriels, d'un développement du transport de chemin de fer, qui permette à l'agriculture de chaque région de mieux s'adapter aux particularités locales du terrain, du sol, du climat, etc. Dans les conditions actuelles de la vie russe, l'agriculture éprouve un besoin particulièrement aigu de produits industriels. Ces besoins de l'agriculture ne peuvent être satisfaits sans l'industrie. Si l'agriculture ne les satisfait point, elle est condamnée, ou bien à la dégénérescence ou bien à un état stationnaire. Jamais elle ne pourra progresser dans ces conditions. Je n'ai pas besoin d'insister sur l'importance à son tour d'une agriculture développée pour l'industrie dans les conditions actuelles de la Russie. Cette importance est déterminée par le fait que le marché intérieur est l'unique débouché pour l'industrie russe. Mais le marché intérieur — c'est la campagne, c'est l'agriculteur.

L'agriculture, pour sortir de la paralysie actuelle a besoin d'un ensemble de conditions moins compliquées que l'industrie. Cette dernière a des exigences objectivement plus difficiles à satisfaire. A quoi se réduisent-elles ? C'est-à-dire, quel est le minimum de conditions politiques intérieures garanties par l'Etat, et dont aurait besoin l'industrie russe et par suite l'économie russe dans sa totalité pour prendre un véritable essor ? Pour répondre à cette question, je partirai d'une prémisse, que nul à présent, semble-t-il, saurait nier : la renaissance de l'industrie russe ne se fera pas sans le concours de l'initiative privée, sans capitaux particuliers et sans capitaux actionnaires. Il faudra quatre groupes de conditions pour que la renaissance de l'industrie se réalise : 1° Des lois stables et uniformes pour tout le pays et strictement observées, qui garantissent les droits pécuniaires des personnes dans leur activité économique; 2° la liberté de l'activité économique, qui appelle la liberté de la locomotion, la liberté dans le choix de la profession, la liberté de communication par la poste et par le télégraphe ef partant la libération de toute sorte de mobilisation de travail (« troudmobilizatia ») et de « corvées » (« troudpovinnost »); 3° la certitude que, l'Etat s'acquittera loyalement des obligations que lui imposent les lois; 4° un minimum de droits individuels et partant une limitation correspondante des droits concédés aux « Tchrezvytchaika » en matière de perquisitions et de procédures politiques. Les trois premières des conditions mentionnées n'ont pas besoin d'argumentation et de commentaires, elles sont évidentes et indiscutables. Examinons de plus près, ce que leur réalisation comporterait pour le pouvoir soviétiste.

La première condition exige en dehors de l'élaboration de lois, écrites et formulées avec précision, une justice régulièrement organisée et un appareil administratif unique et soumis au pouvoir central, qui exécute sans hésitation les sentences judiciaires. Si cette condition est réalisée, cela signifie la fin du pillage de la population et du trésor par les représentants actuels du pouvoir et la cessation de l' « autonomie » du pouvoir local. Quand la participation au gouvernement ne comportera plus autant d'avantages matériels, les rangs serrés du parti communiste s'éclairciront de beaucoup. Non seulement les gens infimes, mais aussi bon nombre de « gros bonnets » quitteront le parti. Avec les « gros bonnets » partira, quoique pour des raisons d'un autre ordre, l'aile gauche, communiste à outrance, du parti. L'appui sur lequel pourra compter le parti, sera extrêmement amoindri... L'abolition de l' « autonomie » du pouvoir local, qui ne pourra aller sans une limitation sérieuse des droits des Soviets locaux et le détachement d'eux de toutes les institutions, qui tout en ayant caractère local, accomplissent des fonctions de gouvernement central — sera forcément le résultat d'une lutte longue et acharnée entre le centre et les pouvoirs locaux. La chose ne pourra se faire sans des scissions nouvelles dans le parti et des pertes nouvelles de membres du parti. Le pouvoir se trouvera par conséquent ébranlé dans la base sociale, qui le soutient.

La libération de la population des liens qui l'asservissent au lieu de sa résidence et au lieu, où elle prête service, sa libération de toute sorte de « corvées » et « mobilisations de travail » (« les troudpovinnost » et les « troudmobilizatia ») menace les institutions et les entreprises de l'Etat d'une ruine complète, car les employés de l'Etat et les ouvriers dans les entreprises gouvernementales, surtout ces derniers, ne travaillent en grande partie que parce qu'ils y sont contraints. Ce sont ceux-là qui partiront les premiers. Mais les autres travailleurs entrés au service soi-disant volontairement, partiront à leur tour, puisque le désordre, la grossièreté, les lenteurs de procédure, les perquisitions, qui sévissent dans les institutions et les entreprises gouvernementales rendent la vie insupportable... Nouvelle perte de base pour le pouvoir — base économique pour cette fois.

Avant que le pouvoir puisse réaliser les résultats palpables de sa « nouvelle orientation » en matière économique, il devra faire preuve de bonne foi et de persévérance dans la voie adoptée. Des capitaux privés, capables d'un sérieux effort d'organisation, ne se laisseront pas toucher par des promesses verbales du pouvoir. La bonne foi du parti ne pourra, après toute son attitude dans le passé, être citée qu'entre guillemets ironiques. On n'aura qu'à se rappeler une des paroles d'ordre les plus tapageuses, qui accompagna l'avènement au pouvoir des bolcheviks. « Convocation honnête de la Constituante... » Les preuves, que le gouvernement donnera de sa bonne foi, peuvent être très variées, il est impossible de prévoir leur *forme concrète*, mais leur *contenu* peut être d'ores et déjà précisé : il devrait y avoir volte-face résolue en matière politique (dans le sens strict du mot), rupture complète avec les méthodes administratives actuellement usitées. Cela veut dire — explosions nouvelles, conflits nouveaux et pertes nouvelles dans le parti communiste, travaillé sans cela par des scissions et un exode continuel de ses membres.

Les trois conditions énumérées appellent donc par leur réalisation un affaiblissement du pouvoir, qui domine actuellement. En même temps et parallèlement s'accomplira un autre processus, l'intensification de l'activité et l'organisation de ses adversaires politiques. Toutes les facilitations dans les conditions de la vie (liberté de locomotion, inviolabilité de la propriété, libre choix de la profession, etc.) seront infailliblement mises à profit par ces derniers; car ils haïssent profondément et sincèrement le pouvoir. Mais, ce qui sera d'une utilité suprême pour les adversaires du régime actuel, c'est la réalisation de la quatrième condition — un minimum de droits individuels garanti et la limitation correspondante des droits des « Tchrezvytchaika ».

Les « Tchrezvytchaika », avec la plénitude des droits que leur concède le régime actuel, forment un obstacle insurmontable à la marche régulière de la vie économique. Le rétablissement d'une économie normale conjuguée aux « Tchrezvytchaika » n'est pas imaginable. Des arrestations de propriétaires d'entreprises, de leurs directeurs administratifs ou techniques, la suppression des ouvriers qualifiés, la suppression en masse d'autres ouvriers et employés — tous ces faits par eux-mêmes et surtout par les conséquences qu'ils comportent (par exemple, l'agitation que susciteraient dans les milieux ouvriers les arrestations des camarades) provoqueront des heurts continuels dans la vie des usines. La liberté complète des « Tchrezvytchaika », en ce qui concerne l'application de la peine capitale, aggrave encore le caractère funeste de ses « opérations ». J'ai cité (dans le premier chapitre) le fait d'une cessation de production dans six usines métallurgiques à cause du manque de main-d'œuvre qualifiée ; les ouvriers qualifiés, au lieu de travailler, sont envoyés en prison, au cachot, dans des camps de concentration ; pour les châtier, on leur fait couper et scier du bois, on les emploie à décharger des chalands, on les exile, etc. Même les communistes travaillant dans les usines et dans les chemins de fer, signalent l'influence néfaste sur le travail des arrestations et de l'exil des ouvriers, pratiqués actuellement en Russie par la « Tchrezvytchaika ».

La réduction de la compétence de la « Tchrezvytchaika » à une tâche strictement limitée, celle de l'espionnage et de la terreur politique, sera facile à obtenir, mais cela ne pourrait suffire. Il faut plus. Les nécessités de la vie économique demandent que, même dans ce domaine, les droits des « Tchrezvytchaika », soient limités à ce qu'étaient, par exemple, les droits des « offices de gendarmes » (1) sous l'ancien régime, lesquels ne pouvaient tenir les gens indéfiniment en prison, ni les fusiller, ni prononcer des interdictions de séjour, ni appliquer l'exil. Mais, si le pouvoir soviétiste voulait enfermer l'activité de ses organes terroristes dans des limites, même aussi largement conçues, le travail politique de ses adversaires saurait tout de suite en tirer parti. Il redoublera ses attaques contre le pouvoir soviétiste, qui ne saurait tenir en place. Le pouvoir soviétiste s'en rend parfaitement compte et c'est pourquoi il n'accorde ni limitation des pouvoirs, ni même affaiblissement d'activité de ses organes terroristes. Rendons-lui justice. Il ne peut les accorder.

Le pouvoir actuel en Russie ne peut faire machine en arrière avec quelque chance de réussite (2). Je répète ce qui constitue ma conviction la plus profonde — il n'y a qu'une voie d'issue pour le pays — c'est la destitution du pouvoir actuel. Comment se fera-t-elle ? Par la voie de la révolution ou d'une insurrection de palais ? C'est ce qui ne nous est pas donné de voir.

---

(1) Police politique de l'ancien régime. (N. du Tr.).

(2) On parle encore d'une autre voie d'issue possible, la coalition des bolchéviks avec d'autres partis politiques. Voilà une erreur plus grave encore, qui démontre une étonnante légèreté desprit. Une coalition présuppose un accord préalable. Elle demande une espèce de programme qui soit commun aux partis, qui se coalisent. Or, il n'y a pas un seul parti en Russie qui saurait se contenter du minimum, que nous avons indiqué comme condition indispensable d'un relèvement économique.Chaque parti introduira nécessairement comme points de l'accord des droits individuels publics et la convocation d'une institution représentative fondée en pouvoir et élue par un suffrage, dont le secret soit garanti. Les premières élections faites dans ces conditions rejetteront le pouvoir actuellement dominant. Les bolcheviks n'ont pas de place d'armes pour leurs manœuvres politiques. (N. de lAuteur).

CHAPITRE IV

LA CULTURE

La culture qui va former l'objet de notre étude dans le chapitre qui suit, sera traitée par moi dans un sens assez relatif et restreint. Tout d'abord, je n'applique le mot qu'à la vie purement *spirituelle* de la Russie de nos jours. La culture au point de vue matériel, n'entre pas dans le sujet que je traite. Ensuite, nous laisserons de côté toutes les représentations, les conceptions, les sentiments nouveaux, qui sont une conséquence involontaire (créée inconsciemment) des conditions nouvelles de la vie sociale et qui, comme telles, se déposent dans la psychologie des masses.

Nous n'allons traiter que de certains symptômes, dans lesquels se manifeste la vie consciente de l'esprit d'un peuple : le travail de la pensée scientifique, le travail littéraire, l'activité éditrice et l'activité déployée dans le domaine de l'instruction publique. C'est à ces symptômes, auxquels on peut mesurer l'intensité de la vie spirituelle, que sera consacré le chapitre qui va suivre.

Cinq sont les forces qui entraînent la culture russe sur la pente d'une dégénérescence rapide et de sa consomption : 1° L'appauvrissement économique ; 2° la baisse progressive des conditions extérieures et des commodités de la vie de tous les jours ; 3° La grave situation de droit ; 4° Le manque aigu de manuels et de moyens techniques d'étude ; 5° La politique du gouvernement en fait de culture.

L'appauvrissement du pays a eu pour conséquence un manque aigu de choses aussi indispensables que la nourriture, le combustible et les vêtements. Le manque se fait sentir avec une acuité particulière dans les villes — foyers et centres de la culture. L'appauvrissement économique a eu pour conséquence un amoindrissement des forces nécessaires pour créer, pour instruire et étudier. Les forces de la culture, comme une bougie qui se consume aux deux bouts, fondent doublement : le nombre des personnes s'occupant de travail intellectuel a diminué ; d'un autre côté, ceux qui sont restés debout ont relâché d'énergie. La belle floraison de la culture demande un sol fertile ; un sol épuisé la fait languir.

Rien qu'à Pétrograd, pendant les derniers mois de 1920, il y a eu 11 savants de morts, parmi lesquels un académicien et 7 professeurs universitaires. Pendant l'hiver 1919-1920, une assemblée de professeurs et de chargés de cours des établissements de l'enseignement supérieur à Moscou, se leva 14 fois pour honorer la mémoire de collègues défunts : c'étaient des victimes que la mort avait faites pendant un mois. La Conférence des savants russes à l'étranger qui eut lieu à Prague (octobre 1921), publia une liste de 156 savants, qui avaient péri pendant les quatre ans de régime soviétiste. La plupart d'entre eux étaient morts de mort prématurée, d'épuisement et de maladies épidémiques. En Russie, on allonge encore cette liste : le nombre des savants morts s'y exprime par un chiffre qui s'approche de 400. Un diagramme tracé en 1920, par la Section de l' « Ecole de travail unifiée » du « Commissariat de l'Instruction Publique » enregistre une baisse du nombre total des pédagagues dans les écoles de la Russie soviétiste de 30 0/0 ; dans les gouvernements d'Odessa et d'Oufa, la diminution s'exprime par 40 0/0 ; dans le gouvernement d'Archangelsk, par 52 0/0 ; dans celui de Tsarytsin même, par 65 0/0.

Et voilà la situation de ceux qui sont restés en vie et continuent leur activité pédagogique : « On peut déduire des données statistiques de la Section de l' « Ecole de Travail unifiée » du « Narcompross » (« Commissariat de l'Instruction Publique ») que la *mendicité* parmi le personnel pédagogique, atteint 100 0/0 dans 14 gouvernements et de 30 à 40 0/0 dans les autres gouvernements. La moitié du personnel enseignant souffre littéralement la faim (1) ». Les professeurs universitaires, les académiciens à leur tour souffrent aussi la faim. Pendant son voyage en Russie, Wells visita la « Maison des Savants » et cette maison lui laissa l'impression la plus pénible parmi tout ce qu'il avait vu à Pétrograd et à Moscou Voilà ce qu'il écrit : « La visite, que je fis à cette institution, fut pour moi le moment le plus pénible de mon séjour en Russie. Quelle peine de voir les figurés hâves, exsangues, tourmentées de ceux qui n'étaient plus que des vestiges de savants russes, jadis célèbres. Il y avait des notabilités telles que l'orientaliste Oldenbourg, le géologue Karpinsky, lauréat du Prix Nobel, Radlov et Biélopolsky ensuite, tous noms de portée mondiale. » Dans le « Glavprovfobre » de Moscou, qui dirige toute l'instruction professionnelle en Russie, je rencontrai un professeur de l'Université de Perm, délégué par cette dernière à Moscou. Vêtu d'un vieux paletot crasseux et déchiré, dans une vieille casquette râpée, chaussé de bottes, à travers les trous desquelles se voyaient de sales bandes de drap, un sac sur les épaules, la barbe inculte, sans s'être lavé après un séjour d'une semaine dans un wagon à marchandises, brisé de fatigue, il ne rappelait que de fort loin par son aspect un universitaire. Il m'est aussi arrivé de rencontrer plus d'une fois S. A. Kotliarevsky, professeur de droit constitutionnel à l'Université de Moscou ; ses chaussures étaient dans un état fort mauvais — on voyait percer les doigts ; il avait une maladie de la peau causée par l'épuisement. V. G. Korolenko (l'écrivain bien connu), mangeait des croûtes sèches de pain de seigle, qu'il trempait dans son thé, pour pouvoir les mâcher. A. V. Pesciechonov a repris son ancien service de statisticien ; Kazansky, professeur de logique et de philosophïe à l'Université de Pétrograd, homme de

---

(1) Cette citation est empruntée à la relation du Commissariat de l'Instruction publique, destinée à la Conférence Panrusse des Soviets (décembre 1920), mais qui ne fut pas présentée à la Conférence (voir plus loin). (N. de l'Auteur).

grande valeur scientifique, est devenu aide-bibliothécaire dans la bibliothèque du « Centrosoious » (Union Centrale des Coopératives). Les noms et les exemples abondent. La plus grande partie des savants, des écrivains, des professeurs souffre la faim, gêle l'hiver dans des chambres qui ne sont pas chauffées, prête service dans des institutions soviétistes, vend au marché ses livres, son linge, sa vaisselle, se loue en été pour les travaux de verger, etc. Il n'y a que quelques-uns parmi eux dont la vie est assurée comme elle l'était dans le temps, et qui peuvent travailler, comme ils travaillaient jadis, quand la vie était normale.

Les édifices, qui servent à l'enseignement, ne se trouvent pas dans un état meilleur. S'il n'y a même pas assez de combustible et de matériel de réparation pour les fabriques et les usines, pour les institutions gouvernementales les plus importantes, pour les casernes enfin, comment serait-il possible de penser, dans ces conditions, aux écoles ? A commencer par les Universités, les laboratoires, les bibliothèques, les musées et en finissant par les écoles primaires dans les campagnes, les établissements d'enseignement restent sans chauffage ; on n'y fait point de réparations; ils sont ou bien vides à moitié ou bien totalement abandonnés et tombent en ruines. Les professeurs et les auditeurs gardent, pendant les cours, leurs paletots, leurs casquettes, leurs gants.

La ruine économique du pays a eu pour conséquence un empirement général des conditions de la vie et une disparition des commodités, auxquelles on était habitué. Le chauffage central, qui ne fonctionne plus, a fait naître dans les villes une série de petite poêles de types très variés : les « sovdiépki », les « bourgeoises », les « bassets », les « samokladki » (de construction propre), qui ont ceci de commun qu'ils fument tous horriblement et salissent les appartements. Le manque de combustible dicte l'économie la plus stricte de chauffage et les travailleurs intellectuels passent les soirées d'hiver — temps le plus productif au point de vue intellectuel — dans une seule et même chambre, avec toute la famille. La fumée et la saleté de la chambre la font apparaître comme une demeure de samoièdes sauvages (1) et, comme dans les vraies demeures de samoièdes, on s'y couche quelquefois par terre pour échapper à l'âcre fumée. On conserve le bois dans les appartements ; tous les jours il faut en descendre une certaine quantité dans la cour, pour le couper, et puis remonter le petit bois dans l'appartement... Arrivé avec un faisceau de petit bois dans son appartement, le professeur J. A. Pokrovsky, un des meilleurs connaisseurs du droit civil russe, se fit choir sur une chaise pour reprendre haleine et... mourut. Le cœur n'avait pas été capable de supporter ce travail au-dessus de ses forces... La conduite d'eau ne fonctionne plus et il faut faire des voyages infinis pour rapporter de l'eau. Pour obtenir des produits, qui vous sviennent de droit, il faut faire des queues qui durent des heures, quelquefois des journées entières. Les tramways ne marchent plus, il n'y a pas toujours possibilité de louer des voitures, cela fait que des gens parfaitement exténués, quelquefois malades et âgés doivent mettre des heures entières pour faire leur chemin à pied. Le président de l'Académie des Sciences, M. Oldenbourg venait souvent à Moscou pour des affaires de l'Académie. Le grand savant, qui est vieux et dont la santé est faible, faisait par le froid d'hiver les cinq ou six verstes, qui séparent la gare Nicolaievsky de l'Ostrogenka et de la place de Zoubov à pied, son sac sur les épaules. Ce long chemin le fatiguait beaucoup d'hiver. Il était si faible, courbé de fatigue, la figure amaigrie, une lassitude infinie dans les yeux, on le faisait attendre de longues heures dans quelque antichambre du Commissariat de l'Instruction publique avant que quelque bureaucrate communiste de la nouvelle manière daignât le recevoir. « Si même j'avais voulu faire mon travail littéraire », disait l'écrivain Goussev-Orenbourgsky, après s'être échappé à l'étranger, cela m'aurait été physiquement impossible ; je courais du matin au soir pour trouver avec ma carte de rationnement le peu de sel ou de pain qui m'étaient assignés. L'unique chose, que j'aie été capable de faire, c'était d'écrire

---

(1) Samoièdes, peuplades sauvages du Nord extrême de la Russie. (N. du Tr.).

mon journal. » Si nous ajoutons à tous ces inconvénients le manque de lumière, qui se fait sentir, à l'exclusion de Moscou, avec une acuité égale dans toutes les villes et surtout dans les campagnes, nous aurons le tableau d'une détresse complète et d'un engrenage de la vie de tous les jours excessivement mal agencé. Même dans la mesure, où les forces intellectuelles diminuées l'auraient permis, il était impossible de s'adonner à n'importe quelle activité dans le domaine de la culture.

Un autre facteur encore. Il n'y avait pas de moyens techniques d'instruction, de manuels, ni d'appareils, ni de retortes chimiques, il n'y avait pas d'encre, ni de pointes à dessin, ni de crayons, ni de plumes. Wells fit une visite à Glazounov « Plus de trace de l'apparence imposante du célèbre compositeur. Horriblement maigri, désséché, courbaturé. Son paletot pendait sur lui comme sur une perche. » Glazounov dit entre autre à Wells, que « sa création musicale se trouvait entravée par le manque de papier à musique ». Les savants de « la Maison des savants » portèrent la même plainte à Wells. « Nous ne manquons pas seulement d'instruments nouveaux, mais encore du papier le plus ordinaire. » Je connais un homme de la science, économiste, qui mit quelques jours à se procurer une boite de pointes à dessin, dont il avait besoin pour ses graphiques. Ils réussit à l'obtenir seulement après une audience chez le directeur du « Glavprofobre » (« Centre d'instruction professionnelle »), quand ce dernier donna l'ordre personnel de fournir les pointes à dessin au savant en question. Dans mes notes sur la Russie soviétiste, je trouve ces paroles d'un autre savant : « Je m'occupe de la science, je veux m'en occuper et c'est à cause de cela que je me vois contraint de voler. Je ne puis en aucune manière me procurer les appareils et les préparations dont j'ai besoin pour mon travail. Et là, ils en ont et je puis les prendre; alors je les prends. Cela me répugne naturellement, c'est du vol pur et simple, mais je ne puis pas faire autrement. »

Il n'y a pas de livres, on ne peut pas en acheter, du reste, les moyens manqueraient pour le faire. Les bibliothèques sont inaccessibles en hiver, tellement il y fait froid. Un jour d'hiver j'entrai dans la partie de la Bibliothèque Roumiantsev réservée aux travaux scientifiques; j'y vis, à ma stupéfaction, que les fenêtres étaient largement ouvertes. La dame, qui distribuait les livres, m'expliqua, qu'il faisait bien plus chaud dehors, que dans la bibliothèque et qu'elle avait décidé de se réchauffer elle-même et de réchauffer la salle, en ouvrant les fenêtres.

Il paraît bien peu de livres nouveaux et ce qui paraît n'arrive pas jusqu'aux intellectuels, qui travaillent. Parmi les livres édités par l'entreprise d'édition du gouvernement, ce qui a le plus de valeur, c'est le recueil complet des œuvres et des lettres de A. I. Herzen. D'après le « plan » de répartition des livres, deux de ces recueils échurent à deux professeurs à Moscou, le professeur Sakouline et un autre, dont le nom m'échappe. Les insistances des autres professeurs, pour obtenir à leur tour un exemplaire, n'eurent aucun résultat. Même ceux d'entre eux, qui occupent des chaires de littérature russe, ne réussirent à s'en procurer. Je le sais, par le professeur A. L. Grouzinsky, lequel en occupant une chaire d'histoire de la littérature russe, tâcha en vain d'avoir les œuvres de Herzen. Toute l'édition fut distribuée à des « Compart », des « Profsoious », des « Politprosviets », des « Comsamols » et d'autre institutions de ce genre.

Le principe, d'assez large application en province, de « réquisitionner » aux intellectuels tout ce que leurs bibliothèques contenaient au-dessus de 500 volumes, rendit plus sensible encore le manque de livres chez ceux, qui en avaient besoin pour leurs travaux. Le manque de manuels et de fournitures scolaires atteignit des proportions aussi énormes, qu'à lui seul il rendit impossible le travail dans les écoles primaires.

Les dispositions de la loi, à leur tour pèsent sur le travail intellectuel. Les travailleurs intellectuels passent à travers des épreuves ménagées à eux seuls, qui s'ajoutent à l'atmosphère de plomb enveloppant de son poids toutes les couches de la population. On n'a pas le droit de recueillir des matériaux « contre-révolutionnaires » pour les garder chez soi, on n'a pas le droit d'en faire usage pour ses travaux, on ne peut se permettre dans des travaux littéraires, historiques, économiques, des appréciations de la vie actuelle russe, qui ne rentrent pas dans les vues du pouvoir; malheur à ceux chez qui une perquisition de la « Tchrezvytchaika » aurait révélé des matériaux et des travaux de ce genre; ils l'expieraient par une longue détention en prison ou au cachot. Il n'est pas sans danger de conserver chez soi des manuscrits même de contenu neutre, traitant de choses fort éloignées de la vie soviétiste de nos jours. La « Tchrezvytchaika » en perquisitionnant chez le prince S. D. Ouroussov, auteur des « Mémoires d'un gouverneur », y découvrit le manuscrit d'un travail traitant de la vie passée de l'Etat et de la société russes, d'après les souvenirs personnels de l'auteur, — travail en trois volumes et de grande valeur historique (1) Toutes les tentatives de l'auteur, après que l'arrêté de non-lieu eût été prononcé (2) et qu'il eût quitté la prison, d'obtenir la restitution de son manuscrit, n'aboutirent à rien. La « Tchrezvytchaika » faisait la sourde oreille... Dans la « Tchrezvytchaika », périrent également des notes manuscrites, que j'avais recueillies pendant 3 ans dans 8-10 gouvernements. Ces notes avaient trait aux « intellectuels » parmi les paysans et embrassaient la période *avant* 1917. Elles ne contenaient rien de subversif qui eût pu nuire à la « sécurité de l'Etat » et pourtant il ne me fut possible d'en obtenir la restitution... Les cas, que je viens de citer, ne sont natu-

---

(1) « Les mémoires d'un gouverneur », me disait Ouroussov, ne peuvent en aucune manière, être comparées à cet ouvrage. Ces dernières ne sont qu'une espèce de conte humoristique, bon à lire pendant la digestion. Tandis que l'autre était un travail sérieux et de valeur historique. J'ai vu beaucoup de choses. J'avais de quoi parler. Est-ce que mes entrevues avec Nicolas II ne présentent pas un certain intérêt ? A ma première entrevue je pus me convaincre que le tsar ne connaissait pas la différence entre l'assemblée et l'organe exécutif des zemstvos. Pendant cette même entrevue le tsar, homme d'intelligence assez bornée, mais très rusé parfois, me dit, sans que j'eusse engagé de conversation en ce sens, à brûle-pourpoint la phrase suivante : Pous n'avez naturellement pas besoin de la monarchie, prince. Ni moi non plus. C'est le peuple, qui en a besoin et il est de notre devoir de la lui conserver. » Est-ce que tout cela est dépourvu d'intérêt pour un historien futur ? (N. de l'Auteur).

(1) S. D. Ouroussov avait été arrêté et mis en prison en 1920, sous l'inculpation d'avoir participé au complot du « centre tactique ». (N. de l'Auteur).

rellement pas isolés. C'est pourquoi les gens, qui écrivent en Russie, ceux notamment qui écrivent sur des sujets sociaux, font preuve d'une énergie et d'un esprit d'invention tout aussi remarquables pour tenir cachés leurs matériaux et leurs manuscrits, que les paysans pour enfouir leur blé. Il y a pourtant d'autres gens, qui évitent soigneusement d'écrire des choses « compromettantes ».

La force qui, en dernier lieu, détruit la culture intellectuelle en Russie, c'est la politique que suit le gouvernement en matière de « culture ». Cette politique, loin d'avoir la précision et le fini de la politique économique du pouvoir soviétiste, se présente comme assez décousue. Il faut chercher l'explication de cette différence de traitement dans le fait que le maximum de l'effort socialiste étant tendu vers la solution de problèmes économiques, on laissait involontairement dans l'ombre et en dehors de toute considération théorique, ce qui regardait la création et la diffusion de valeurs spirituelles. C'est ici que se révèle le point vulnérable de la conception socialiste, qui concentre tout son intérêt sur les institutions sociales, sans penser au support de ces dernières — à la personnalité humaine. En tâchant de transformer par la méthode de l'action gouvernementale les *rapports* entre les hommes, on laissait de côté l'âme humaine, — terre fertile, où naissent ces rapports et qui les nourrit de sa sève. Le bolchevisme, fils turbulent du socialisme révolutionnaire, vit se répercuter en lui cette disposition propre à son parent. Il entra en maître souverain dans la vie russe, ayant une claire conscience de sa politique économique, et n'ayant aucune idée de ce que sera sa politique en matière de culture.

La politique bolchevique en matière de « culture », représente, dans la déclaration faite par le gouvernement à ce sujet, un conglomérat assez bizarre. Il y a des points, qui sont communs à tous les programmes démocratiques tels que : la gratuité, l'unité, le caractère universel et laïque de l'enseignement, etc. ; il y a en outre des élucubrations spéciales de la mentalité bolchevique, n'ayant aucun rapport avec le socialisme, ni le communsime (par exemple, l'abrogation de l'enseignement des langues dans l'école secondaire, le lien indissoluble qui relie l'instituteur à un groupe déterminé d'élèves, « l'universalisme » de l'instituteur, qui doit tout enseigner dans sa classe, etc.); il y a enfin la « communisaton », de la science, de l'art, de l'activité publiciste, de l'enseignement et du contingent de la masse scolaire, mesures qui s'inspirent aux principes communistes. En pratique, cette politique bolchevique a conduit à la dépravation morale et à une mortalité élevée parmi les enfants hospitalisés dans les « Maisons d'enfants » du gouvernement, à l'anéantissement de l'instruction primaire, à la déchéance de l'école secondaire et en partie de l'nseignement supérieur (universités), à la mort d'une littérature jadis aussi riche dans ses manifestations scientifiques, littéraires et publicistes et enfin à un rétrécissement général et progressif de l'horizon de la jeune génération. Le lecteur pourra démêler les conséquences de cette politique, sous leur aspect concret, dans les pages qui vont suivre.

L'action réunie des cinq forces, que nous venons d'analyser, réduisit la culture russe, dont les poussées de sève avaient été aussi riches et aussi intenses, à l'état d'une forêt après l'incendie. Des troncs brûlés partout, des cendres, des branches qui se tortillent en brûlant, des cadavres d'arbres qui gisent par terre, des pousses touchées par la flamme. Çà et là des chênes puissants noircis par le feu et la fumée. Des îlots de feuillage vert par endroits. Mais plus de vie, plus de bruit vert, plus de chorus vivant des cîmes. La forêt bruissante s'est transformée en un cimetière dolent d'arbres.

Passons aux chapitres épars, dont se compose la culture de la Russie de nos jours.

*
**

L'enseignement. — *Enseignement préscolaire.* — Avant l'horrible famine de 1920-21, il y eut grand tintement de cloches à Moscou, qui annonçait au monde la création d'un paradis d'enfants par les soins du gouvernement russe. Des « Maisons d'enfants », des crèches, des nids d'enfants, un rationnement spécial pour les enfants, des colonies d'enfants...

La vie de l'enfant paraissait arrangée de la meilleure façon. Surtout la vie des enfants, dont l'Etat prenait soin. Pour confirmer ces dires, le gouvernement fit pleuvoir des chiffres, mettait des « faits » à la disposition d'enquêteurs venus d'Europe et d'Amérique, leur fit voir à titre d'échantillon et comme s'il s'agissait d'un fait de caractère tout à fait général, des colonies d'enfants modèles dans les environs de Moscou et de Pétrograd.

Les enfants — voilà la pierre de touche qui permettait aux communistes d'établir une différence entre l'Europe bourgeoise et la Russie communiste. Les résultats de la comparaison n'étaient certainement pas en faveur de l'Europe. Mais ceux qui vivaient en Russie et voyaient ce qui se passait derrière les coulisses de cette vie factice, savaient fort bien que la réalité ne correspondait pas du tout au tableau déroulé par la réclame. La vie dévoilait tous les jours des faits de plus en plus effrayants. Les « Maisons d'enfants », où, vers le milieu de 1921, vivaient et étaient élevés près de 350.000 enfants, étaient des lieux où l'on « faisait des anges » et en même temps des centres de prostitution. Il mourait des dizaines de milliers d'enfants, faute de nourriture, de vêtements et de soins. Ceux qui survivaient subissaient tous les jours une lente dépravation morale. Leur éducation était confiée à des femmes sans instruction, débauchées et voleuses, qui étalaient librement devant les enfants leur vie, leurs orgies, leurs vices. Les vices des grandes personnes se transmettaient aux enfants, parmi lesquels s'épanouissait la prostitution, le vol, le brigandage.

Une dame, que je connais, eut l'occasion de visiter une maison de ce genre. La maison se trouve dans le district de Poltava, dans une propriété ayant appartenu jadis à Trépov, et s'appelle « Boudynok pour les enfants du nom de Kollontai » (1). Le Boudynok occupe la demeure seigneuriale. Deux ans avant la révolution, Trépov, en voulant recevoir chez

____

(1) Alexandra Kollontaï est une des leaders du parti communiste. (N. du Tr.).

lui un des grands-ducs ,avait transformé sa maison en un vrai palais. Ce palais fut occupé par le Boudynok. En même temps, le «, Revcom » (« Comité révolutionnaire »), dont les membres sont nommés par le gouvernement) emménagea dans la maison. Pendant l'inspection des locaux, on crut percevoir un son sourd en tapant sur l'un des murs. La chose parut suspecte, on soupçonna un vide et des trésors cachés. On perça le mur, mais sans trouver quoi que ce soit. Mais le soupçon était né, une rage de perquisition s'empara des membres du Revcom. On perça encore des trous dans plusieurs murs, mais sans résultat aucun. Pour réparer le mal, on boucha tous les trous avec de la terre glaise jaune. Ces taches jaunes tranchaient étrangement sur le blanc laqué des murs et interrompaient par ailleurs gaiment les fresques artistiques. C'est ainsi qu'on « pendit la crémaillère ». au Boudynok. Le reste s'arrangea en conséquence : un mois après, la conduite d'eau, la canalisation, l'installation électrique ne fonctionnaient plus, les murs étaient ornés d'inscriptions, les baignoires étaient démolies et le cas échéant, servaient de lieux d'aisance. Il n'y avait pas besoin d'engrais pour le magnifique parc, qui entourait le palais. Les habitants du palais, enfants et adultes, hommes et femmes, y pourvoyaient.

Au rez-de-chaussée, à côté de la chancellerie du « Revcom » et des habitations de ses membres, se trouvaient les chambre des institutrices des enfants qu'on appelle « Kérivnitzy » en Ukraine — femmes grossières, sales et voleuses. Elles sont toutes communistes ardentes. Au rez-de-chaussée, il y a souvent des soirées, auxquelles les enfants sont admis en qualité de spectateurs. On est gai pendant ces soirées, le vin, la musique et la présence des « Kérivnitzy » y apportent beaucoup d'animation. Des scènes indescriptibles se déroulent devant les enfants. Quand la dame, qu était venue visiter l'institution, se hasarda d'attirer de façon fort discrète, l'attention de l'instructeur de district à Poltava pour l'enseignement préscolaire sur les inconvénients qu'avaient des soirées de ce genre en présence des enfants, elle souleva une protestation ardente chez son interlocutrice. « Nous donnons aux enfants une éducation réaliste, lui dit la femme-instructeur, communiste convaincue. Nous ne voulons pas organiser des institutions fermées de type bourgeois des anciens temps, où les enfants soient séparés par un mur de la vie, telle qu'elle est, dans toutes ses manifestations. Les lois de la nature et, en particulier, la force d'attraction naturelle entre hommes et femme ne doivent pas rester un mystère pour eux...

Le « Boudynok » n'a pas de culture agricole propre, ni d'approvisionnement régulier en vivres. Il vit presque exclusivement de la réquisition de produits et d'objets chez la population du village Tchoutovo. Voilà par exemple, comment on se procure du lait pour les enfants. De bon matin, deux soldats armés sortent du « Boudynok » avec des seaux, et se dirigent vers le village. Ils entrent tantôt dans une maison, tantôt dans une autre, et demandent du lait. Si la patronne ne veut pas en donner ou quand elle dit qu'on lui en prend plus qu'aux autres, les soldats vont le chercher eux-mêmes. Le lait qu'ils trouvent dans la cave ou au garde-manger, est versé dans les seaux. Après avoir « secoué » ou tout simplement injurié la patronne ils s'en vont. « Attendez, leur crie quelque part la patronne, ne versez pas dans les seaux, le lait est tourné. » « Ca ne fait rien, dit le soldat sur un ton rassurant, ils ne crèveront pas ! » Et on verse le lait dans le seau. Dans les seaux, voisinent le lait fraîchement tiré, le lait tourné, le lait cru et le lait bouilli. Après avoir rempli les seaux jusqu'au bord, les soldats s'en retournent au « Boudynok ».

Il n'est pas étonnant dans ces conditions, que les enfants aient toujours mal au ventre, qu'en été il y ait constamment des épidémies de dyssentérie et que les cas de mort soient fréquents.

C'est la population, qui fournit aux enfants le linge et les vêtements : le « Revcom » omnipotent impose aux paysans des fournitures de toile et leur demande des corvées pour en confectionner des chemises, des caleçons et des blouses. Quand le « Boudynok » n'a plus de pain, de gruaux, de lard, on prélève sur les paysans, en voie d'imposition extraordinaire, ces produits nécessaires.

Il n'y a pas d'éducation au sens propre du mot au « Boudynok », si toutefois on ne considère pas comme éducation la connaissance que les enfants acquièrent des « lois de la nature » et les coups fréquents, qu'ils essuient pour toute sorte de petites fautes et espiègleries.

Du reste, ne multiplions pas les détails concrets de la vie des « Maisons des enfants » ; j'ai à ma disposition une *relation synthétique élaborée par le Commissariat de l'Instruction publique et ayant pour sujet la situation des enfants dans la République Soviétiste. Le rapport fut écrit par ordre de Lounatcharsky pour la 8e Conférence des Soviets (décembre 1920), mais il ne vit pas de la lumière du jour*. Lounatcharsky, ayant trouvé que le rapport était entièrement « dépourvu de tact », le fit immédiatement et soigneusement retirer de la circulation. On se mit à rechercher avec zèle tous les exemplaires du rapport et à les détruire ; on retirait les feuilles de dessous les machines à écrire, on prenait le rapport chez les employés du commissariat pour le brûler, les dactylographes durent signer une déclaration officielle, certifiant qu'elles avaient rendu *tous* les exemplaires du rapport et énumérer strictement *tous les* autres exemplaires qu'elles avaient distribués. Je cite ce rapport qu'on avait mis tant de zèle à détruire et qui, pourtant, était resté vivant, dans la partie qui a trait à l'éducation et à l'enseignement préscolaire des enfants.

« La guerre, la famine, les épidémies emportent tous les jours une quantité sans cesse croissante de pères et de mères de famille. Le nombre des orphelins et des enfants sans surveillance augmente avec une rapidité vertigineuse. Les enfants — et le fait est caractéristique pour les gouvernements affamés, comme pour ceux qui ont un excédent de production (Penza, Tambov et d'autres) — vont tendre la main, exténués par la faim et le froid, ils se débauchent, deviennent voleurs et sèment la frayeur et la panique dans les villages et les campagnes.

Des enfants sans gîte et complètement abandonnés se trouvent aussi en masses dans les régions récemment libérées de
l'occupation militaire, la région du Don et celle de la Koubane. L'abandon des entants à eux-mêmes a atteint des proportions effrayantes ces temps derners. De grosses nuées désor-
données d'enfants se dirigent vers le midi, où ces petits êtres
espèrent trouver un peu de chaleur et de quoi manger. Chemin
faisant, ces nuées fusionnent, en formant de vrais échelons ;
de grands campements presque militaires surgissent autour
des nœuds de chemin de fer.

Ainsi, il y eut en automne 1920, près de la station Tychoretz-
kaïa un campement de 300 enfants ; 500 enfants arrivèrent
à la fois à Piatigorsk. Ce torrent d'enfants, qui se déverse sans
cesse, croît tous les jours et prend un aspect horrible et menaçant. Pour trouver une issue à la situation, le chef du centre
d'évacuation du front du Caucase donna un ordre tout à fait
saugrenu : « Placer des détachements de barrage partout et ne
pas laisser entrer les enfants dans la région du Caucase. »
D'autres détachements barrèrent la route aux enfants à l'entrée de la région du Don et d'autres gouvernements. L'enfant
se trouve pris comme dans une souricière. De quel côté qu'il
aille, partout des armes se dressent contre lui.

L'enfant commence à rager, avec l'élan d'un fauve, il cherche à briser la barrière ; tous les moyens lui sont bons, il
ne craint même pas de recourir aux armes. Les organes locaux d'approvîsionnement leur refusent la nourriture, la milice et l'administration des chemins de fer ramassent cette
foule affamée et à l'état de bête furieuse, en faisceaux de 100-130
enfants, comme cela a été le cas à Rostov, à Koubane et dans
d'autres endroits et les conduisent à la « Section du Commissariat de l'Instruction publique ». Cette dernière n'est pas en
état d'absorber cette avalanche d'enfants. Les enfants restent
des journées entières devant la porte de la Section; ils chantent
l' « Internationale » pour réveiller des sentiments de pitié :
ils couchent dans la rue et sur les escaliers.

Il y a encore un autre groupe d'enfants, du nombre de
vingt mille, auxquels l'Etat doit beaucoup et qui commencent

à réclamer impérieusement des soins et de l'attention. Ce sont les pupilles des anciennes « Maisons des enfants trouvés » de Pétrograd et de Moscou, dispersés actuellement dans les gouvernements de Pétrograd, de Novgorod, de Pskov, de Toula et de Kalouga. Les paysans, chargés eux-mêmes de nombreuses familles, refusent de nourrir ces enfants. Quelquefois, comme, par exemple, dans le district de Maloiraoslav du gouvernement de Kalouga, on réunit ces enfants pour les conduire à la « Section du Commissariat de l'Instruction publique ». Le « Ispolcom » (Comité Exécutif) ordonne sous menace d'arrestation des membres de la Section, qu'on hospitalise immédiatement les enfants. La Section, pourtant, ne peut le faire. Les enfants restent chez les paysans, qui en ont assez d'eux et qui ne cessent de les traquer comme des bêtes. La mortalité parmi ces malheureux enfants a atteint pendant ce dernier mois des proportions tout à fait catastrophiques.

Le sort des enfants qui échouent dans les « Maisons d'enfants » n'est pas meilleur. Ces maisons sont si horribles qu'elles donnent une impression de cauchemar. Surchargées à un point, que des maisons destinées à 40-50 enfants en hospitalisent quelquefois 150-200.

On couche les enfants par 6-8 sur le même lit et cela dans le meilleur des cas. Dans les gouvernements de Saratov, Tambov (district de Kirssanov), dans les régions du Don et de la Koubane les enfants couchent tout simplement par terre, ou bien sur de la paille ou de la sciure de bois, que l'on ne change que très rarement; tout ça grouille de vermine, qui dévore les enfants. Il ne peut être question d'une installation quelconque. Les enfants passent des journées entières, assis dans leurs haillons par terre. Ils mangent dans de sales boîtes à conserves ou dans des boîtes à cirage, qu'ils ramassent pour la plupart dans la rue. Il n'y a pas de cuillers et les enfants mangent leur soupe dans le creux de leur main, arrondie en coquille.

Comme il n'y a pas de casserolles en suffisance, le personnel de cuisine (tel a été le cas à Koursk, dans les gouvernements de Rostov, Penza et autres) se voit contraint de préparer le repas qui se compose très souvent seulement d'une soupe, en deux ou trois tours. La préparation du seul repas de midi prend quelquefois dans ces conditions, une journée entière. Les enfants, comme de petites bêtes affamées, stationnent des heures entières devant la porte de la cuisine en attendant leur tour, en se bousculant, criant et en se disputant les morceaux. Ils avalent leur manger si vite qu'ils se brûlent le gosier et risquent de s'étrangler.

Les enfants n'ont pas de second repas et cela pendant que les réfectoires pour les employés des Soviets sont très bien organisés et finissent leur travail à deux heures.

Partout dans les gouvernements : Orel, Viatka, Pskov, Altai, Nijny-Novgorod, Tchéliabinsk, les enfants vont nu-pieds et en haillons et cela ne surprendra pas; les données statistiques de la « Section du ravitaillement des enfants » auprès du « Commissariat de l'Instruction publique « démontrent avec une parfaite clarté, qu'il ne peut en être autrement. Ainsi chaque enfant reçut en 1920 6 verchoks de tissu au lieu des 16 archines (1) réglementaires ; il n'y eut qu'une bobine de fil sur 29 enfants au lieu d'une bobine par enfant; un demi zolotnik de coton hydrophile par enfant au lieu d'une livre (2), une paire de chaussures ordinaires sur 39 enfants et une paire de chaussures de feutre sur 312 ; une couverture de laine sur 3.124 enfants au lieu d'une couverture sur 43 enfants, comme la demande en avait été faite; une paire de bas sur 264 enfants au lieu de 6 paires requises pour 10 enfants. Nulle part il n'y a de linge de rechange. Dans le gouvernement d'Orel, on distribue une paire de chaussures pour 5.000 enfants et 0,031 archines de tissu par enfant. Dans le district d'Orenbourg les enfants sont à moitié nus sous leurs guenilles et ont honte de se faire voir à des personnes qui viennent de dehors. En été la chose était plus facile, on déshabillait les enfants et on lavait leur linge qu'on mettait à sécher aussitôt au soleil, mais en hiver quand la température dans les chambres ne dépasse pas 3 de-

---

(1) 1 archine égal 70 ctm. Un verchok égal 4,2 ctm. (N. du Tr.).

(2) Une livre russe égale 400 grammes égale 96 zolotnik.

grés, il est impossible de procéder ainsi et les enfants restent 3-4 mois sans changer de linge. Ce linge a un aspect de vieux haillons sales et grisâtres, il est tellement usé, qu'il tombe en lambeaux, dès qu'on y touche pour le laver. Les chaussures manquent absolument et partout. Il y a des « Maisons d'enfants », où l'on met aux enfants des espèces de sabots de bois et où l'on enveloppe leurs jambes avec des haillons, mais ce ne sont que des exceptions très rares. Il y a des gouvernements, comme par exemple ceux de l'Altai, de Koursk, et de Saratov, où l'on ne trouve absolument rien pour envelopper les jambes des enfants et où ils courent nu-pieds, les pieds et les mains couverts de gerçures et d'engelures. Le corps des enfants, à force de geler, se couvre de plaies. Il faut encore ajouter, que les enfants souffrent partout de la gale et que leur corps n'est qu'une seule plaie couverte de croûtes, où rampent des poux. L'enfant pourrit, il se décompose, encore de son vivant, Pendant les nuits, quand les démangeaisons deviennent intolérables et que la souffrance atteint son maximum, l'enfant crie et gémit de douleur et d'épouvante. Dans le « collecteur » de Penza par exemple, cette année, 1920, un petit garçon de 6 ans devint fou à force d'être tourmenté par les poux. Tout d'abord, il les attrapait, les écrasait de ses dents et les avalait, mais ensuite son imagination malade fut obsédée par un poux de dimensions aussi énormes, qu'il ne sut plus lutter. Il criait des journées entières et se tordait dans des convulsions.

Il règne un froid fantastique dans les « Maisons d'enfants ». Dans les gouvernements de Simbirsk, Saratov, Penza, Vladimir et autres, dans les régions du Don et de la Koubane les chambres des enfants ne sont pas chauffées, des monticules de neige s'accumulent dans les coins. Point de lumière, ni pétrole, ni lampes électriques, des enfants même de 13-15 ans vont au lit à 5 heures.

De nuit tous crient et gémissent sous leurs haillons souillés et remplis de poux; ils se réveillent de bonne heure et se mettent à compter les poux dans leurs chemises, en organisant des espèces de concours de poux.

L'air dans les chambres des enfants est horrible.

Il n'y a pas de cabinets et les enfants font leurs besoins dans les chambres ou même dans leurs lits. L'atmosphère de pestilence, qui les entoure, les pénètre à tel point, que quand, par hasard, il leur arrive de respirer de l'air frais, ils s'en trouvent mal.

Partout, dans les gouvernements où la famine sévit officiellement (Kazan et Vladimir), comme dans ceux où il y a des excédents de production (Tambov, Piatigorsk, Tchéliabinsk et autres), les enfants meurent littéralement de faim, leur ration étant au-dessous de la ration de famine. A Koursk, par exemple, les enfants reçoivent par jour cent grammes de pain fait avec du millet au lieu de seigle; dans le gouvernement de Kalouga on le fait avec un succédané, qui n'est même pas bon pour le fourrage des bêtes et qui empoisonne littéralement l'estomac des enfants.

La mortalité parmi les enfants est énorme. Des médecins de Koursk déclarèrent aux collaborateurs d'un « Wagon d'agitation » envoyé pour organiser la « Semaine de l'enfant », qu'il y avait dans le « Distributeur de Koursk » des enfants voués à une mort certaine par la faim (au nombre de cinq). Une déclaration faite par des médecins du gouvernement d'Oufa, le 8 décembre 1920 trace un tableau horrible de la situation des enfants. La Section de Biélozesk, gouvernement de Tchérépovetz, demande l'autorisation d'envoyer les enfants mendier, ne pouvant plus les nourrir.

A Atkarsk, gouvernement de Saratov, les gens responsables de l'hospitalisation des enfants, déclarent qu'il vaut mieux fusiller les enfants hors de l'enceinte de la ville, que de les tourmenter dans l'enclos des « Maisons d'enfants ».

On aurait honte de parler d'un travail d'éducation au milieu de cette épouvante et de ce cauchemar. Aussi les enfants ne font-ils absolument rien. Les enfants un peu plus grands s'adonnent à la débauche, jouent aux cartes, fument, boivent de la « Nicolaievskaia » (de l'eau-de-vie). Des jeunes filles de 16-17 ans se vendent.

Mais tout ce que nous venons d'exposer pâlit devant les horreurs de la débauche et le complet dénuement dans lequel

se trouvent les enfants « moralement défectueux ». Les auto-
-rités locales considèrent ces enfants comme de vrais délin-
quants qui ne peuvent que porter dommage à la société; elles
estiment inutile tout ce que l'on fait pour eux et leur appliquent
les mêmes mesures de répression qu'aux criminels adultes. On
les met en prison, on les leurre de coups, on les laisse pourrir.
Il y a beaucoup de syphilitiques parmi ces enfants. A Ekatéri-
nodar par exemple, il y a 60 enfants syphilitiqus sur 299 habitants de la « Maison des enfants moralement défectueux ».
Ces enfants, dont beaucoup sont richement doués, avec une
sensibilité au-dessus du commun, périssent littéralement ense-
velis dans ces maisons de la mort. Même à Moscou, dans
l'Asile Podkopaievskoie la situation des enfants est atroce.
Dans leurs lettres du 21 novembre 1920 les élèves de l'Asile
Podkopoievskoie Tougaiev et Smirnov écrivent ce qui suit :
« Nous sommes abandonnés comme de petits chiens nés
aveugles, on nous apprendra ici à voler. Dites aux gosses, que
quiconque viendra ici, sera mutilé pour toute sa vie. »

Nous avons honte d'avouer que ces enfants sont notre avenir,
notre soutien, notre orgueil et notre force. Les maisons d'enfants ne sont pas un foyer de communisme, mais un foyer de
tendances contrerévolutionnaires, qui arment la population
contre nous, Pendant un incendie violent, à Saratov, quand les
enfants périssaient dans les flammes, leurs parents ne permet-
taient pas de les sauver, en disant qu'il valait mieux les laisser
brûler, que de les tourmenter et les laisser pourrir vivants dans
les « Maisons d'enfants ».

Dans ces termes, le rapport retiré de la circulation et
« entièrement dépourvu de tact », mais fait sur des documents
officiels, des dossiers du « Commissariat de l'Instruction publique » — caractérise l'enseignement et l'éducation préscolaire
des enfants par les soins du gouvernement soviétiste. Et ces
horreurs inouies, fantastiques, des maisons d'enfants ont
fourni au pouvoir « ouvrier et paysan » le prétexte d'une
réclame tapageuse et ronflante de son activité pédagogique. Le
pouvoir a fait d'un des plus grands délits commis par lui, un
titre de gloire et l'a érigé en modèle de conduite universel.

L'impudence et le cynisme de ces imposteurs politiques n'a pas de bornes, ni de précédents, ni de justification.

Les délits commis par le pouvoir contre les enfants russes furent complétés en janvier-février par un acte nouveau : le gouvernement abolit la dernière des organsiations indépendantes, qui travaillaient honnêtement à l'œuvre du relèvement de l'enfance déchue — la « Ligue de Défense des Enfants ».

Le nombre des enfants complètement abandonnés s'accroît sans fin. En 1917, il atteignait pour les enfants de Moscou 1-2 % de la quantité totale, vers le milieu de 1920 à la suite de la guerre civile, de la ruine économique et de l'appauvrissement général, ce nombre s'était élevé à 25-30 0/0 de la quantité totale, d'après certains calculs, et à 40 0/0 d'après d'autres évaluations.

L'enseignement scolaire. L'instruction scolaire de la jeune génération russe se trouve pareillement dans des conditions très graves. Comme toute la vie russe, l'enseignement scolaire a subi, après la révolution d'octobre, une dégradation très accentuée. Donnons tout d'abord les sommes assignées par l'Etat à l'œuvre de l'instruction publique :

Années	Sommes dépensées (en roubles)	Pourcentage des dépenses par rapport aux autres rubriques du budget
1912	170.206.000	6,37%
1914	258.605.000	7,21%
1916	270.775.000	8,24%
19 8	3.074.843.000	6,58%
191	17.279.374.000	8,02%
1920	114.366.070.000	10,95%

Ce n'est qu'en 1920 que la valeur *relative* des assignations pour l'instruction publique dépasse le pourcentage des sommes affectées pendant la dernière année du régime terroriste au même but. Mais, si en suivant le sage conseil de Kozma Proutkov (1), nous regardons au « fond des choses », pour nous rendre compte des sommes réellement *dépensées* et non pas seulement *assignées*, nous verrons, que le gouvernement

---

(1) Pseudonyme, sous lequel se dissimulait un groupe de poètes, parmi lesquels Gemtchouchnikov, A. Tolstoï et autres. (N. du Tr.).

autocrate dépensait en réalité plus que le gouvernement soviétiste. Le fait est, que les sommes assignées dans le budget étaient intégralement versées par le Trésor au temps de l'autocratie et qu'elles étaient dépensées selon leur destination, tandis que le Trésor soviétiste ne fournit qu'une quantité de monnaie inférieure aux assignations faites et, qu'arrivées aux lieux de destination, les sommes ne sont pas toutes dépensées pour le but assigné. Dans la première moitié de juillet 1920, le Trésor transféra au lieu de 1,5 milliards de roubles destinés a l'instruction publique en province, 1,2 milliards ; dans la seconde moitié de juillet au lieu d'autres 1,5 milliards assignés, il ne transféra que 500 millions. Les autorités locales, qui manquent toujours de «denznak» (signes-monétaires), n'employaient pas toutes les sommes reçues aux buts assignés; une partie en fut dépensée pour des besoins plus urgents. Si, enfin, nous voulons exprimer les milliards de roubles soviétistes en roubles-or, les sommes affectées à l'instruction publique, se réduisent à des proportions tout à fait minimes : 47,3 millions de roubles-or en 1918, 43,5 millions de roubles-or en 1919 et 24,3 millions de roubles-or en 1920, c'est-à-dire en 1920 on avait dépensé 11 fois moins pour l'instruction publique qu'en 1916.

La décadence de l'instruction scolaire devient plus manifeste encore, si nous analysons les chiffres des fournitures d'école donnés aux enfants. Voici ce qu'on avait demandé pour les enfants et voilà ce qu'ils reçurent :

| | Requises | |
Fournitures	par élève	Fournies
Papier	30 feuilles	15 feuilles
Cahiers	6 pièces	1 sur 2 élèves
Crayons	3 »	1 sur 60 élèves
Plumes	17 »	1 sur 22 élèves
Encriers	1 »	1 sur 100 élèves

On peut ajouter en guise de commentaire à ce tableau suggestif que toutes ces fournitures étaient introuvables sur le « marché libre » ; ce n'était que dans les grandes villes, qu'on pouvait en trouver à des prix inabordables. La plus grande partie des enfants devait se contenter de ce que donnait l'Etat. Dans ces conditions, l'instruction d'un très grand nombre d'enfants et d'adolescents devenait chose irréalisable.

Ce fut l'enseignement primaire, qui eut à subir les plus rudes coups. Les édifices scolaires restaient sans réparations, les classes n'étaient pas chauffées, il n'y avait pas de manuels, ni de tableau noir, ni de craie, ni d'encre, presque pas de papier, de crayons, de plumes, L'enseignement se fait dans les maisons exigues et sans air des paysans, où s'entassent 30-40 élèves. Les maîtres d'école vont nu-pieds, ils n'ont pas de quoi se couvrir, ils mendient; souvent les maîtresses se prostituent : pendant des mois, quelquefois des semestres entiers, ils ne touchent pas de traitements; jamais ils ne touchent la ration qui leur est due. Les éléments plus énergiques parmi les maîtres d'école désertent le « camp aussi aride et stérile » de l'enseignement et on commence à manquer de personnel enseignant. Le niveau qualitatif de la masse des maîtres d'école a sensiblement changé et baissé. « Nos maîtres d'école ont besoin d'être instruits eux-mêmes », disent les paysans... et ils ne veulent plus envoyer leurs enfants à l'école gouvernementale, dans la conviction, que l'enseignement ne leur profite guère (1). On cite des cas, quand pour enseigner à l'élève à écrire, le maître a recours à une surface de neige (en hiver) ou de sable (au printemps et en automne). Le maître et l'élève y tracent les lettres à l'aide d'un bâton. En hiver les maîtres et les élèves épuisés par la faim et sommairement habillés, les lèvres bleuies grelottent de froid, en s'adonnant à ces exercices d'écriture... Dans les écoles mieux installées on écrit avec du charbon sur des murs blanchis à la chaux... « La liquidation de l'analphabétisme » telle est un des mots d'ordre du pouvoir soviétiste. Les paysans le rendent à leur façon : « La liquidation de l'art d la letruce » (en russe on dit tout court — « alphabétisme »);

---

(1) « Le paysan n'aime pas notre école et ne la respecte pas » disait Lounatcharsky pendant la première « Conférence Panrusse pour le travail de parti à la campagne » (1920). En dehors de l'incapacité manifeste des pédagogues campagnards, cette antipathie du paysan pour l'école est encore motivée par la suppression de l'enseignement religieux. (N. de l'Auteur).

les paysans qui savent lire, oublient leur savoir à force de ne plus trouver de livres, quant à la nouvelle école, elle ne donne pas beaucoup de gens qui sachent lire.

Le rapport que nous venons de citer, donne des détails sur la dislocation de l'enseignement primaire. « Nous devons en convenir avec douleur », dit le rapport « que les écoles sont... oubliées et abandonnées. Les meilleurs édifices scolaires sont occupés par des institutions militaires et quand ils sont rendus à leur destination, ce ne sont plus que des amas de ruines; les vitres sont cassées, les portes enlevées de leurs gonds, le plancher et le plafond démolis. Nous avons pu le constater dans les régions du Don et de la Koubane, où les édifices scolaires, que la pluie et le froid avaient épargnés, étaient quand-même devenus inutilisables pour l'enseignement. Il fait froid dans les écoles, parce qu'on ne chauffe pas. Les enfants n'ont pas de déjeuner, même pas un morceau de pain. Là même, où l'enseignement aurait pu être ranimé, il s'étiole, puisqu'il n'y a pas de personnes aptes au travail. Les maîtres désertent les écoles, puisqu'elles ne leur garantit pas du tout l'existence matérielle. Selon les données de la « Section de l'Ecole unifiée » la situation des maîtres d'école est catastrophique. Ils ont leur traitement, qui varie entre 2.140 et 2.608 roubles par mois et rien de plus. Point de ration alimentaire. Encore touchent-ils ce traitement misérable de façon très irrégulière, quelquefois ils doivent attendre 6-8 mois avant d'être payés. De nombreux télégrammes des gouvernements du centre, de la région de la Volga et du Nord certifient cet état de choses.

Presque entièrement privés de ressources les maîtres d'école se voient contraints de chercher un autre gagne-pain et de se mettre dans les campagnes à la solde des paysans. Pour nourrir sa famille, le maître d'école doit se plier à toutes les exigences du paysan, en ce qui concerne l'enseignement aux enfants. Quoi d'étonnant, si l'on enseigne dans les écoles le catéchisme et l'Evangile... Les pédagogues honnêtes, ou bien meurent de faim, ou bien finissent par se suicider comme en témoignent les informations qui nous parviennent de Briansk, Gomel, du gouvernement de Riazan et autres, Dans les gouvernements de

Nijny-Novgorod, Tchrérepovetz, Riazan, les maîtres abandonnent les écoles pour aller mendier. »

Ces données d'un rapport officiel ne laissent aucun doute sur le fait que l'enseignement primaire en Russie, à la création, duquel les zemstvos avaient dans le temps dépensé autant de forces, qu'ils avaient cultivé avec autant d'amour, est presque entièrement détruit. Il n'existe pour ainsi dire plus d'enseignement primaire organisé dans la Russie contemporaine.

En même temps l'attitude des paysans envers l'instruction a changé; ils l'apprécient bien plus à sa valeur. « Si nous avions été plus intruits est-ce que les bolcheviks auraient pu noús mener ainsi par le bout du nez » disent les paysans. « Le désir de s'instruire est ímmense », dit le rapport du « Commissariat de l'Instruction publique ». Malgré toutes les difficultés, malgré la ruine et les conséquences de la guerre civile dont le déluge a emporté tout ce qu'il y avait d'écoles en Russie, malgré la famine, nous apprenons tous les jours, que de nouvelles écoles viennent d'être édifiées par les soins des paysans mêmes. Dans le midi de la Russie on voit des enfants de paysans dans les écoles secondaires; quelquefois leur nombre constitue 40-60 0/0 du nombre total des élèves. Auparavant il n'y avait pas de petits paysans dans les écoles secondaires... Dans le gouvernement de Volhynie 3-4 familles de paysans se cotisent pour faire venir de la ville une « gouvernante » pour leurs enfants. Il y a dans beaucoup de gouvernements des écoles dont les paysans payent les frais en commun... Ne dirait-on pas, une Russie nouvelle, qui apparaît à travers cette aspiration du paysan vers la lumière ?

Ces tendances nouvelles ont trouvé un écho dans la presse russe publiée à l'étranger. Voilà la conversation, qu'eut à ce propos un intellectuel émigré, habitant près de la frontière, avec un paysan de l'autre côté de la frontière. « Nous en avons amené un de la ville. C'est un ci-devant, un monsieur tout à fait. Maintenant il est maître d'école chez nous. Nous lui donnons à manger, nous lui chauffons sa chambre et l'école. Ah, on est bien, très très bien avec lui... Il y en a beaucoup maintenant de ces maîtres et maîtresses d'école au village. C'est nous qui les amenons. Les bolcheviks ne peuvent pas se payer des écoles. Alors c'est nous, qui y avons pensé. Est-ce que, par exemple, nos enfants resteraient sans instruction ?. » (« Volia Rossii », 18 janvier 1921).

La classe intellectuelle, elle aussi, apprécie d'une façon nouvelle l'aspiration ardente du paysan au savoir, et le rôle, que les problèmes de l'instruction seront appelés à jouer dans la vie nouvelle de la Russie. Un sain pouvoir gouvernemental ne saura être érigé, que sur les fondements d'une instruction largement diffuse. « Il faut », disent les auteurs du projet d'un nouveau programme politique en Russie, « que le relèvement de l'instruction dans toutes ses formes et à tous ses degrés acquière une importance et une urgence pareille à celle de la défense nationale en temps de guerre défensive. »

L'école secondaire aussi a souffert, quoique à un degré moindre que l'école primaire. Les écoles privées n'existent plus. On a supprimé la 7e et la 8e classes (classes supérieures). Dans des buts « pédagogiques », on a rattaché chaque professeur à un groupe déterminé d'élèves (une classe), auxquels il enseigne toutes les matières, à partir de la plus petite classe jusqu'aux classes supérieures. Les pédagogues obtinrent, entre 1920-21, une dérogation à cette règle : elle fut abolie à partir de la cinquième classe. En 1919-20, on supprima l'enseignement des langues, par contre on introduisit celui de la sociologie ! On fait abondamment usage de « processus de travail » et les élèves s'épuisent à laver par terre dans les classes, dans les corridors, dans les cabinets ; ils enlèvent la neige et la glace, ils apportent, scient et montent le bois : pendant des heures, voire des journées entières, ils font la queue devant les dépôts, où l'on leur distribue de l'encre, du papier, des crayons, etc. Souvent, ils sont mobilisés pour prêter service auprès de quelque administration, et mal vêtus et affamés, ils passent des journées entières à porter des plis à leur adresse. Il arrive assez souvent qu'on exclue des élèves en masse, à cause de leurs convictions politiques. Ils ne sont réadmis qu'après des enquêtes très minutieuses portant sur leurs tendances « contrerévolutionnaires »... Les locaux des écoles secondaires sont, dans la plupart des cas (surtout en province), occupés par des administrations publiques (militaires en grande partie) ; dans les édifices qui restent on étudie depuis le matin jusqu'au soir. Quelquefois, ce sont 3-4 groupes qui se suivent sans interruption dans la même classe. Il ne reste même pas de temps pour aérer la chambre dans les intervalles.

Le principe de la « coéducation », appliqué de façon trop rectiligne, eut pour conséquence un relâchement de mœurs dans les classes, où l'on avait réuni sans transition, ni travail préparatoire des garçons et des jeunes filles de 15-16 ans. Le personnel pédagogique avait prévu ces conséquences et s'était prononcé contre une application par trop mécanique de la « coéducation » des sexes, mais le pouvoir avait passé outre.

En général, on peut dire, que les écoles et l'enseignement secondaires ont pourtant souffert bien moins que les écoles et l'enseignement primaires.

L'enseignement supérieur a été encore moins atteint. Ce ne fut que vers 1920 que le gouvernement essaya de le soumettre aux principes communistes. Jusque là on n'avait presque pas touché à sa constitution antérieure. Par contre on augmentait sans cesse le nombre des établissements d'enseignement supérieur. Au lieu de 10 universités, que comptait naguère la Russie, il y en avait 23 dans l'année scolaire 1921-22. A la « Conférence des représentants des Etablissements d'enseignement supérieur », qui eut lieu à Moscou pendant le premier trimestre de 1921, il y eut en tout 90 établissements d'enseignement supérieur représentés. Mais, bon Dieu, quel personnel enseignant et administratif! Voici l'Université de Véliky-Oustioug. A sa tête se trouve un certain Gorovoi, homme dont le casier judiciaire est orné de plusieurs condamnations pour délits de droit commun (incendie volontaire de sa maison, pour toucher la prime d'assurance, vol d'argent chez sa maîtresse et autres exploits de ce genre). Son passé n'est un mystère pour personne, et cependant Gorovoi (converti au communisme) est recteur universitaire, puisque les autorités locales veulent bien lui trouver des « qualités d'organisateur ». Les cours universitaires sont normalement faits par des professeurs de lycée, par des agronomes et finalement par des gens qui n'ont rien de commun avec la science, ni l'enseignement. Mais en même temps, quelle belle envergure dans les initiatives ! Le Soviet d'Ekaterinbourg (capitale de la région de l'Oural) résolut de fonder une université munie de 32 facultés. Et, puisqu'à côté de cette Université-Lumière la vieille Université de Perm, bien organisée du reste, allait tout à fait s'éclipser, on décida tout simplement de la fermer. Moscou obtint avec grande peine, qu'on ne touchât pas à l'Université de Perm.

Le décret du 8 décembre 1920 institua une commission chargée de revoir complètement le programme des sciences sociales qu'on suivait dans les écoles supérieures. La commission se mit au travail à partir de la seconde moitié de décembre. Ce fut vers les universités sutout que se tourna la sollicitude de la commission. Le but qu'elle s'était proposé était de transformer ces écoles de culture générale qui développent l'intellect et éduquent l'esprit à la méthode scientifique, en institutions purement utilitaires destinées à préparer les hommes de la pratique, dont la République soviétiste a besoin dans les divers champs de son activité. D'une école qui développait et disciplinait l'esprit l'Université était destinée à devenir une pépinière de fonctionnaires. Le but fut atteint. *Formellement*, au moins les universités cessèrent d'être ce qu'elles étaient autrefois (1).

Dans l'université réformée c'est la faculté de médecine, qui a subi le moins de changements tandis que les facultés de droit

---

(1) De fait, les universités conservèrent encore pour longtemps leurs anciens buts et leurs anciennes méthodes de travail. Le pouvoir ne peut pas remplacer les anciens cadres du personnel enseignant, car il n'y a prsonne qu'on puisse mettre à la place des professeurs universitaires. Ces derniers, qui ont leur conception des finalités de l'enseignement et des méthodes de travail universitaire, continueront leur besogne comme par le passé. « Le diable n'est pas aussi noir qu'on le peint. »
Au commencement de 1921, le professeur Bogoliépov, le plus loyal et le plus zélé parmi ceux qui voulaient transformer les universités en écoles de hautes études communistes, écrivait : « Il faut convenir que nous devons attendre encore longtemps avant d'avoir des « spezs » (spécialistes) rouges. Il est d'autant plus important pour nous de plier à nos exigences les écoles supérieures et c'est ici que surgissent sur notre chemin

et des lettres ont été transformées de « fond en comble ». Les deux dernières facultés ont même été tout à fait supprimées et remplacées par la faculté des sciences sociales avec quatre sections : les sections juridique, économique, pédagogique et littéraire. La première section doit préparer des juges et des fonctionnaires pour les administrations soviétistes; la seconde des hommes travaillant dans le mouvement professionnel, dans l'industrie, l'agriculture, la statistique; la troisième des organisateurs de l'enseignement scolaire et extrascolaire ; la quatrième enfin, des professeurs de langues et surtout de la langue russe.

Il existe pour toutes les facultés de toutes les écoles supérieures un minimum obligatoire de notions générales, qui embrasse : « la constitution soviétiste », « le darwinisme », le « matérialisme historique », « l'histoire du socialisme » et « l'histoire de la révolution russe ». Les matières énumérées ne pouvaient, à l'exception de celles dont l'importance politique est nulle, être conférées qu'à des marxistes de marque bolchévique déposée. Pour former les professeurs de ce cours il a été fondé à Moscou en 1921 un « Institut de préparation pour les professeurs rouges. »

Un des résultats de la réforme des écoles supérieures de 1921 fut la suppression dans « l'Institut Lazarevsky des langues orientales » (à Moscou) du cours d'histoire générale des peuples de l'Orient, qui fut remplacé par l'histoire des mouvements révolutionnaires chez ces peuples.

La réforme avait abouti à la suppression de la liberté de l'enseignement. « Dans la sphère de l'enseignement supérieur », écrit Lounatcharsky, dans le compte-rendu du « Commissariat de l'Instruction publique » pour les années 1917-

---

les plus graves difficultés. Les professeurs représentent la partie la plus réactionnaire, la plus moisie au point de vue politique et en même temps la plus consciente de la bourgeoisie. Ils se rendent fort bien compte de l'importance qu'a pour le prolétariat la maîtrise de l'école supérieure et ils appliquent tous leurs efforts pour empêcher cette maîtrise.

A notre honte, nous devons avouer que leurs efforts ne sont pas infructueux. Depuis plus de trois ans de régime soviétiste, l'école supérieure vit de sa vie à elle et détachée. » (Note de l'Auteur.)

1920 , « nous avons définitivement renoncé à notre bienveillance pour une science autonome, c'est-à-dire nous considérons jusqu'à présent l'autonomie de la science comme une chose naturelle et désirable, mais non pas dans une atmosphère de dictature prolétarienne. La lutte contre l'autonomie de la science est dans les conditions actuelles une lutte contre l'asservissement de la science à la bourgeoisie et ses appendices. »

Dans un appel de la « Commission pour la revision du programme des sciences sociales » (Commission citée plus haut), cette répudiation de la liberté de la science était motivée et confirmée. « Dans une société composée de classes », disait l'appel, « il ne peut être question de liberté et de neutralité de la science. Les idées scientifiques, philosophiques et littéraires reflètent la conception que se font du monde les classes en lutte. La Russie, après avoir détrôné la bourgeoisie passe à travers une époque de transition caractérisée par une lutte à outrance contre les vestiges de l'ancien ordre de choses et qui demande une tension suprême d toutes les forces de la nation. Dans ces conditions le gouvernement soviétiste commettrait un suicide, en proclamant la liberté de l'enseignement et des recherches scientifiques (*sic* ! S. M.). Après avoir proclamé la dictature du prolétariat en matière politique et économique, le pouvoir des soviets doit franchement déclarer que « cette dictature s'étend aussi à la science. »

En réalisant cette dictature du prolétariat en matière de science, le recteur actuel de l'Université de Moscou, Bogolièpov a adopté une ligne ferme et suivie, qui consiste à obliger les professeurs de faire leurs cours d'après des manuels approuvés par le gouvernement et de ne jamais s'en écarter. Des exigences de la même « politique de l'enseignement » forcent le professeur A. A. Kisevetter de l'Université de Moscou d'arrêter ses cours d'histoire russe à la défense de Sébastopol, la période qui suit étant un milieu trop propice pour la culture des bacilles de la « contrerévolution ». Il·n'a pas été possible de trouver un lecteur « sûr » pour la dernière période de l'histoire russe et la Russie après 1859 ne figure plus dans le programme universitaire.

Un chargé de cours dans une des écoles supérieures d'agriculture en province reçut, de la « Section gouvernementale de l'instruction publique » un ordre écrit, lui intimant de faire son cours (économie agricole) dans un « sens marxiste ». En cas de refus, on le menaçait de suspension. Le chargé de cours demanda de lui élucider le sens vague de la formule et de lui envoyer des manuels pénétrés d'esprit marxiste. Il disait ne pas pouvoir acquiescer à la demande, ni s'y refuser avant d'avoir reçu une réponse et les livres demandés. La réponse se fit attendre et le chargé de cours continue son enseignement sans y avoir introduit l'interprétation de marxisme bolchévik, exigée par la Section.

Les noms de Rounitch et Magnitsky, ces bourreaux de la libre pensée russe, sont couverts dans leur éclat par les noms des bourreaux communistes, qui étouffent la libre-pensée de nos jours.

L'enseignement technique supérieur a été moins mutilé que l'enseignement universitaire. Son existence matérielle a été mieux garantie, ses programmes ont été moins martyrisés, et la liberté de l'enseignement n'a en général pas été violée. Parmi les écoles techniques supérieures c'est surtout l' « Académie agricole Pétrovsko-Razoumovskaia », qui s'est distinguée par l'intensité et les heureux résultats de son activité dans le domaine de l'enseignement et de la science. Le conseil de l'Académie élu parmi les professeurs, montait la garde autour des droits de l'Académie et sut les défendre contre toute attaque. Au commencement de décembre 1921, après des perquisitions et des arrestations, parmi les étudiants qui durèrent trois jours, après des perquisitions opérées dans l'Académie même et chez des professeurs (Daiarenko et autres), le conseil de l'Académie dut se démettre. Un autre conseil de teinte bien plus « communiste » entra en scène. La vie et le travail de l'Académie entrèrent dans une phase nouvelle, il se produisit un empirement subit dans leurs conditions.

L'activité éditrice. L'imprimerie a été nationalisée en Russie et ne sert qu'au parti communiste. Un livre nouveau est chose fort rare en Russie; un livre, qui soulève avec esprit de critique les problèmes aussi tourmentés et compliqués surgissant dans le tourbillon de la vie russe — est chose introuvable.

L'activité éditrice, comme toute autre chose en Russie, subit un processus de désagrégation violente : il n'y a pas de papier, ni d'encre typographique, on manque de typographes et la productivité de leur travail a baissé. Aussi le nombre de copies tirées baisse-t-il sans cesse. Il était (en milliers) : de 16.240 en 1916, de 12.297 en 1917, de 7.522 en 1918, de 3.827 en 1919, de 2.488 en 1920.

A l'époque de mon départ de Moscou il y avait encore à peu près dix entreprises privées d'édition, qui n'avaient pas été fermées, mais l'existence, qu'elles menaient, était lamentable. Du reste, il n'en aurait pas pu être autrement : pour pouvoir publier un livre il fallait tout d'abord le faire agréer par la censure communiste, ensuite obtenir l'autorisation de « l'Institut d'Editions de l'Etat ; enfin la « Section de polygraphie » devait accorder le permis de le faire imprimer dans quelque typographie. Quand le livre était finalement imprimé, le pouvoir calculait sa valeur de façon tout à fait arbitraire et le prix établi était obligatoire pour la maison d'édition. Il était donc extrêmement difficile de publier quoi que ce soit.

Quand il y a dépendance aussi absolue de l'activité éditrice privée du pouvoir de l'Etat, le sort et le travail des entreprises d'édition sont entièrement déterminés par la politique gouvernementale en matière d'éditions. Quelle était cette politique ?

Les organes de l'Etat qui s'occupaient de l'édition de livres et à la tête desquels (au centre, comme en province) se trouvaient infailliblement des communistes, voyaient leur but principal dans la consolidation du régime communiste par le moyen du puissant levier de l'opinion publique, qu'est le livre. Les livres, qui correspondaient, à cette tendance fondamentale, franchissaient avec assez d'aisance la haie de formalités qui se dressait devant eux, d'autres livres qui contredisaient cette tendance, se voyaient opposer un veto formel, même quand ils étaient très substantiels et très bien écrits. Voilà le principe fondamental de la politique du « Gossisdat » (« Institut d'Editions de l'Etat »), principe que l'on suivit en province tout aussi bien qu'à Moscou.

Un autre principe adopté, par le « Gossisdat » était une conséquence directe de ses intérêts corporatifs. Le « Gossisdat » comme toute autre institution était intéressé à faire ressortir la bonne qualité de son travail; dans ce sens il considérait toutes les entreprises d'éditions comme des concurrents, qui lui soutiraient une partie de son travail et amoindrissaient par là son importance. De là la tendance très naturelle du « Gossisdat » de créer des difficultés à son adversaire.

Un troisième motif enfin pesait sur la balance : les écrivains ne s'adressaient qu'à contre-cœur et sous la pression de l'extrême nécessité à l' « Institut d'Editions de l'Etat », les entreprises privées d'édition par contre, étaient submergées de manuscrits. Selon des informations de l' « Association Panrusse d'Ecrivains » il y avait en 1920, plus de 1.500 manuscrits, romans et critique littéraire, chez les éditeurs privés. Cette attitude hostile des écrivains envers le « Gossisdat » provoqua chez ce dernier le désir de chercher chicane aux hommes de lettres.

Ce fut l'action réunie de ces trois motifs, qui détermina dans son ensemble la politique du « Gossisdat ». Cette politique était pleine d'arbitraire, comme l'était d'ailleurs la politique soviétiste dans d'autres domaines; elle était souvent absurde et allait contre les intérêts mêmes de l'Etat. La brochure de P. Vitiazev « Entreprises privées d'Edition dans la Russie Soviétiste » parue clandestinement, en tous cas sans l'autorisation de la censure communiste en 1920, contient beaucoup d'exemples démonstratifs de cette politique absurde et arbitraire, qui étouffait la liberté de la presse en Russie. La maison d'édition « Kolos » reçut, en réponse à sa demande de pouvoir éditer les œuvres complètes de N. K. Michailovsky (idéologue du socialisme «populiste») le bon conseil « d'employer le papier qu'elle avait, à l'édition de brochures d'agitation » ; les « Editions Alkonost » ne reçurent pas l'autorisation d'imprimer les livres déjà composés et de mettre en vente des livres déjà imprimés, qui ne contenaient absolument rien de subversif contre le pouvoir gouvernemental » ; le « Gossisdat » essaya d'éditer pour son propre compte les « Mémoires de Véra Figner », vendus par cette dernière à la maison d'édition « Zadrouga » ; le « Gossisdat » fit encore enlever du « Manuel de botanique » de Strassbourger, publié par M. V. Sabachnikov le nom de l'éditeur, pour y mettre sa marque; il défendit aussi à Sabachnikov d'éditer le « Cours de physique statique » du professeur Kroutkov, en motivant son refus par la phrase : « nous allons l'éditer nous-mêmes » ; après avoir demandé à la maison « Zadrouga » le manuscrit du livre du professeur Tériopoulo « Thérapie des maladies intérieures », soi-disant pour le revoir, le « Gossisdat » ne rendit pas le manuscrit, ayant décidé de le publier lui-même; il se passa dans ce cas naturellement du consentement de l'auteur, tout aussi bien que de l'autorisation de la « Zadrouga ». Et ainsi de suite. Je le répète, la brochure de P. Vitiazev abonde en faits de ce genre, on pourrait en citer des dizaines à l'appui.

Voici pour les compléter, un épisode qui, jusqu'à présent, n'a pas été rendu public et qui se rapporte aux œuvres de P. A. Kropotkine. Ce dernier avait en 1920 accordé à une maison d'édition anarchiste le droit de la réédition de trois de ses livres (« La Mutualité comme facteur d'évolution », « Les champs, les fabriques, les ateliers », et « La Grande Révolution Française ») Le « Gossisdat », qui désirait publier ces livres lui-même, refusa l'autorisation à la maison d'édition, qui la sollicitait. Pourtant il était impossible d'éditer les livres sans le consentement de l'auteur; il s'agissait quand même d'un écrivain de la taille de Kropotkine. Le « Gossisdat » s'adressa à Kropotkine qui vivait alors à Dimitrovo, en lui offrant d'acheter le droit d'édition de toutes ses œuvres. La somme offerte s'élevait, si j'ai bonne mémoire, à un million de roubles (ce qui à cette époque représentait encore une valeur considérable). Malgré la misère, dans laquelle il vivait, Kropotkine déclina l'offre, en disant qu'il avait toute sa vie durant considéré l'Etat comme l'ennemi de l'humanité et comme son adversaire personnel. « J'ai bataillé toute ma vie par la parole et par la plume avec

l'Etat et j'aurais trahi l'œuvre de ma vie, en vendant le droit
d'édition de mes livres à un Etat, que je considère comme le
pire représentant de son espèce ». Telles furent les paroles,
qui motivèrent le refus de Kropotkine. Après cette réponse le
« Gossisdat » prit une attitude plus résolue encore envers les
anarchistes, qui voulaient éditer Kropotkine. Les livres restèrent sans être publiés.

Dans un mémoire adressé par « l'Association Panrusse d'E-
crivains » en décembre 1920 à Lounatcharsky, la politique du
« Gossisdat » avec les conséquences qu'elle comportait, reçut
une appréciation à sa valeur. Le mémoire est rédigé en termes
extrêmement circonspects, pourtant le cri de douleur et de protestation jaillissant de l'âme passionnée et vivante de l'écrivain,
baillonnée, mais non encore étouffée, y retentit avec force.
Voici un passage du mémoire. « On ferme les entreprises d'é-
dition, on nous supprime le papier, on ferme nos typographies,
on arrête la composition de nos livres, on annule des autorisations d'édition déjà accordées, on résilie même des contrats que
les organes du pouvoir... ont conclus avec des associations d'é-
crivains... L'accès aux typographies n'est pas facilité, au contraire nous nous voyons opposer toute sorte d'empêchements. On
supprime le tour de publication des derniers manuscrits pour
les rendre à leurs auteurs. Le livre russe, de contenu littéraire,
critique, historique, ou philosophique, se trouve définitivement
muré dans un isolement claustral. La littérature russe n'existe
plus. D'un phénomène de portée mondiale elle s'est transformée en un petit agrément d'usage domestique pour un groupe
restreint d'hommes qui se délectent à la lecture mutuelle de
leurs manuscrits. L'histoire n'oubliera pas de mentionner le
fait, qu'en l'an 1920, dans le premier quart du XXe siècle, les
écrivains russes, comme s'ils vivaient à une époque fort re-
culée, encore avant que fût inventé l'art de l'imprimerie, copiaient leurs œuvres à la main, pour en mettre un exemplaire en
vente... car il n'y avait pas d'autre voie pour communier avec
le lecteur...

...La politique de « l'Institut d'Edition de l'Etat », qui a monopolisé toute l'activité éditrice en Russie, fait du silence de la

littérature russe restée vivante, une question de *principe* : le livre n'existe plus pour l'écrivain russe, car il *doit* se taire. Nous constatons avec indignation, qu'un *assassinat volontaire* suit *l'oppression involontaire,* qu'on faisait subir à la littérature russe...

La « socialisation de la pensée » que prédisait jadis Chmakov, dans une brochure de contenu très réactionnaire, comme une conséquence du socialisme, était devenue un fait accompli en Russie. Très peu de livres virent le jour en dehors de l' « Institut d'Editions de l'Etat ». Rappelons ce qu'il y a de plus intéressant parmi les publications : deux volumes des « Fondements de la Sociologie » par Sorokine; un « Recueil consacré à la mémoire de P. L. Lavrov »; « En avant », « La Commune de Paris », et « L'élément de l'Etat dans la société future », par Lavrov; un recueil d'anciens articles d'Ivanov-Razoumnik sur Herzen ; l'intéressant volume de N. P. Makarov, « L'évolution de l'économie paysanne »; un livre de Vipper sur « l'Histoire russe », embrassant les événements jusqu'au coup d'état bolchéviste en 1917 ; quelques petits volumes sur le mouvement décembriste ; le roman de Mérejkovsky « Le 14 Décembre »; le roman d'Anatole France « Les Dieux ont soif »; Dickens « Histoire de deux villes »; un recueil d'articles de Guerchenson, la sixième livraison des « Propylées » ; un volume nouveau de « L'histoire de mon contemporain » de Korolenko ; la brochure de Djivéléguov « Les mouvements paysans de l'Occident »; un recueil publié par la revue « Roússkaia Mysl » (la « Pensée Russe ») encore en 1918, sous le titre « De profundis », prohibé dans la suite et remis en circulation en 1921 par des ouvriers, qui avaient volé toute l'édition du recueil dans un dépôt, où on l'avait ensevelie. Voilà tout ce qu'il y eut d'intéressant, publié par des entreprises privées d'édition en 1919, 1920, et pendant la première moitié de 1921. Viennent ensuite les œuvres poétiques des « imaginistes », dont le mouvement de renouveau littéraire se trouve sous la haute protection du gouvernement soviétiste, les livres d'édition de l' « Institut de l'Etat » avec leur glorification du régime communiste et leur dénigrement de tout ce qui est bourgeois et enfin, les œuvres rééditées de nos classiques. L'unique nouvelle édition de valeur qui ait été faite par l' « Institut d'Edition de l'Etat », ce sont les « OEuvres complètes et la correspondance de A. I. Herzen », dont la publication avait été encore commencée par l'ancienne maison |d'édition Stassioulévitch.

« L'assassinat de la littérature russe », dont parle le mémoire de l' « Association Panrusse d'Ecrivains » ne s'exerce pas que sur de nouveaux livres, dont on empêche la publication, on assassine tout aussi bien des livres parus depuis longtemps.

Vers la fin de 1920, le « Glavpolitprosviet » (« Centre politique de l'instruction ») lança une circulaire, dans laquelle il demandait à ·ses organes locaux (les petits « goubpolitprosviets » de gouvernement) la révision des bibliothèques publiques pour y supprimer les livres de contenu : 1. pornographique; 2. religieux; 3. contre-révolutionnaire; 4. les livres, enfin où les problèmes sociaux étaient traités de manière non conforme aux intérêts de l'Etat communiste. Les livres réquisitionnés devaient être conservés dans des dépôts spéciaux, auxquels on apposait des scellés, pas plus de cinq exemplaires par titre; ce qu'il y avait en sus des cinq exemplaires était expédié au « Glavboum » (« Centre de fabrication de papier »). pour en faire du papier. Que de livres massacrés à la suite de cette circulaire ! Ce furent surtout d'anciens livres de morale religieuse conservés· dans les couvents et les églises, qui périrent en masse.

Le même travail avait déjà été fait en 1918, 1919 et 1920 dans les bibliothèques des écoles primaires (écoles paroissiales, des zemstvos et du ministère) par initiative des Revcom » (« Comités révolutionnaires ») des « Sovdeps » (« les Soviets de députés paysans »), et des « Combieds » (« les Comités de la pauvreté »)... Tous les livres de contenu religieux, y inclus la Bible et l'Evangile, furent enlevés des armoires, portés dans la rue et brûlés. Personne n'a compté les bûchers allumés ni les livres qui y périrent, mais leur quantité doit être énorme.

Voici encore le travail des chancelleries soviétistes, qui aboutit aux mêmes résultats. La « Gazette Rouge » écrivait au mois de janvier 1921. « En 1919 nous eûmes recours à une mesure... héroïque. On manquait de papier et on décida d'utiliser les anciennes archives. Le papier sur lequel nous lisons et écrivons à présent est composé à 60-70 0/0 de vieilleries d'archives. Il est vrai qu'à côté de vieilles paperasses inutiles on envoyait à la fabrique de papier des actes du gouvernement du XVIIIe siècle, conservés dans les archives. Une fois on arracha à la gueule de la machine des dizaines de pouds d'une magnifique édition française de Tourguéniev. Le nombre des éditions de Pouchkine et de Lermontov sacrifiées à l'occurrence est infini, et le« Narcompros » (« le Commissariat de l'Instruction publique ») les réédite avec beaucoup de zèle. Les livres péris ne se comptent pas par volumes, ils vont au poids, des centaines de pouds. Quantité de manuels et d'éditions spéciales, qui manquent beaucoup à l'enseignement; quelquefois des raretés bibliographiques. La littérature révolutionnaire publiée par le « Pétrosoviet » (« Soviet de Pétrograd »), en 1918, se perdit dans le même gouffre. En septembre 1920, on apporta à la fabrique « Le Communard », 60 pouds des « Travaux de la Conférence pour l'Elevage du Bétail », qui avait eu lieu au mois de janvier de la même année. Quand on raconta la chose à l'un des membres de la Conférence, il déclara que cela était tout simplement impossible : « L'édition est épuisée, dit-il, et nous sommes en train d'en publier une autre. »

La science et les arts. — En passant à la création de valeurs spirituelles dans le domaine de la science et de l'art, je dois, dès le premier abord, avouer que les informations me manquent pour caractériser pleinement le travail qui se poursuit en ce sens dans la Russie contemporaine. L' « assassinat de la littérature », constaté par l' « Association Panrusse d'Ecrivains » ne s'étend pas seulement aux livres de littérature pure, d'histoire, de philosophie, il frappe dans une égale mesure la littérature scientifique, à proprement parler. La publication des « Annales » de nos Instituts scientifiques, des établissements de l'enseignement supérieur, des diverses sociétés scientifiques, s'est complètement arrêtée; les livres qui posent des problèmes scientifiques d'une façon nouvelle, qui apportent des solutions ou qui soulèvent des problèmes nouveaux ont cessé de paraître.

Il faudrait appartenir soi-même aux milieux, où s'élaborent la science et les œuvres d'art, il faudrait être en contact suivi et personnel avec ceux qui y contribuent par leur travail, pour se faire une idée complète de ce qui se passe actuellement dans ce domaine. Mon exposition doit être forcément incomplète ; elle ne pourra que s'en tenir aux généralités.

Il faut que je le dise. Toutes les informations qui me parvenaient en Russie à travers les Commissariats de l'Agriculture et de l'Instruction publique, tout ce que me racontaient mes amis parmi les hommes de la science et les gens de lettres, tout enfin ce que je savais des personnes environnant les deux derniers groupes, me confirmait une chose : c'est que l'esprit était élevé, que la pensée travaillait infatigablement, et qu'on continuait à chercher sans se lasser.

Pendant que j'étais employé au Commissariat de l'Agriculture, je recevais tout le temps des communications sur le travail actif, qui se poursuivait dans les champs et les stations d'expérimentation agricole. On travaillait à la solution d'anciens problèmes et on s'en posait de nouveaux. Le travail de recherche de nouvelles méthodes et de procédés nouveaux pour élever le rendement de l'agriculture ne se ralentissait et ne s'éteignait pas. Malgré les conditions extrêmement difficiles de l'existence personnelle des travailleurs, malgré le manque d'installations techniques, d'appareils, de semences, de numéraire, les travaux d'expérimentation agricole se poursuivaient activement au lieu de baisser. Au mois de mai, eut lieu, à Moscou, une « Conférence panrusse des représentants de l'expérimentation agricole ». Je n'eus pas l'occasion d'y assister, mais quelques-uns des membres de la Conférence vinrent me voir. Ils avaient tous rapporté de la Conférence une impression de réconfort et leurs prévisions étaient optimistes : « L'œuvre d'expérimentation agricole se développe », disaient-ils. Pendant les quatre années de débâcle de la Russie de nouveaux résultats théoriques très importants avaient été atteints en matière de protection de l'agriculture contre la sécheresse, d'alternance des cultures, de nouveaux procédés techniques de labourage et même de cultures nouvelles. Les membres de la Conférence me signalèrent les importants travaux théoriques faits pendant les dernières années par les professeurs de l' « Académie agricole Pétrovsko-Razoumovskaia » D. J. Prianichnikov et A. G. Daiarenko, le travail du premier portant sur l'alimentation des plantes, le second faisant des recherches sur l'humidité du sol.

Voilà un agronome, qui, depuis cinq à six ans, a quitté son travail pratique pour des recherches scientifiques, se rattachant à des problèmes météorologiques. Ses études portent sur la météorologie des steppes sud-est de la Russie, qu'il a étudiée au point de vue des causes déterminantes, et de l'influence que les phénomènes météorologiques exercent sur la culture des plantes. Actuellement, il travaille à des recherches sur la sécheresse qui, de temps à autre, frappe aussi gravement l'agriculture russe. Il a déjà établi la loi empirique, qui régit l'alternance des périodes de sécheresse et d'humidité et il a pu tracer les limites de la région habituellement frappée par la sécheresse. Maintenant, il cherche à définir les causes qui la provoquent pour donner une base théorique à ces généralisations empiriques. Le lecteur concevra aisément l'immense portée pratique de ce travail pour un pays agricole comme le nôtre : il permettra de prévoir le temps et la région de la sécheresse, et de prendre des mesures préventives à l'approche du fléau. Le savant maîtrise sa matière avec autant de perfection qu'il avait encore, au mois de janvier 1921, prédit avec une précision étonnante les conditions météorologiques du printemps et de l'été de l'an passé et qu'il avait tracé les limites de la région de la sécheresse (1).

Voici un autre jeune savant, disciple d'un des plus grands

---

(1) Cette prophétie publiée en février 1921 dans les « Izvestia de Vzik » (« Moniteur du Comité Exécutif Panrusse »), resta sans influence aucune sur la politique du gouvernement : le contingentement de ravitaillement dans les régions sujettes à sécheresse se poursuivait avec la

économistes russes. Pendant les années passées il a écrit un travail portant sur la philosophie de la politique économique de l'Etat. Il continue à travailler sur des problèmes d'économie et étudie particulièrement les conjonctures économiques dans leur genèse et dans leur influence sur la vie économique.

Un autre savant encore, jeune, mais qui s'est déjà fait un nom en Russie. Dans les conditions aussi difficiles que présente l'existence matérielle de nos jours, dans le désarroi complet qui l'entoure, il a entrepris un grand travail scientifique, qui expose de façon originale les fondements d'une des sciences sociales les moins élaborées. Il partage son temps entre ses heures d'étude et les nombreux cours qu'il fait dans plusieurs écoles supérieures et il a presque à moitié terminé son travail.

Voilà un écrivain très connu en Russie. Je l'ai vu fréquemment et longuement. Il ne mange pas à sa faim, il grelotte de froid l'hiver et il, se serre dans une chambre avec sa famille. Il n'a pas entrepris pour le moment de travail de longue haleine, mais il prend beaucoup de notes et recueille du matériel. Il est plein de courage et de plans pour l'avenir. Il aurait pu partir pour l'étranger et échapper de la sorte aux lourds soucis matériels qui le harcèlent. Il ne l'a pas voulu. Et il ne le regrette pas. Il dit, que la vie en Russie lui a tant donné, que cela compense largement les privations vécues et l'ébranlement de sa santé.

Un vieil agronome, cette fois, un homme qui a fait beaucoup de travail social, ancien député à la Douma. Quand il ne vit plus la possibilité de travailler légalement, il se consacra entièrement à l'enseignement et créa un cabinet d'études scientifiques auprès de sa chaire dans une des écoles supérieures. Depuis des années il étudie le rendement du travail et la productivité de la terre dans des exploitations paysannes de type différent et dans les différents pays. Il tâche de décou-

---

même cruauté insensée, que par le passé. Les paysans de la région frappée virent venir le printemps et l'été de sécheresse, les granges vides, leurs réserves de blé pour la consommation et l'ensemencement ayant été impitoyablement réquisitionnées. (Note de l'Auteur.)

vrir les facteurs fondamentaux, qui déterminent la différence de productivité dans le travail agricole, et les degrés divers dans l'utilisation des forces de la nature.

Et encore V. M. Chvostov, qui a péri aussi prématurément et aussi tragiquement. Il avait fondé pendant la révolution un « Institut de psychologie sociale » à Moscou, où il travaillait à l'étude de problèmes de la vie sociale. Pour arriver à formuler les lois sociologiques qui régissent la vie de la société humaine, V. M. Chovstov pratiquait largement la méthode d'observation de la vie sociale dans ses manipulations infiniment petites, « moléculaires », pour ainsi dire. Chvostov essayait d'appliquer cette méthode du « microscope », selon la définition du philosophe allemand Simmel, aux phénomènes de la vie coopérative. Il entra en relations suivies avec les coopérateurs, les unions coopératives et les écoles de coopération. Quand j'eus l'occasion de connaître Chvostov, il travaillait activement à un plan d'enquête et à des questionnaires destinés à lui procurer du matériel d'étude. Le décret du 27 janvier 1920, qui ordonnait « l'union » de toutes les formes de coopération sous l'égide des sociétés coopératives de consommation déjà fortement mutilées par le pouvoir, et qui rendait inévitable une dissolution complète de la coopération russe, impressionna Chvostov très péniblement. Le lendemain de la publication du décret, je rencontrai Chvostov, la figure défaite, l'œil hagard. La première chose, dont il me parla, fut le décret, qui réduisait au néant ses plans de travaux scientifiques à l' « Institut de psychologie sociale... » Quelques jours après on trouva Chvostov, qui s'était pendu à l'Institut fondé par lui. Il n'avait pas su supporter les conditions horribles de la vie russe, mais il faut noter, que parmi tous les hommes de la science et les gens de lettres que j'ai connus à cette époque. il a été le seul, qui n'ait pas su résister.

Je rencontrais assez souvent un fonctionnaire du « Commissariat de l'Instruction publique ». Il occupait ces temps derniers un poste assez élevé, qui le mettait en rapport avec les écoles supérieures et les instituts scientifiques russes et qui lui faisait voir de près le travail, qui s'y accomplissait. Je

n'ai pas noté les faits concrets à l'aide desquels il me caracté-
risait le travail des savants russes, mais ce que je me rappelle fort bien, ce sont les sentiments d'admiration, de piété,
dirai-je même dont étaient pénétrés ses récits. Cette admiration
et cette piété allaient aux savants russes, qui savaient travailler
de façon aussi productive, malgré les conditions horriblement
compliquées de leur vie et l'ambiance tout à fait défavorable
à un sérieux travail scientifique.

Il a été beaucoup fait en Russie pour l'étude de l'agriculture russe en général et pour la répartition des régions, selon
leurs caractères naturels et économiques. Ce travail résume les
conditions d'une saine politique agricole de l'Etat, il contient
les éléments d'une solution rationnelle du problème agraire.
La question de la division de la Russie en régions est sortie
du stade d'imprécision et d'insolubilité, dans lequel elle se
trouvait même encore après les travaux de Skvortzov et de
Tchélyntsev en matière.

Et quelle preuve d'un infatigable travail de l'esprit que ces
1.500 manuscrits de romans seulement et de critique littéraire, qu'on trouve dans le portefeuille des entreprises privées
d'édition et dont parle le rapport de la « Conférence Panrusse »
d'Ecrivains ».

Tout ce que j'ai su par la presse étrangère sur les
écrivains et savants russes, renforce dans mon esprit l'impression de courage moral, qui se dégage pour moi de toutes
les observations faites en Russie sur les savants.

Quand Wells vint à la « Maison des savants », la première
chose qu'on voulut savoir, furent les « résultats des recherches
scientifiques faites en dehors de la Russie ». Wells signale
les conditions affreuses du travail scientifique en Russie
(point d'instruments, ni de papier, des laboratoires, où le
froid règne) et il continue : « c'est étonnant comment ils
peuvent encore travailler. Pavlov continue des recherches
très ingénieuses et très étendues sur la vie mentale des animaux. Le Dr Manouchine dit avoir trouvé un moyen très
efficace contre la tuberculose, même dans ses formes les plus
avancées, etc., etc... Quelle chose admirable que l'esprit scien-

tifique ! » ...Après avoir rencontré un savant qui venait de quitter la Russie, Lvov écrit dans le « Roul » (paraissant à Berlin) : ... le soleil continue à luire à Moscou de façon tout à fait promettante. Vous n'avez qu'à regarder N... parmi les nombreux manuscrits qu'il apporte, il y en a qui ont été écrits par lui dans cet entourage d'enfer... Des conversations que nous avons eues je puis déduire que cet enfer n'a pas réussi à incinérer l'âme du peuple russe; des gens affamés et à moitié morts trouvent quand même les forces pour continuer leur travail de création intellectuelle ». L'auteur cite ensuite une lettre d'un de ces « créateurs » de valeurs spirituelles. « Nous sommes fatigués de corps,mais forts d'esprit et inébranlables» écrit il. « Toute l'attention va aux profondeurs, à la recherche de la cause première de cette crise mondiale. Plus que jamais je suis persuadé que ces causes sont de caractère religieux et spirituel. La crise est longue et profonde et on ne saurait la mesurer que du fond même de la patrie... Pour ceux qui restent ici, qui ne pourrissent et ne meurent pas, la souffrance est presque au-dessus de leur force, il faut être saint pour savoir porter le fardeau, mais ces conditions forgent des caractères d'une force de résistance, qui ne saurait jamais être brisée. Et c'est là justement ce qu'il faut à notre merveilleuse patrie... » Voici enfin le troisième témoignage d'une personne déjà citée par moi, personne qui vit près de la frontière et qui voit régulièrement les gens qui viennent de « *l'autre côté* » avec toutes leurs dispositions d'esprit, informations et impressions. « La vie était horriblement dure » disait lui une personne ayant quitté la Russie depuis très peu de temps. «Moi, qui suis habitué à me pencher sur mes livres, je devais scier du bois. Je passais des heures entières à attendre mon tour dans les queues, pour toucher ma ration alimentaire. J'étais heureux alors, à la pensée de pouvoir rapporter à la maison quelques harengs. Nous ne pouvions lire ni livres, ni journaux, ni œuvres de la littérature européenne, puisqu'il n'y avait rien de tout cela. Nous ne savions pas du tout, ce qui se passait de l'autre côté du « cordon », derrière ce mur infranchissable qui nous séparait du monde entier. Voyez-vous là, mon manuscrit dans le sac. J'ai écrit un travail là-bas. Ce ne sont ni « Mémoires » ni un « Journal Intime », c'est un vrai travail. Et nos amis communs, eux aussi, ont su travailler en même temps que scier du bois. Naturellement nous n'avons pu faire qu'une partie infime de ce que nous aurions pu faire dans d'autres conditions. Et si je vous en parle, c'est pour vous dire, que la vraie vie... la vie des intellectuels russes n'y est pas *morte* encore... » (Volia Russie N° 3, l'article du « Spectateur »).

Tous les faits et les témoignages cités par nous sont naturellement loin de nous préciser les vraies dimensions et la qualité de la création spirituelle, qui se poursuit dans la Russie contemporaine. Mais ce qu'ils nous permettent de saisir avec certitude, c'est d'un côté le fait même de ce travail créateur, d'un autre côté l'âme résistante des hommes, qui accomplissent le travail et que les rafales de la tempête n'ont pu déraciner. L'esprit créateur de la Russie n'a pas péri sous les débris d'un régime qui vient de s'écrouler. Il est vivant et plein de force, il cherche et il espère.

Ces manifestations d'une âme, qui n'a pas voulu se plier, sont bien plus évidentes encore dans ce que l'on pourrait appeler la nouvelle littérature « verbale » de la Russie. Cette littérature est loin d'avoir créé des valeurs de l'esprit stables et de longue durée. Elle est primitive dans sa forme et pauvre de contenu. Après la chute du pouvoir bolchevik il ne restera probablement pas de traces de cette littérature dans la mémoire de la population. Il me paraît même quelque peu déplacé de parler d'elle immédiatement après les pages consacrées au travail de la pensée scientifique et littéraire, pourtant je ne saurais la passer sous silence. En parlant de la Russie contemporaine, il faut parler de cette littérature : elle est développée, bien connue, on la cite à chaque pas, de vastes groupes d'intellectuels et de semi-intellectuels prennent part à sa création. Elle ne reflète sûrement pas le travail du « cerveau de la nation », mais c'est en elle que se reflète la nation entière avec son attitude envers le pouvoir actuel.

La littérature nouvelle. Pendant l'hiver 1920-21 on pouvait voir dans les vitrines de la « Librairie des Ecrivains » à Moscou, de tout petits livres de poésies. Ils avaient été copiés à la main par les écrivains mêmes; des vignettes tracées à la main ornaient leurs pauvres couvertures grises. Une tristesse infinie et en même temps une douce chaleur empoignaient le cœur à la vue de ces livres. Ils rappelaient tout ce qu'il y avait de dédain grossier pour les droits de l'homme dans le nouveau régime et cependant ils étaient la preuve d'une pensée qui ne pliait pas et d'un cœur vivant, qui, assoiffés de communion avec d'autres pensées et d'autres cœurs ne reculaient pas devant les vieilles méthodes en usage avant Gutenberg.

Ces livres se vendaient légalement. Mais il y avait d'autres créations « illégales », qui se transmettaient de bouche en bouche, ou qui se copiaient à la machine. La vie russe de nos jours est saturée de créations de ce genre. Essayez d'en raconter une ou deux, et votre interlocuteur vous répondra sûrement par une douzaine. Les œuvres de longue haleine que je connais dans ce genre, sont au nombre de deux, deux poèmes. Le premier est intitulé : « Qui vit bien en Bolchévisie ? » (une parodie du poème de Nékrassov : « Qui vit bien en Russie ? »); le second, a pour titre: « Poème mystique des aventures de Karl Marx dans la Russie des Soviets ». Le premier des poèmes est surtout lu et goûté dans les campagnes, le second dans les villes. Les deux sont d'une longueur assez respectable. Dans la plupart des cas, ils sont copiés à la machine. J'ai pourtant vu une partie du second multipliée au rotateur. On trouve souvent des passages de journaux russes publiés à l'étranger, qui sont copiés à la main, des poésies, des chansons, quelquefois des anecdotes.

La littérature verbale est plus riche. Et infiniment plus variée. Des chansons nouvelles, des refrains, des hymnes révolutionnaires, dont on a changé les paroles, des rébus, des anecdotes, des poésies, des initiales des administrations soviétistes « déchiffrées », des « mots » bien trouvés, des contes, etc. Je connais aussi une opérette, dont le sujet est de toute actualité : « Une séance du Sovnarcom ». Le nombre de créations de ce genre augmente sans cesse.

Voici quelques spécimens de cette littérature qui se sont conservés dans ma mémoire ou dans mon calepin.

La plus populaire parmi les chansons des soldats et paysans s'appelle : « La pomme » :

> Où vas-tu ma pomme, où roules-tu ?
> Si tu tombes à la Tchéka, tu ne retournes plus...

La chanson a beaucoup de couplets, que l'on peut varier à l'infini, en y faisant rentrer les « actualités » locales.

Une autre chanson parodie le poème de Nékrassov : « Les marchands ambulants ». Voici des strophes prises au hasard :

> « Ah, comme ma boite est vide,
> Je n'ai plus ni indienne ni brocart,
> Je n'ai plus une croûte de pain,
> Et tous les vivres sont chers.
> Frères, donnez-moi de l'eau-de-vie,
> Je veux boire tout mon saoûl;
> C'est Oulianov (1), le borgne,
> Qui fait périr la Russie.
> Pas de voies, ni de communications,
> Nous sommes un pays de piétons ;
> Pas de Dieu, ni d'instruction,
> Et partout la Commune,
> Bon pays, pays de « travail »
> Et qui ne connaît pas le travail,
> Tout rouge de sang, d'un rouge pourpre,
> Et qui ne connaît pas la honte. »

Et voici les dernières strophes du poème :

> Finissons la longue chanson
> Des exploits du « Borgne »;
> La Russie des anciens temps périt,
> Elle s'est égarée entre trois sapins.
> Ah, nos rêves de liberté !
> Nous serons heureux d'attendre,
> Pour voir les gens du Kremlin
> Aux trois sapins pendre.

---

(1) Oulianov est le vrai nom de Lénine. (N. du Tr.).

L'Internationale existe en deux variantes, celles des paysans et celle des ouvriers.

Les paysans en Sibérie chantent :

> Nous sommes les travailleurs
> De la grande armée du travail,
> Nous avons droit à la terre,
> A la *récolte*, jamais.

Et les ouvriers de Pétrograd la varient, en appelant le « monde des affamés et des esclaves » à se lever contre « Zinoviev, qui les dupe ».

Pour apaiser les agitations ouvrières à Moscou, le gouvernement avait fait distribuer des haricots secs et du sel parmi les ouvriers. Voici comment l'humour populaire accueillit ces distributions de vivres. De jeunes ouvriers chantaient dans la « Plâce Rouge » de Moscou :

> Lénine se démène comme fol,
> Trotsky danse la farandole;
> Ils nous donnent sel et haricots
> Et nous croient des sots.

Un peu d'humour encore pour finir, cette fois sous la forme d'une fable qui a pour titre : « Pourquoi les ânes reçoivent-ils une ration de *combat ?* » En 1921 la plus grande partie de la population fut privée de rations alimentaires, les vivres étant venus à manquer. On faisait beaucoup de difficultés pour accorder les rations maxima, dites « rations de combat ». Après les hommes, ce fut le tour des animaux à demander leur ration. « Camarade commissaire », dit le cheval, « vous devez me donner une ration ». — « Pourquoi çà ? « demande le commissaire du ravitaillement. — Si vous me la refusez, je ne vais plus charrier votre bois et vos trains s'arrêteront ». — « Non, non, à moi la ration, « interrompit la vache. — « A toi ? — Mais oui, puisque l'assistance aux enfants est votre atout et puisque les enfants hospitalisés mourront tous, si je ne leur donne pas mon lait ». — « Ah, il faut que je réfléchisse, », dit le Commissaire. Tout d'un coup l'âne fait irruption sans façon, — « Que veux-tu, espèce d'âne, lui crie le Commissaire interloqué »? — « Je suis venu pour ma ration, camarade Commissaire ? — « Qu'est-ce qui te prend ? Je comprends, le cheval et la vache... — « Mais comment voulez-vous vivre sans moi ? » interrompit l'âne avec assurance. « Si nous n'y étions pas, vous n'y seriez plus depuis longtemps ». Cette fois le Commissaire ne fit plus de réflexions. « Une ration de combat à Maître Baudet », commanda-t-il.

Un franc rire, un rire goguenard, auquel se mêlent des notes d'ironie et qui s'élève quelquefois jusqu'à la satire — tel est le ton dominant de la littérature populaire russe. Et c'est bon signe; quand l'homme rit, c'est qu'il est bien vivant ; quand un peuple martyrisé sait rire pendant les années les plus graves de son existence historique, c'est qu'il n'est pas opprimé, ni abattu. C'est que son âme se redresse comme un ressort vivant.

CONCLUSION

La formule, qui résume les changements de caractère sociologique objectif survenus en Russie pendant les quatre ans du régime des Soviets ouvriers et paysans, se présente toute faite; elle tient en un mot — *dissolution*. Mais que de pertes, que de sacrifices, de souffrances, de sang, et de... boue renferme cette brève parole ! Elle est toute saturée d'un sens profond, démesurément grand et ombrageux. Il n'y a pas de région, pas de couche sociale, pas de domaime de la vie, où le bilan des changements survenus ne s'exprime par une valeur négative. Des pertes, de la ruine partout. « Plus de vie, c'est un cimetière », telle est l'impression rapportée de la Russie par une délégation d'ouvriers tchéco-slovaques.

Après quatre ans de régime soviétiste la Russie a perdu une quantité de vies, qui surpasse la population d'un état de dimensions moyennes, tel par exemple la république tchéco-slovaque. Les pertes égalent trois huitièmes de la population de la France et si nous y ajoutons les millions d'êtres humains voués à une mort certaine par la faim pendant l'hiver 1921 et au printemps 1922, nous verrons que les pertes subies par la Russie pendant 4-5 ans équivaudront à la moitié de la population de la France.

A part les considérables pertes numériques, il faut encore constater une baisse dans la structure de la population. La structure sociale de cette dernière s'est de beaucoup simplifiée; son niveau a baissé. Des groupes aussi importants, aussi indispensables au fonctionnement normal de la vie sociale, comme la bourgeoisie et le prolétariat ont été pour ainsi dire, anéantis. Le nombre des ouvriers a diminué de deux fois même, par rapport au chiffre total de la classe ouvrière en 1897, époque de la naissance de la grande industrie russe.

La population des villes s'est dispersée. Pendant trois ans de régime soviétiste, de 1917-1920 elle a diminué de 30 0/0... La décadence des villes en Russie, comme conséquence de la ruine et de la détérioration des habitations, sera un phénomène de longue durée. Il s'écoulera au moins dix ans, avant que les villes se rétablissent dans leurs dimensions premières et réacquièrent leur importance d'autrefois.

Le dernier facteur déterminant des pertes subies par la population est donné par le déplacement géographique de grandes masses humaines. Des millions d'être humains, se déplacent, en abandonnant au hasard tout leur patrimoine...

Les pertes *économiques* subies par la Russie sont plus considérables encore. Il est impossible d'évaluer toute l'entité de valeurs économiques perdues par la Russie en tant que moyens et conditions de son activité productive, mais même leur évaluation incomplète et au-dessous de la réalité nous fait entrevoir des chiffres d'une grandeur démesurée. Si nous additionnons les pertes du revenu national, les pertes du capital fondamental du pays et la perte des 2 milliards de réserves d'or de l'Etat, nous arrivons à une somme qui surpasse la valeur des réserves d'or accumulées par l'humanité durant tout le temps de son existence (1).

On estime, que la guerre mondiale, à laquelle ont pris part 60 millions d'hommes, dont toutes les forces du corps et de l'âme étaient tendues vers l'anéantissement de l'adversaire, a coûté 37 millions de vies à l'humanité. La révolution dont le but était le bien de l'humanité et non pas sa destruction, a coûté 15 millions de vies à un seul pays. Des vies qui ont péri, mais combien en périront encore ! Devant nous une longue perspective de morts humaines encore, des morts fatales, *inévitables*, pendant les mois qui vont suivre, sous n'importe quel régime et dans toutes les conditions imaginables...

Aux pertes de la population et aux pertes de biens économiques s'ajoute la ruine de *l'Etat russe*, édifié par des siècles.

------

(1) J'évalue les réserves d'or mondiales à 24 milliards de roubles (60 milliards de francs-or). (Note de l'Auteur.)

L'Etat n'a pas disparu, màis il s'est amoindri, il a dégénéré. L'agencement de son mécanisme de travail a disparu, en faisant place à la masse informe et disparate des administrations nouvelles; les normes de la loi réglant la vie sociale ont disparu en cédant leur place à un arbitraire absolu; le gouvernement de l'Etat est basé sur une violence illimitée des représentants du pouvoir envers la population et l'excitation des indigents au pillage des groupes plus aisés de la population; les intérêts de sûreté policière et les tendances terroristes du pouvoir sont devenus prépondérants dans sa politique intérieure; le pouvoir de l'Etat a subi une décentralisation anarchique, la Russie qui représente nominalement un Etat, s'est transformée en autant de fiefs à moitié indépendants qu'elle possédait de gouvernements dans le temps; en tant que le pouvoir central s'est conservé et continue à agir, il s'est concentré en ce qui concerne les questions les plus importantes dans la vie de l'Etat, entre les mains de cinq personnes, émanation du Comité Central du parti communiste sous le nom de « Politbureau »; l'Etat, dont les attributions économiques ont démesurément augmenté, a en même temps dû réduire ses opérations financières, en tant que ces dernières s'expriment par les dimensions réelles du budget.

Tous ces phénomènes sont une conséquence du programme économique du pouvoir et des méthodes de sa réalisation. Le pouvoir était finalement arrivé à la conscience de la faillite de sa politique; il voyait la nécessité d'une brusque voltéface pour son propre salut. Les insurrections paysannes et surtout l'orage de Cronstadt contribuèrent à faire jaillir cette conviction. On adopta la « nouvelle orientation » en matière de politique économique. Tout en continuant à porter le nom de pouvoir représentant le prolétariat et tout en reconnaissant les intérêts de ce dernier comme unique principe directeur de sa politique, le pouvoir a reporté au fond ses vues d'avenir sur la bourgeoisie.

La nouvelle politique économique pose devant le pouvoir un problème compliqué et plein de contradictions : il s'agissait d'une part de conserver le pouvoir politique sans restriction aucune entre les mains du parti communiste, de créer d'autre part un appât puissant pour les bourgeoisies russe et étrangère, apte à les inciter à un travail énergique de reconstruction de l'économie russe totalement ruinée; il fallait sans changer dans leur fond les méthodes de gouvernement politique, qui avaient abouti à un conflit manifeste et aigu entre la population et le pouvoir, y introduire des changements de forme qui auraient pu reconduire la vie sociale entre des rivages plus paisibles; il fallait créer un *système économique uni* dans un pays atomisé à l'infini : il fallait enfin s'acheminer vers la recréation d'une vie sociale basée sur un droit stable et unifié, dans une atmosphère d'illégalité et avec des humains habitués à la violence illimitée et au brigandage...

La question, qui agita tous les esprits à ce moment, fut de savoir, si le parti communiste était capable de se transformer graduellement en un pouvoir de l'Etat fonctionnant normalement. Quant à moi, j'y ai répondu par la négative résolue : la voie de régénération du pays passe en marge du parti communiste, elle ne s'ouvrira qu'après la destitution de ce dernier.

Nombreuses sont encore les pertes du pays dans le domaine de la culture.

C'est avant tout la jeune génération qui a souffert, et plus que les autres ceux, qui ont vécu durant la révolution, la période de leur éducation préscolaire et de leur instruction scolaire. La révolution d'octobre avec toutes ses conséquences telles que guerre civile, appauvrissement, grossièreté croissante des mœurs, dissolution de formes de vie jadis stables, désagrégea profondément la famille et fit augmenter rapidement le nombre des enfants sans surveillance. Après la destruction des organisations d'assistance municipale (des villes et des zemstvos), après la liquidation forcée et l'autodissolution des sociétés de bienfaisance, l'Etat resta l'unique organisation qui pouvait, qui devait même prendre à sa charge les soins pour les enfants sans surveillance. L'Etat s'en chargea effectivement, mais il le fit dans des formes telles et avec une négligence aussi coupable envers les intérêts et les droits, la santé et la vie des enfants, que l'assistance organisée due à ces derniers se transforma en leur mutilation morale et leur décimation organisée. Le pouvoir n'hésita pourtant pas de s'ériger avec des milliers de petits morts, un piédestal de la hauteur duquel il annonça en claironnant au monde ses exploits dans l'œuvre de l'assistance aux enfants russes.

La misère du pays et de l'Etat, les « réformes scolaires » du gouvernement eurent pour effet la ruine de l'école primaire. La révolution a emporté dans son courant le « réseau scolaire »(1), tel l'aveu de Lounatcharsky.

L'instruction primaire, créée par les efforts réunis de l'ancien Etat, des zemstvos, des municipalités des villes et par des efforts individuels, avait péri. Les efforts des paysans, qui, en partant d'idées nouvelles sur la valeur de l'instruction se mirent à organiser l'instruction de leurs enfants en voie d'initiative privée et en se chargeant eux-mêmes des frais, ne surent compenser les pertes résultant de l'anéantissement des anciennes écoles. Signalons entre parenthèses, que cette initiative privée provoqua des mesures répressives de la part du gouvernement : il était défendu aux enseignants, sous menace de peines sévères d'accepter une *rétribution* pour l'instruction donnée aux enfants.

L'école secondaire s'était conservée bien mieux que l'école primaire, mais les « réformes » du pouvoir avaient aussi porté atteinte à sa vitalité. L'influence néfaste des réformes se fit sentir non seulement dans le programme de l'école, elle se répercuta dans les conditions de la vie de ses élèves.

Nous trouvons une appréciation à leur juste valeur des résultats du travail du pouvoir dans le domaine de l'éducation et de l'instruction de la jeune génération dans un discours du docteur Horn, médecin très connu en Russie. « Je suis prêt à pardonner beaucoup aux bolcheviks, dit le docteur, je leur pardonnerais presque tout : la dissolution de la Constituante, les fusillades, les travaux forcés, les épreuves mêmes auxquelles ils

____

(1) Le courant de la révolution a emporté d'autres réseaux encore, bien développés dans le temps et bien étendus : l'organisation de l'assistance médicale, les organisations agronomiques, coopératives et d'assurance. De toutes ces institutions créées par un travail intense et plein d'amour, il ne reste, comme après un incendie, que des tas de cendres. (Note de l'Auteur.)

ont soumis la science russe et les savants. Mais il y a une chose, que je ne saurais leur pardonner et que je ne pardonnerai jamais. Ce sont les expériences tout à fait coupables, dignes de tribus de nègres sauvages auxquelles les bolcheviks se sont livrés et auxquelles ils se livrent jusqu'à présent sur la personne de la jeune génération russe, sur les enfants. Il n'y a pas de délit au monde, qui égale le leur. *Ils ont perdu moralement et physiquement toute une génération russe, ils l'ont perdue fatalement et, hélas, irrémédiablement.* »

L'école supérieure, surtout l'école technique s'est relativement conservée. Mais l'an 1921 y a été marqué également par l'institution de la « dictature du prolétariat », ce qui, exprimé en termes de la réalité russe, veut dire dictature du parti communiste s'exerçant sur « l'enseignement et la *recherche* scientifiques ». Si monstrueux et si absurde que puisse paraître le principe de la dictature appliqué à la recherehe scientifique, le gouvernement a fait tout ce qui était dans son pouvoir pour le réaliser. L'enseignement supérieur, comme une discipline générale, a été *formellement* supprimé à la suite de ces mesures.

La politique économique du pouvoir a eu pour conséquence une dégradation et une dégénérescence de l'art de l'imprimerie : en 1920, les typographes en Russie ont fait paraître 4-5 fois moins de publications qu'en 1916. La nationalisation de toutes les typographies et de la production du papier a conféré à l'Etat le pouvoir illimité de contrôler et de « régler » l'activité éditrice. Le gouvernement se servit de ce pouvoir pour tuer l'indépendance de la littérature russe.

Parallèlement aux meurtrissures infligées à l'activité éditrice et à l'assassinat conscient de la littérature indépendante (non communiste), on observe une destruction en masse de livres édités précédemment. Soit calcul conscient des communistes, soit effet de l'ignorance des institutions créées par eux, le livre prenait, en masse, la voie de la fabrique de papier, les communistes le brûlaient en autodafé solennel ; dans les campagnes, on l'employait à la confection de cigarettes ; dans les

villes, on allumait et quelquefois on chauffait même les poêles
à l'aide de livres.

Malgré la situation, en marge de la loi et sans possibilité
de défense, du savant et de l'écrivain russe, malgré la violence cruelle qu'on leur infligeait dans leurs intérêts et
leurs droits les plus légitimes, malgré les difficultés
sans bornes de leur existence matérielle, la pensée scientifique et artistique n'est pas morte en Russie. La création de
nouvelles valeurs spirituelles se poursuit. Cela paraîtra invrai-
semblable, presque un miracle. Et pourtant c'est un fait. L'esprit des intellectuels russes n'est pas brisé. Et non seulement
il est vivant, mais courageux parfois et plein d'initiative. C'est
une question à savoir, où s'est accompli un travail intellectuel
de plus grande intensité — parmi les intellectuels russes émigrés, qui vivent à l'étranger dans des conditions matérielles et
de droit, relativement supportables, ou parmi les intellectuels,
qui vivent dans les conditions hideuses et tourmentées de l'actuelle vie russe. Mes impressions, en tout cas, ne parlent pas en
faveur des émigrés russes.

La tension de l'esprit, une attitude pleine de courage, on les re-
trouve chez les intellectuels et semi-intellectuels russes. C'est
dans leur milieu qu'est née la nouvelle littérature si multiple et si
variée qui se transmet dans la plupart des cas, par la parole.
Elle n'a pas de grande richesse de forme, ni une très grande
élévation de contenu. Pourtant elle est un indice précieux de
l'état d'esprit de la population...

Les pertes de la Russie sont infinies. Pertes de vies
humaines, de valeurs économiques, pertes dans sa culture, et dans le contenu et les formes de sa vie sociale. La Russie n'a conservé que deux valeurs, l'esprit vivant
de son peuple et la couche sociale, qui constitue la base de sa
vie, la paysannerie. L'importance sociale de la paysannerie a
augmenté tout autant, parce qu'il y a eu pertes corrélatives
dans d'autres couches sociales, que parce que le paysan a en-
richi moralement sa personnalité pendant la révolution. Vers la
fin de 1920, les paysans constituaient 83,7 0/0 de la population,
ils donnaient 79 0/0 du revenu national et ils apportaient à

l'Etat 90 0/0 de toutes les valeurs matérielles dont il disposait. Cette importance accrue de la paysannerie mettra sûrement le pouvoir futur de la Russie devant la nécessité de chercher son appui social dans les paysans. Sans l'appui de ces dernier, ou, pis encore, en les ayant pour adversaires, le pouvoir futur ne saurait se maintenir en Russie.

Les forces qui ont appelé les paysans à une vie politique active dans toute une série de pays tels que la Yougo-Slavie, la Roumanie, la Pologne, la Lettonie, l'Esthonie, la Bulgarie, la Tchéco-Slovaquie, agissaient aussi en Russie. Mais leur action se trouve rehaussée par l'action excitante de la révolution sur la mentalité du paysan, par la disparition de la noblesse terrienne, par les pertes immenses subies par la classe ouvrière et la bourgeoisie. « La Russie sera une puissance paysanne, ou elle ne sera pas. »

Les pertes du pays sont soumises, quant à l'ordre dans lequel elles se suivent et quant à leurs dimensions, à la loi générale qui régit la désagrégation de toute vie. J'ai mentionné cette loi, en parlant de l'économie nationale russe. La désagrégation se propage de haut en bas, elle va du compliqué au simple, des acquisitions récentes de l'humanité à ce qui a été acquis anciennement. Plus les fonctions de la vie sociale sont élevées et plus leurs manifestations sont compliquées, plus rapidement elles commencent à se figer et se meurent. L'agonie des villes a commencé plus tôt et se poursuit plus rapidement que la mort des campagnes ; les classes sociales de création plus récente ont subi plus d'amoindrissement que la classe originaire de la Russie, la classe paysanne ; le transport à vapeur a plus souffert que le transport à traction animale ; la baisse de production des catégories supérieures de combustible (combustible minéral et combustible liquide), a été plus considérable que la baisse de production du combustible élémentaire, du bois; le mouvement de désagrégation a été plus accentué dans la grande industrie que dans les petites industries et dans l'agriculture ; dans cette dernière, les branches supérieures de culture, qui avaient fait leur apparition comme derniers chaînons de l'évolution économique, ont été les premières à souffrir ; la culture des plantes industrielles a baissé plus sensiblement que la culture des céréales destinées à l'alimentation du bétail, et la culture de ces dernières plus que la culture des céréales servant au ravitaillement de la population ; l'élevage du bétail dans ses formes industrielles a souffert plus que les cultures servant à la consommation immédiate.

La même loi se manifeste, dans les pertes subies dans le domaine de la culture et de la vie de l'Etat. L'Etat, après avoir franchi le pas qui le sépare comme organisation militaire et policière, de l'Etat comme constitution de droit et ensuite comme d'un ensemble de finalités spirituelles, est retourné en arrière et a perdu les deux caractères dernièrement acquis. Il est redevenu une organisation militaire et policière avant tout, un « gardien de nuit », suivant l'expression de Lassalle, mais dans ce rôle, il a perdu les qualités qui caractérisent un degré de développement élevé de l'Etat de type militaire et policier ; l'Etat réalise ses intérêts militaires et policiers, non pas au nom de la population tout entière, mais dans les intérêts d'un petit groupe de gouvernants ; l'Etat a perdu son pouvoir administratif unifié, les normes de droit écrites et unifiées, une justice organisée régulièrement et fonctionnant normalement, etc. Il a regressé jusqu'aux communautés du moyen âge avec leur décentralisation anarchique, tout en se dépouillant de traits acquis dans son développement ultérieur.

En ce qui concerne la vie de l'esprit, c'est la forme la plus récemment développée de l'instruction publique, l'enseignement primaire qui a souffert le plus parmi les trois branches de l'instruction, l'enseignement primaire, secondaire et supérieur ; la création systématique de valeurs de culture matérielle, née plus récemment que la création spontanée de valeurs spirituelles, a subi plus de dégradation ; la multiplication des œuvres de l'esprit par la voie de l'imprimerie a regressé plus fortement que leur reproduction par écrit, et leur transmission par la parole est plus répandue que leur reproduction écrite.

Pourtant, il y a des faits qui contredisent apparemment la

loi mentionnée. Par exemple dans la métallurgie, la fabrication de produits finis et plus compliqués a subi moins de diminution que la production de produits mi-œuvrés ; l'enseignement technique supérieur, qui a fait son apparition dans l'histoire de l'humanité, après l'enseignement supérieur général, a moins souffert que ce dernier, etc. Ces faits ne prouvent en réalité rien contre l'existence et l'efficacité de la loi ; ils sont déterminés par l'action subsidiaire qu'exerce l'héritage riche et varié, transmis sous forme d'objets matériels, de classes sociales, d'habitudes, de méthodes et d'aptitudes des gens, à la période « communiste » par la précédente période « bourgeoise ». Cet héritage a eu pour effet de faire dévier la vie russe de la voie tracée par la loi de désagrégation exposée par nous.

Cette loi, dans ses manifestations multiples, nous démontre que la cause la plus proche de la désagrégation générale de la vie sociale russe et de sa régression historique, c'est-à-dire la politique gouvernementale, réalisée par le moyen de toutes les ressources de l'Etat, est en contradiction avec les formes actuelles et le contenu actuel de la vie sociale. Les communistes ont fini par saisir le sens de cette démonstration. Mais il ne s'agit pas seulement d'une leçon infligée aux communistes russes, la portée de la démonstration est infiniment plus vaste, c'est une leçon, pourrait-on dire, d'importance mondiale. Elle s'adresse à tous ceux qui ont cru et croient encore à la possibilité d'un changement des *fondements* de la vie par la méthode de la violence et par la voie de la révolution, en usant de l'appareil de la coercition gouvernementale. La leçon ne fait que confirmer l'ancienne vérité, que les révolutions en elles-mêmes ne créent rien, qu'elles ne font que détruire. Elles trouvent leur sens et leur justification dans des finalités purement négatives — elles ne servent qu'à déblayer les *obstacles* qui se dressent devant la création. Les révolutions ne sont légitimes qu'en tant qu'elles accélèrent les véritables « processus locomoteurs » de l'histoire, les processus d'évolution qui transforment réellement la vie et contribuent à la création de nouvelles formes saines de la vie.

La leçon, payée aussi chèrement, s'adresse encore particulièrement à ceux parmi les socialistes, qui considéraient la propriété privée des moyens de production comme la cause fondamentale de tous les maux et de toutes les souffrances de la société actuelle, et qui croyaient qu'une substitution *mécanique* du principe de la propriété sociale des moyens de production au principe dé la propriété privée pourrait être nécessaire et suffisante pour cicatriser toutes les plaies et instaurer le « royaume de Dieu sur la terre. »

Maintenant, après l'horrible expérience russe, il est évident que la source des iniquités sociales ne jaillit pas des formes de la propriété, en tout cas qu'elle ne doit pas être uniquement recherchée dans ces formes ; il est évident que le bien-être de la société ne saura uniquement être déterminé par un changement des formes de la propriété.

Le socialisme n'a pas apprécié à sa valeur l'importance sociale du travail d'organisation et d'initiative et de ses représentants vivants. Cette importance cependant est très grande. Elle est si grande, que la pression exercée sur les intérêts et les droits des organisateurs du travail a provoqué la désorganisation de l'économie nationale et en même temps de la vie sociale du pays.

L'importance attribuée unilatéralement au travail exécutif découle d'un autre raisonnement plus défectueux encore à sa base, c'est la prépondérance des problèmes de la *répartition*, envisagés dans leurs rapports avec les problèmes de la *production*.

L'expérience russe démontre toute l'anomalie d'un groupement pareil des phénomènes; la production délaissée se venge par des conséquences aussi fâcheuses dans le domaine de la répartition, que toutes les incohérences et tous les vides laissés dans la répartition par le régime capitaliste pâlissent devant elles... C'est la seconde leçon de choses que nous donne la vie russe des quatre dernières années.

L'xpérience russe nous démontre enfin l'importance et la nécessité de l'existence de la classe bourgeoise dans la période historique que nous vivons. On ne peut, après s'être emparé du pouvoir, en se basant sur les aspirations passagères des masses, s'imaginer que la bourgeoisie, en tant que catégorie sociale et économique, puisse être supprimée par la voie de la révolution. Les conséquences qui découlent de cette suppression seraient trop désastreuses; la révolution russe vient de le démontrer. Dans la vie sociale il n'y a rien d'éternel, rien d'immuable, selon le mot d'Héraclite « tout coule », tout change. L'heure de la mort viendra à son tour pour les formes de la vie sociale, dans lesquelles vit l'humanité de nos jours. La bourgeoisie, elle aussi, devra quitter l'arène historique, car elle aura donné naissance à des forces qui sauront faire mieux et avec plus d'humanité la besogne accomplie actuellement par elle. Mais avant que ce remplacement ait lieu, avant que les forces nouvelles se soient développées, la bourgeoisie a un rôle social à remplir. Elle représente l'initiative et la force organisatrice du travail dans l'industrie, le crédit, les transports, etc. Son anéantissement prématuré par la violence entraîne la ruine de la vie économique.

L'existence de la bourgeoisie est conditionnée et justifiée par le niveau inférieur de la personnalité dans l'homme moyen et l'homme de « masse », par son égoïsme, par son inaptitude à prévoir les conséquences éloignées d'actes présents, par son manque d'habitude d'actions organisées, par son incapacité de conduire avec un vrai esprit social les affaires publiques, etc. Des formes meilleures de la vie sociale doivent dans ce cas non seulement être le résultat d'un processus de lutte, elles résulteront d'un acte de création positive. Toute la stratégie conçue au point de vue d'une appropriation du pouvoir est une stratégie orientée vers un but faux; l'appropriation du pouvoir par une autre classe ne'st pas capable de donner une réorganisation saine et normale des rapports sociaux et d'expulser, avec le maximum d'effet utile, la bourgeoisie, cette force influente dans la vie économique, de l'arène historique...

Dans la conception nouvelle du monde qui s'élabore maintenant parmi de vastes groupes d'intellectuels restés en Russie et dont la pensée sociale travaille activement, conception à laquelle se joint l'auteur de ces lignes, toutes ces leçons ont été comprises, escomptées, et on a su en tirer les conclusions qui s'imposaient.

L'important rôle social créateur de la bourgeoisie a même été reconnu par les communistes russes. Déçus dans leurs espérances de soutien par le prolétariat mondial et dans leur attente d'une révolution sociale prochaine, ils ont tourné leurs regards en quête de soutien et de collaboration, du prolétariat vers la bourgeoisie. C'est en cela que réside le sens intime de la nouvelle politique économique du pouvoir actuel de la Russie : ayant choisi tout d'abord le prolétariat russe et le prolétariat mondial comme objet de sa sollicitude cynique et effrontée, il applique maintenant l'agileté de ses mains, la dextérité de sa langue à la bourgeoisie russe et étrangère, à laquelle va son regard impudent. Reste encore à savoir dans quelle mesure réussira cette seconde tentative de fraude. Les bolcheviks en tout cas font tout ce qu'ils peuvent pour jeter de la poudre aux yeux de ceux qui les regardent faire : ils abaissent leur bannière noire de pirates, jettent à l'eau les « conquêtes » de la révolution d'octobre et hissent, sur le navire de l'Etat conduit par eux, la bannière de la paix et de l'espérance. A l'intérieur, en Russie, ils gardent toutes leurs attitudes et toutes leurs méthodes d'administration asiatiques, tandis qu'ils recouvrent la façade de la maison d'un vernis « à l'européenne ». Comme par le passé, leur impudence et leurs mensonges sont sans bornes ni précédents, dans leurs démarches entreprises actuellement à l'adresse de la bourgeoisie. Ils ont liquidé la « Tchrezvytchaika » et Lénine en personne s'est déclaré son adversaire résolu. Mais, en même temps, la « Conférence Panrusse du Parti communiste » (réunie il y a peu de temps, au mois de juin 1921), a préconisé, avec l'appui actif de Lénine, une politique de répressions envers les représentants d'autres partis politiques.

Il est vrai que la « Tchrezvytchaika Panrusse » avec tous ses cadres a été absorbée par le « Gosspolitoupravlénié » (Office Politique de l'Etat), tandis que les « Tchrezvytchaika de gouvernement » se sont transformées en « Sections du Goubpolit » (« Office Politique de Gouvernement »); la « réforme » dans ces conditions se réduit au travail d'un peintre, qui recouvre la vieille enseigne d'une nouvelle couche de peinture, pourtant elle ne manquera pas de provoquer une certaine impression chez des personnes mal informées parmi la bourgeoisie, auxquelles elle s'adresse... On déclare encore à la bourgeoisie occidentale, qu'on reconnaîtra les anciennes dettes contractées par la Russie à l'étranger, qu'on introduira de nouvelles lois écrites qui garantiront les droits de propriété, qu'on est en train de créer une justice légale et qu'on a l'intention de rétablir la liberté de locomotion; on annonce que le pouvoir n'a rien contre des négociations secrètes et des traités secrets; que les « sujets fidèles » du pouvoir soviétiste auront toujours le temps d'apprendre la conclusion de ces derniers; on rend la « liberté » aux associations professionnelles, à la coopération, on autorise la constitution d'entreprises privées d'édition, etc., etc.

Le travail de vernissage de la façade russe « à l'européenne » se fait avec force allégresse. Pour avoir un bon service d'informations, à part les communications tapageuses des radios soviétistes, on n'hésite pas à payer la presse bourgeoise, comme dans le temps on achetait les services de la presse communiste. Mais on ne s'arrête pas là. Le pouvoir communiste va plus loin encore, en se faisant panégyriste des gouvernements de France et d'Angleterre.

Tout cela pour « l'usage extérieur », et là-bas... dans les profondeurs de la Russie, « chez soi », le pouvoir provoque chez ces adversaires politiques en prison de nombreuses tentatives de suicide (tentative de la socialiste-révolutionnaire Iguelskaia de se brûler vivante dans la prison d'Orel); on continue à expulser impitoyablement des dizaines de milliers de familles paysannes pour les diriger du Midi vers le Nord et pour les torturer sur leur parcours par une détention tout à fait arbitraire dans les prisons soviétistes; on continue les exécutions de « bandits » en Ukraine, dans la Koubane, en Sibérie et dans la région de la Volga; on arrête les gens par milliers dans les villes et on les fait pourrir dans des cachots; là on nomme Dzerjinsky, maître des « exécution capitales », dictateur au ravitaillement, en lui donnant des pleins pouvoirs illimités ; là on arrête les otages, on confisque les biens, la population se meurt et les communistes continuent leur pillage.

La « nouvelle politique » du gouvernement exige des hommes nouveaux, car on ne vide pas de « vin nouveau dans de vieilles outres », et de tout temps et pendant tous les régimes la mesure de la sincérité d'une politique nouvelle a été donnée par le changement des hommes responsables au pouvoir. Or, qui parmi les bourreaux de la malheureuse Patrie vient d'être destitué en Russie ? Par qui a-t-il été remplacé ? Existe-t-il une presse politique libre, non asservie au pouvoir ? Le suffrage secret s'applique-t-il pendant les élections ? Les adversaires politiques du pouvoir ont-ils quitté les prisons où on les détient sans instruction ni jugement, quelquefois même sans leur avoir fait subir d'interrogatoire ? A-t-on supprimé la lente torture de la faim qui les conduit à la mort ? L'ouvrier peut-il librement quitter une usine ou une fabrique de l'Etat ! Le paysan peut-il se dire libre à l'égard de l'arbitraire du pouvoir local ? Peut-il participer à la vie politique du pays en toute égalité et plénitude de droits ?

Non, non et non... Un brouillard épais couvre comme par le passé les plaines de la patrie. Les bourreaux sont à leur place et font leur besogne. Un souffle convulsif tourmenté comme un gémissement soulève la poitrine haletante de la population.

Et malgré tout, voici l'heure d'un nouvel opprobre national qui approche : la possibilité d'une reconnaissance du gouvernement soviétiste par les Etats d'Europe. Que faire ! Un outrage de plus, « une larme de plus qui viendra grossir le fleuve débordant ». Ce ne sera pas pour la première fois. Combien de ces outrages la Russie n'a-t-elle vu s'infliger de la part de ses « alliés fidèles » pendant les années tristes et graves que nous avons vécues !

Les Etats européens pourront reconnaître le pouvoir soviétiste. Reste à savoir, si ce dernier sera reconnu par la classe sur laquelle il a mis son enjeu et dont il a fait l'objet de ses procédés hypnotiques. Cette classe se laissera-t-elle endormir et tromper comme a permis de l'endormir et de le tromper pendant des années le prolétariat mondial ? Les gouvernements européens ne pourront ni ne voudront ouvrir des crédits au pouvoir soviétiste. Les bolcheviks eux-mêmes n'aspirent à leur reconnaissance par les gouvernements de l'Europe, que parce qu'elle leur ouvrira la voie à leur reconnaissance de la part de la bourgeoisie européenne. Cette dernière a infiniment plus d'importance pour les bolcheviks, car elle leur apportera un renouveau de forces dans la période de décrépitude sénile qu'ils traversent; elle leur donnera la possibilité de se maintenir encore pour un certain temps au pouvoir. Sa reconnaissance par la bourgeoisie donnera au gouvernement soviétiste des moyens pécuniaires; elle donnera au pays et au gouvernement des machines et des métiers, elle fournira enfin, au pays l'énergie d'initiative organisatrice si nécessaire à la régénération de sa vie économique.

Il est difficile de faire des présages en ce qui concerne les possibilités d'une reconnaissance de ce genre. Se réalisera-t-elle, quand, dans quelles proportions, sous quelles formes; se réalisera-t-elle surtout ? Je suis enclin à donner une réponse négative à cette question : il n'y aura pas de reconnaissance du tout. Peut-être, y aura-t-il des tentatives éparses de la part de quelques personnes ou de quelques groupements détachés de la bourgeoisie, mais la classe bourgeoise dans son ensemble, avec le réalisme de sa pensée et la prudence de sa façon d'agir, ne reconnaîtra pas le pouvoir soviétiste, malgré l'importance et l'intensité de l'intérêt qu'elle porte actuellement à la Russie.

La forme de relations économiques avec la Russie la plus acceptable pour la bourgeoisie européenne, vu les conditions dans lesquelles se trouve notre pays, sera sans doute le commerce. Mais le commerce avec la Russie ne saura rien donner actuellement à la bourgeoisie. L'expérience est là pour le prouver et les données de la statistique économique nous le confirment.

En quoi consistait le commerce de la Russie d'autrefois ? Le tableau suivant, qui nous donne les chiffres moyens de l'importation et de l'exportation russe par an, pendant les dernières cinq années qui précédèrent la guerre (1909-1913), contient une réponse à cette question :

Catégories de marchandises	Exportations		Importations	
	En milliers	de	roubles	
1) Vivres	905.810	60,4 %	205.760	18,1 %
2) Matières premières, et matières mi-ouvrées	494.497	33,2 %	554.718	48,7 %
3) Bétail sur pied.....	29.573	1,9 %	11.870	1,0 %
4) Produits manufactures et industriels...	67.541	4,5 %	367.308	32,2 %
Total	1.497.421	100 %	1.139.656	100 %

Les vivres constituaient, avec les matières premières et mi-ouvrées, 93,6 0/0 de notre exportation et donnaient au pays environ 1.400 millions de roubles-or.

La Russie est-elle capable d'exporter les mêmes marchandises qu'autrefois ? La réponse ne fera pas de doute, si nous examinons le tableau suivant des marchandises exportées et la valeur de chaque catégorie des deux groupes du tableau (en millions de roubles).

Vivres		Matières premières et mi-ouvrées	
Céréales	677	Bois	145
Oeufs	76	Lin	77
Beurre	62	Naphte	37
Sucre	41	Tourteaux	35
Viande	6,5	Peaux non ouvrées..	31
Volaille	5,5	Semences	24
Tabac	5	Chiffons	17
Caviar	4	Chanvre	16
	847		382

Parmi les catégories de ces deux groupes de marchandises d'exportation qui autrefois donnaient un chiffre global de 1.229 millions de roubles, il ne peut être question, à l'heure qu'il est, que d'exportation de caviar, de naphte, de bois et de chiffons.

L'exploitation forestière n'aurait pu, selon les calculs des sylviculteurs russes, donner dans des conditions normales à l'exportation que 70-75 0/0 de la quantité de bois d'autrefois. Dans les conditions actuelles l'exportation sera naturellement de beaucoup inférieure à ce chiffre. Evaluons-la à 25 0/0 de l'exportation d'autrefois. Il y a beaucoup de naphte en Russie, beaucoup de réserves qui pourtant ne peuvent être exportées sans de longs travaux préalables et de fortes dépenses que nécessiteraient les réparation des conduites de naphte, de la flotte destinée au transport du naphte, des citernes, etc. En donnant une évaluation très optimiste de la réalité, nous pouvons admettre que l'exportation du naphte soit possible dans des dimensions trois fois moindres que par le passé. Admettons enfin qu'on puisse exporter les mêmes quantités de caviar et de chiffons qu'autrefois. L'exportation totale présumable de ces quatre catégories de marchandises n'atteindra qu'une valeur de 80 millions de roubles, c'est-à-dire 6,5 0/0 de l'exportation d'autrefois. Mais même dans ces proportions les possibilités d'exportation demeurent tout à fait problématiques : actuellement il n'y a pas assez de bois pour la consommation intérieure de la Russie et dans les 80 millions que nous venons de calculer, le bois entre presque pour la moitié de la valeur...

Les agents vantards du pouvoir soviétiste, promettent naturellement bien davantage. Aussi Krassine avait-il déclaré au mois de juin 1920 que la Russie pouvait exporter 15 millions de pouds de filament de lin. L'organe de la « Délégation Commerciale des Soviets » à Londres, avait même publié ce chiffre. Pourtant il ne doit être taxé que de vantardise pure et simple. Il ne donne même pas une idée lointaine de la réalité. Il s'agit d'une réclame mensongère, besogne dans laquelle les représentants du gouvernement communiste excellent, leur activité au « service » du prolétariat mondial les ayant dotés d'une certaine routine dans ce sens. Voilà des chiffres officiels qui caractérisent la situation réelle de l'industrie du lin : avant la guerre on recueillait en Russie de 25-26 millions de pouds de filament de lin, en 1920 on recueillit 2 millions de pouds. L'ancienne industrie textile (les fabriques et les petits artisans, les koustari) en consommait 7 millions de pouds par an; dans la Russie de notre temps, l'industrie textile travaillant avec une seule équipe, en consomme 2,5 millions de pouds par an. D'après les évaluations les plus optimistes, les réserves de filament de lin chez la population ne s'élevaient qu'à 6 millions de pouds en 1920, mais comme il n'y a que très peu d'autres produits textiles et que l'on manque de semence de lin, la population certainement ne voudra se séparer de ses réserves. En Russie personne ne parle de réserves s'élevant à 16 millions de pouds. Ce chiffre est destiné uniquement à l' « usage extérieur· ».

La voie des relations commerciales avec la Russie est presque fermée à la bourgeoisie européenne. La Russie ne peut pas faire de commerce. Elle a besoin de tout et ne peut presque rien donner.

Reste la voie de l'exploitation des richesses naturelles de la Russie, richesses minières, forêts, pêcheries et autres. Cette voie exige tout d'abord des dépenses·très considérables qui immobiliseraient le capital pour un temps prolongé en Russie, en outre elle entraînerait nécessairement une exportation des produits obtenus, la capacité d'absorption du marché intérieur russe étant tout à fait minime. Cette seconde condition restreint singulièrement le champ d'activité du capital étranger en Russie, car il y a une quantité de produits obtenus en Russie qui ne peuvent être exportés, l'opération étant trop désavantageuse. Ainsi par exemple, il n'est pas avantageux d'exporter la houille et le minerai de fer de l'Oural, le sel gemme et\ le sel marin, los harengs de la Mer Caspienne, etc. La capacité d'absorption du marché intérieur en Russie pourra naturellement être rétablie, mais quand ? Et quels énormes frais préalables nécessitera cette reconstitution du marché russe ! Le marché ne saura être rétabli en dehors d'une renaissance de l'agriculture et combien de temps, combien de moyens faudra-t-il à l'agriculture pour ne reconstituer, par exemple que son outillage parfaitement détruit !

Des investissements de capitaux de longue durée faits dans le but de bonification des concessions obtenues, comportent pour la personne qui fait les avances un risque de triple nature : 1° les entreprises peuvent être de nouveau sujettes à nationalisation, car il n'y a pas de garantie du tout que la manie de la nationalisation ne s'empare encore une fois du pouvoir soviétiste; 2° dans la vie politique aussi peu stable que vit la Russie et dont les fluctuations sont déterminées par la lutte de la population contre le pouvoir, les entreprises nouvelles peuvent facilement périr physiquement (1) ; 3° les contrats conclus entre les possesseurs des entreprises et le pouvoir soviétiste pourraient facilement ne pas être reconnus par un futur gouvernement russe, lequel forcément sera résolument antisoviétiste (2).

Une autre difficulté surgit encore : le fonctionnement des grandes fabriques et usines est impossible sans un fonctionnement normal du transport à vapeur. Avec le transport intermittent de la Russie contemporaine il ne peut y avoir de grande industrie. Avant tout il faudra donc penser à l'amélioration des transports. Mais que veut dire l'amélioration des transports ? Il faudra changer les traverses, les rails, assurer un ravitaillement régulier en combustibles, améliorer les services de communications, faire travailler les usines de chemin de fer, se procurer des parties de rechange, des boulons, des hélices, etc. Pour pouvoir fabriquer les parties de rechange et produire du matériel de réparation il faudrait avoir des métaux, etc. En un mot, une amélioration des transports ne saura se faire sans un assainissement correspondant de toute la vie économique du pays. Le transport se trouvant en outre entre les mains du pouvoir, ce dernier ne consentira probablement pas à sa transmission à des particuliers. Et alors, la bourgeoisie qui aura des intérêts économiques en Russie et qui voudra obtenir une fonctionnement normal des transports, se verra dans la nécessité de financer le pouvoir, c'est-à-dire le parti communiste. Quels sont les groupes financiers prêts à des opérations pareilles ?

Si la bourgeoisie se tourne vers une tâche qui rentre tout à fait dans ses intérêts, c'est-à-dire vers le relèvement de la capacité d'absorption du marché intérieur, qui donne un écoulement aux produits de son industrie, la nécessité d'accords, de grands

---

(1) La lutte entre l'aile gauche et l'aile droite du parti communiste qui va en s'accentuant, rend la situation politique extérieure en Russie encore plus compliquée et moins stable. (Note de l'Auteur.).

(2) Le raisonnement qui consiste à dire que le pouvoir futur, intéressé à une régénération rapide de l'économie russe n'osera aller contre les intérêts de la bourgeoisie, ne tient pas debout : en s'appuyant sur l'antagonisme national et intra-national des groupes bourgeois, l'Etat trouvera toujours la possibilité de réagir fortement sur des représentants isolés de la bourgeoisie. (Note de l'Auteur.)

prêts à longue échéance au pouvoir, se fera sentir avec plus d'intensité encore.

Je le répète, autant que les prévisions en matière sociale sont permises, il n'y a pas lieu à croire que le pouvoir soviétiste gagne avec l'enjeu mis par lui sur la bourgeoisie. Il obtiendra peut-être sa reconnaissance de la part des gouvernements, mais il n'est pas facile à prévoir que la bourgeoisie le reconnaisse.

MATERIAUX UTILISES

1. « Travaux de l'Office Central de Statistique. Volume I. Livraison I. Bilan provisoire du recensement de la population du 28 août 1920. La population de 25 gouvernements de la Russie d'Europe. » Moscou 1920.

2-3. « Répertoire Statistique » A. Diaditchenko et L. Tchermak. Livraisons I et III. Moscou, 1906.

4. « Recueil d'informations statistiques et économiques sur l'agriculture de la Russie et des Etats étrangers ». Edit. du Ministère de l'Agriculture. Pétrograd, 1916.

5. « Essai d'une évaluation du revenu national de 50 gouvernements de la Russie d'Europe entre 1900-1913 ».
Sous la rédaction de S. N. Prokopovitch. Moscou, 1918.

6. « Bilan provisoire du recensement agricole général de 1916. Livraison I. La Russie d'Europe. Résultats par districts, par gouvernements et par régions ». Pétrograd, 1916.

7. « Annuaire statistique de tableaux sociaux et politiques ». S. Sack. Année troisième (1909-1910). Moscou, 1910.

8. « Répertoire statistique de la question agraire ». Livraison II. L'Agriculture. Edition de la Ligue des Réformes Agraires. Moscou, 1918.

9. « La Russie en chiffres ». (Le pays, le peuple, les conditions et les classes). N. A. Roubakine. Saint-Pétersbourg, 1912.

10. « Travaux de la Conférence des représentants de l'Industrie et du Commerce russes à Paris. 17-23 mai 1921. »

11. A. Rakétov. « Aperçu de la situation économique et financière de la Russie contemporaine, d'après des données officielles. » Réval, 1921.

12. « L'activité du Commissariat du Peuple pour l'Agriculture pendant trois ans (1917-1920). » V. I. Knipovitch. Moscou, 1920.

13. S. Klépikov. « L'industrie de la république soviétiste ». Moscou, 1919.

14. « Compte-rendu du Commissariat de l'Instruction publique. 1917-octobre 1920 ». Moscou, 1920.

15. « Le Travailleur de l'Instruction ». I. Journal du Commissariat de l'Instruction publique. Décembre 1920.

16. Les Journaux : « Economitcheskaia Gisn » (« La Vie Economique »); « Pravda » (« La Vérité »); « Izvestia du Vzyk » (« Les Informations du Comité Central Exécutif Panrusse »), de 1921.

17. « Recueil du journal « Volia Rossii » (« La Liberté de la Russie »), de la revue hebdomadaire « Révolutzionnaia Rossia » (« La Russie révolutionnaire »).

18. Des matériaux inédits reçus aux Commissariats de l'Agriculture, de l'Instruction publique, des Finances, du Ravitaillement et à la « Commission Extraordinaire Panrusse », c'est-à-dire la « Tchrezvytchaika ».

19. Relations inédites présentées : 1. A la « Conférence Panrusse des représentants des Coopératives de travail pour le traitement du bois » en 1921; 2. à des réunions privées d'agronomes avant la « Conférence Panrusse des Agronomes » (la Conférence n'a pas eu lieu); 3. à des réunions de la « Société de Moscou d'Agriculture » (rapport de S.N. Prokopovitch. «Les Perspectives de la circulation monétaire » ; 4. à la « Conférence Panrusse des représentants de l'expérimentation agricole »; 5. aux « Conférences Panrusses des représentants d'organisations agricoles collectives » (1919-1921).

20. « La Russie dans les ténèbres », par Wells. Sofia, 1921.

21. « Les lois de l'évolution et le bolchévisme russe ». F. A. Stcherbina. Belgrade, 1921.

22. « Les Entreprises privées d'édition dans la Russie soviétiste ». P. Vitiazev. Pétrograd, 1921.

TABLE DES MATIERES

I. *a*) Préface d'Albert Thomas 5

   b) Préface de l'auteur 7

II. Premier Chapitre. LA POPULATION.

1.*La quantité de la population; 2. Les déplacements géographiques de la population; 3. La distribution de la population entre la ville et la campagne; 4. La structure sociale de la population* 13

III. Deuxième Chapitre. L'ECONOMIE NATIONALE .

1. *L'économie nationale dans son ensemble; 2. L'industrie; 3. Les transports.* Les chemins de fer. Le transport fluvial; 4. *L'agriculture.* L'élevage. La culture des champs. Conclusion. 37

IV. Troisième Chapitre. L'ETAT .

1. *L'Etat et la vie économique.* Le rôle de l'Etat. Le programme économique du pouvoir et les méthodes de sa réalisation. Marche générale de la désagrégation economique 77

2. *La dégénérescence de l'Etat :* l'asservissement de la personnalité; la bureaucratisation de l'Etat; la prépondérance des intérêts de sûreté policière ; le recueillement « de la dictature » ; le « pouvoir aux lieux »; la ruine de l'économie nationale; résumé; la possibilité d'une évolution nouvelle du pouvoir 96

V. Quatrième Chapitre. LA CULTURE .

1. *Définition de la culture*; 2. *Forces de dégénérescence de la culture*; 3. *L'Instruction*. Préscolaire, scolaire; 4. *L'activité éditrice*; 5. *La création scientifique et littéraire* ; 6. *La nouvelle littérature* 156

VI. Conclusion 205

VII. Matériaux utilisés 226